JN125560

人種・ジェンダーからみるアメリカ史

丘の上の超大国の500年

宮津多美子

Tami Miyatsu

明石書店

はじめに

「世界が注目する、模範となる共同体」を意味する「丘の上の町」（“a city set on a hill”:「山の上の町」とも訳され、英語では慣用的にしばしば“a city upon a hill”と表現される）という言葉は聖書にある表現で、マサチューセッツ湾植民地初代総督ジョン・ウィンスロップが演説に用いて以来、しばしばアメリカの別称として使われている。17世紀初頭、ピューリタンたちが築いた共同体「丘の上の町」は18世紀末に独立国となり、20世紀半ばに超大国となった。ケネディやレーガンといった歴代大統領も演説に用いたこの言葉には「実験国家」アメリカが目指す理想の姿がある。

しかし、「丘の上」の超大国の歴史は世界の模範となる理想の共同体のそれとはかけ離れたものであった。現代アメリカ社会における人種・ジェンダー差別や格差は、建国者が世界に宣言した自由・平等の理念とは矛盾した現実である。アメリカが目指した真の民主主義は未だ達成されていない。

アメリカの特異性は、歴史上、これほど規模の大きい国ではほとんど例をみない「（連邦）共和制」という、その政治体制に根差している。実際、「共和制」であり「連邦制」であるアメリカでは建国以来、州の自立・独立性を尊重する「共和主義」と、中央集権制によって強力な国家を築こうとする「連邦主義」がせめぎあい、政策や法律・制度に矛盾や葛藤を生んできた。両者の対立は「小さな政府」対「大きな政府」、保守対リベラル、孤立主義対協調主義へと形を変えながら現在も共和党・民主党という二大政党による分断の火種となっている。一方で、このせめぎあいがこの国の脆弱さであり、強靭さでもあることは歴史が示す通りであろう。

本書は人種・ジェンダーという視座を含めたアメリカの歴史ナラティヴ（物語）である。本書ではこれまで白人父権的なアメリカ史で削除されてきた史実も取り上げた。多様な声からこの超大国の歩みを読み解き、歴史の教訓を学ぶとともに今後の民主主義を占う一助としてほしい。

著者

2022年春

"You are the light of the world. A city set on a hill cannot be hidden. Nor do people light a lamp and put it under a basket, but on a stand, and it gives light to all in the house. In the same way, let your light shine before others, so that they may see your good works and give glory to your Father who is in heaven."（Matthew 5:14-16）English Standard Version 2016.

「あなたがたは世の光である。山の上にある町は、隠れることができない。また、ともし火をともして升（ます）の下に置く者はいない。燭台の上に置く。そうすれば、家の中のものすべてを照らすのである。そのように、あなたがたの光を人々の前に輝かしなさい。人々が、あなたがたの立派な行いを見て、あなたがたの天の父をあがめるようになるためである。」

（新約聖書「マタイによる福音書」5章14-16節・新共同訳）

〈本書の用字用語・情報・表記について〉

・重要な人名・語句には英語表記を加えた。

・北米先住民を指す「インディアン」という語やアフリカ系アメリカ人を指す「黒人」という語は現代ではともに差別的なニュアンスを含むため、本文では可能な限り、それぞれ「（アメリカ）先住民」、「アフリカ系アメリカ人」に書き換えたが、歴史的文脈を尊重して使用した場合もある。団体名に関しても可能な限り、差別的ニュアンスを含まない和訳を使用している。

・本文の（　）は著者による補足、引用文での［　］は著者による言い換えである。

人種・ジェンダーからみるアメリカ史——丘の上の超大国の500年

目次

アメリカの基礎知識

〈人口・面積・首都〉

13州（合衆国憲法制定以前は「邦」と呼んで区別する場合がある）の連邦国家として出発したアメリカは、現在、50の州、コロンビア特別区（The District of Columbia で Washington, D.C. と表記）、プエルトリコ、島嶼部（サモア、グアム、マリアナ諸島、ヴァージン諸島など）から成り、領土はロシア、カナダ、中国に次ぐ世界第4位（日本の約25倍の約937万㎢）、人口は中国、インドに次ぐ世界第3位（3億3,250万人：2022年2月）である。メリーランドとヴァージニアの州境を流れるポトマック河畔に位置する首都ワシントンD.C.は連邦議会が直接統治する特別行政区で、どの州にも属さない。

〈アイデンティティ〉

アメリカはしばしばWASP（ワスプ）の国といわれる。WASPとは「アングロサクソン系白人（キリスト教）プロテスタント」(White Anglo-Saxon Protestant) の頭字語で、17～18世紀に移住したイギリス人の子孫である「主流派」と呼ばれる人々を指す。しかし、実際にはアメリカは植民地時代より人種的に多様であった。ニューイングランド（大西洋沿岸の東北部）への移民の多くはイングランド人であったが、中部植民地（ニューヨーク州、ニュージャージー州、ペンシルヴェニア州）にはオランダ人、スウェーデン人、ドイツ人、南部にはフランス人やスペイン人、イタリア人、ポルトガル人に加え、奴隷とされたアフリカ人も暮らしていた。18～19世紀にはスコットランドやアイルランドからの移民も増加した。人種の多様化や無宗教化が進む中、WASPは21世紀後半に少数派になるという予測もある。

〈政治〉

政治は、合衆国憲法で定められた3つの独立した政府部門（立法府・行政府・司法府）によって執行される。行政府は中央政府である連邦政府と州政府から成る。連邦政府は憲法に明記された権限、すなわち、外交、国防、貿易、金融（貨幣鋳造）などを担い、州政府はそれ以外の権限を担うとされてきたが、近年は教育、福祉、運輸、環境、災害などにおいても連邦政府と州政府の協調が進んでいる。

国家元首である大統領は4年ごとの選挙によって選出される。合衆国憲法において、大統領は「出生により合衆国市民である者、または、この憲法の成立時に合衆国市民である者」で、年齢35歳以上かつ14年以上合衆国に居住する者でなければならないと定められている。有権者は合衆国の市民権を持つ満18歳以上の男女であるが、投票には事前登録が必要となる。各州およびワシントンに割り当てられた選挙人団（electoral college）の獲得数によって当選が決まる。憲法修正第22条（1951年）によって大統領は2選までと定められた（第32代大統領の4選を除き、2選を超える大統領はいない）。上院・下院議員は政権メンバーを兼務できないため、大統領は自ら閣僚、大使などを任用する。死亡・辞任など、任期中の大統領職の継承は、副大統領（上院議長を兼務）、下院議長、上院議長代行の順となる。

〈アメリカの二大政党について〉

大統領は主に二大政党である共和党（Republican Party）・民主党（Democratic Party）の候補者から選出される。共和党は減税や自由貿易を重視し、「小さな政府」を掲げる。共和党の支持者は伝統的な保守派のホワイトカラーや企業家が多く、党のシンボルマークはゾウ、シンボルカラーは赤である。民主党は福祉政策を重視し、「大きな政府」を志向する。民主党の支持者は主に進歩的な考えを持つリベラル派の労働者階級や少数派の人々で、党のシンボルマークはロバ、シンボルカラーは青である。第3党の候補者が大統領選の最終段階まで残ることもあるが、当選は困難であり、実際、19世紀後半（共和党成立）以降の大統領はすべて二大政党の候補者から選出されている。

〈北アメリカ大陸〉

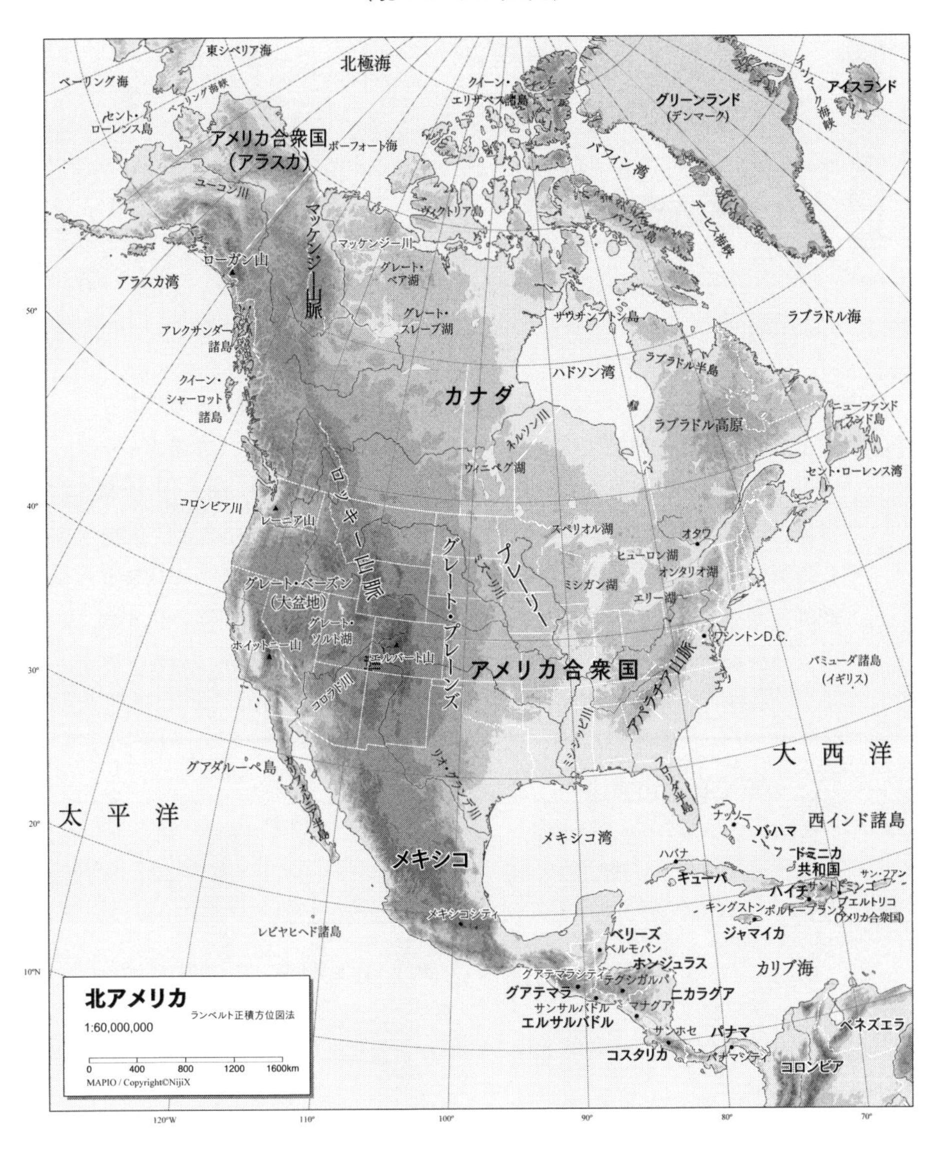
東シベリア海
北極海
ベーリング海
ベーリング海峡
セント・ローレンス島
アメリカ合衆国（アラスカ）
ボーフォート海
クイーン・エリザベス諸島
グリーンランド（デンマーク）
アイスランド
デンマーク海峡
バフィン湾
ユーコン川
マッケンジー山脈
ビクトリア島
バフィン島
デービス海峡
マッケンジー川
グレート・ベア湖
ローガン山
アラスカ湾
グレート・スレーブ湖
サウサンプトン島
ラブラドル海
アレクサンダー諸島
ラブラドル半島
ハドソン湾
クイーン・シャーロット諸島
カナダ
ニューファンドランド島
ネルソン川
ラブラドル高原
ウィニペグ湖
セント・ローレンス湾
ロッキー山脈
コロンビア川
レーニア山
スペリオル湖
オタワ
グレート・プレーンズ
プレーリー
ヒューロン湖
グレート・ベーズン（大盆地）
ミズーリ川
ミシガン湖
オンタリオ湖
エリー湖
グレート・ソルト湖
ワシントンD.C.
ホイットニー山
エルバート山
アメリカ合衆国
バミューダ諸島（イギリス）
コロラド川
アパラチア山脈
ミシシッピ川
大西洋
リオ・グランデ川
グアダルーペ島
カリフォルニア半島
フロリダ半島
太平洋
ナッソー
バハマ
西インド諸島
メキシコ湾
ハバナ
ドミニカ共和国
メキシコ
キューバ
サン・フアン
ハイチ
サントドミンゴ
プエルトリコ（アメリカ合衆国）
キングストン
ポルトープランス
メキシコシティ
ジャマイカ
レビヤヒヘド諸島
ベリーズ
ベルモパン
ホンジュラス
カリブ海
グアテマラシティ
テグシガルパ
グアテマラ
ニカラグア
サンサルバドル
マナグア
エルサルバドル
サンホセ
パナマ
ベネズエラ
コスタリカ
パナマシティ
コロンビア
北アメリカ
ランベルト正積方位図法
1:60,000,000
0 400 800 1200 1600km
MAPIO / Copyright©NijiX
50°
40°
30°
20°
10°N
120°W
110°
100°
90°
80°
70°

第1章

アメリカのはじまり

――「新大陸」の発見

大航海時代、ヨーロッパ列強は未知の領土、金、香辛料を求めてアジアに至る新航路の開拓に挑んだ。1492年、スペインの後援を得たイタリア人航海士コロンブスは、現在の西インド諸島に上陸した。この航海はヨーロッパ諸国による南北アメリカ大陸植民地化の契機となる。同時代の歴史家ラス・カサスは植民地総督となったコロンブスの反キリスト教的所業を書き残した。没後約300年、コロンブスは建国期のアメリカで「英雄」となり、20世紀前半には「偉人」となったが、現在、彼の歴史的評価は分かれている。

○この章で扱う出来事

c.1299　ポーロ、『東方見聞録』出版
1488　ディアス、喜望峰に到達
1492　コロンブス、第1次航海で西インド諸島に上陸（～1493）
1493　コロンブス、第2次航海（～1496）
1498　コロンブス、第3次航海（～1500）、南米大陸沿岸に到達
1502　コロンブス、第4次航海（～1504）
1540　ラス・カサス、『インディアス史』出版
1792　タマニー協会、アメリカ「発見」300年記念祭を開催
1893　新大陸「発見」400年記念・シカゴ万博開催
1937　連邦の祝日「コロンブスの日」制定

この章のポイント

1. クリストファー・コロンブスとは何者か
2. コロンブスはスペイン領アメリカで何を行ったのか
3. ラス・カサスはコロンブスをどのように描いたのか
4. コロンブスはなぜアメリカで「偉人」になったのか

アメリカン・ナラティヴは15世紀の１人のイタリア人、クリストファー・コロンブス（Christopher Columbus）から始まる。その名はアメリカの首都（The District of Columbia：Columbiaはコロンブスの女性形）をはじめ、都市、公園、学校など、多くの地名や団体名に用いられ、彼の銅像は全米各地に建てられている。建国以来、コロンブスの英雄化は徐々に進行したが、20世紀に入り、その流れは本格化する。1937年、連邦政府は、彼が「新大陸」を発見したとされる10月12日を連邦の祝日「コロンブスの日」（Columbus Day）に指定した。その後、ハーヴァード大学歴史学教授サミュエル･E･モリソンは『大海の提督：クリストファー・コロンブスの生涯』（*The Admiral of the Ocean Sea: A Life of Christopher Columbus*, 1942）でその偉業を称えた。ピュリッツァー賞を受賞したこの著書の中でモリソンはアメリカの歴史は海を越えて「キリスト教文明」を運んだコロンブスに始まると述べている。

しかし、その功績に異議を唱える者もいる。正確に言えば、コロンブスはアメリカ大陸の発見者ではない。北米大陸にも上陸していない。北米大陸の発見者は英国王ヘンリー７世（Henry VII）の庇護を受けて出航し、1497年にカナダのニューファンドランド島付近に上陸した、同じイタリア人ジョン・カボット（John Cabot）である。コロンブスは大西洋を西廻りでアジアを目指したが、インドにもキャセイ（中国）にもジパング（日本）にも到達できなかった。1492年10月12日、西インド諸島に上陸した彼はそこをインドと信じ、先住民を「インディアン」（Indians）と呼んだ。その後、総督となった彼は先住民を搾取して多数を死に至らしめた。晩年は冷遇され、部下の告発によって収監された後、1506年5月20日、この世を去った。その一生は英雄の生涯とは程遠いものであった。しかし、死後約3世紀を経て彼は建国期アメリカで「偉人」となった。アメリカ建国ナラティヴの一部となったコロンブスの人生とその歴史的役割はどのようなものだったのか。

1. 大航海時代のヨーロッパ

大航海時代を代表する航海士・冒険家であったコロンブスは、ヨーロッパの多文化主義を象徴する人物である。1451年頃、イタリアの毛織物職人・商人の息子として生まれたコロンブスはポルトガルに渡り、そこで航海士としての訓練を積んだ。1479年末頃、彼は没落したポルトガル貴族の娘フィリーパ・モニス・ペレストレーリョ（Filipa Moniz Perestrelo）と結婚した。その後、アジア航路発見の援助を求めてヨーロッパ諸国を渡り歩き、スペインから援助を受けることになった。

コロンブスをはじめとする、多くの若者を航海へと駆り立てたのが、当時、ヨーロッパで広く知られていた東洋の黄金伝説であった。黄金の国「ジパング」の存在は13世紀末に陸路でアジアに到達したイタリア人商人マルコ・ポーロ（Marco Polo）の旅行記『東方見聞録』（*The Travels of Marco Polo the Venetian,* c.1299）によってヨーロッパ中に知れ渡っていた。モンゴル帝国（元朝）皇帝フビライ・ハン（Kublai Khan）に厚遇され、約17年間、アジアに滞在したポーロによると、ジパングは白い肌を持つ偶像崇拝の住民によって統治される、キャセイの東1,500マイルにある孤島で、金を産出するその島には純金で覆われた宮殿があるという。島には宝石や高価な「赤い」真珠だけでなく、アロエや胡椒などの香辛料もあると記されている。

この香辛料が多くのヨーロッパ人の冒険家をアジアに向かわせたもう1つの動機であった。胡椒やシナモン、ナツメグ、クローヴといった東洋の香辛料はギリシア・ローマ時代から西洋で珍重され、高値で取り引きされてきた。中世ヨーロッパで香辛料は食品や塩漬け肉、ワインやビールの味付け・香り付けの他、治療や死体保存にも使用された。香辛料貿易はそれまでアラブ人や中国人に独占されてきたが、ヨーロッパ諸国は香辛料の産地であるアジア、特に「スパイス諸島」(spice islands) として知られるモルッカ諸島 (Maluku Islands、インドネシア) や中国、インドへ至る西廻り航路を開拓し、自ら香辛料を入手しようとしていた。当時、地球が球体であること、西廻りでアジアに到達できることは知識人の間で知られていたため、アジアへの航路を模索する誰もが優秀な学者の知見を求めていた。1474年6月頃、コロンブスは同じイタリア人の天文学者パオロ・トスカネリ (Paolo dal Pozzo Toscanelli) から書簡と海図 (地図) を入手している。トスカネリはコロンブスへの手紙で地図はポルトガル王に送ったものと同じであると明かしている。

クリストファー・コロンブスと考えられている肖像画 (1519年)
出典：メトロポリタン美術館 (CC0 1.0)

地図を手に入れ、自らの計画に自信を深めたコロンブスは行動を起こした。1484年、彼はポルトガル王ジョアン2世 (João II) に謁見し、アジアに通じる西廻り航路発見のための資金援助を願い出たが、独自の計画を進めていたポルトガル王は提案を却下した。翌年、コロンブスは、カスティーリャ王国イサベラ1世 (Queen Isabella I of Castile) とその夫アラゴン国王フェルディナンド2世 (King Ferdinand II of Aragon) によって統一されたスペインに向かい、同じ提案をした。当時、スペインはカトリックの盟主としてイスラム教徒(ムーア人)からグラナダを取り戻す聖戦を戦っていたことや学者がコロンブスの計画の実効性に疑義を唱えたことなどの理由から申し出は数年間、棚上げにされた。しかし、1492年にスペインがグラナダの陥落に成功すると、女王イサベラの熱心な支持もあり、コロンブスへの支援が決まった。提案してから約7年が過ぎていた。彼はイギリスのヘンリー7世にもフランスのシャルル8世 (Charles VIII) にも同じ提案をする用意があった (提案して断られたという説もある)。

スペインにはこの計画を支持するいくつかの理由があった。第一に海外領土の獲得である。カトリックの盟主スペインは異教徒をキリスト教化するという大義の下、ローマ教皇から未知の土地を開拓する勅令状を得ることができた。

第二に、ライバルの隣国ポルトガルの動向である。ポルトガルの冒険家バルトロメウ・ディアス（Bartolomeu Dias）は、1488年、西アフリカ沿岸を南下して喜望峰（The Cape of Good Hope）に到達しており、アジアへの新航路発見は時間の問題であった。そして最も重要な理由は天然資源であった。アジアからもたらされるはずの金銀などの鉱物や香辛料は戦争で枯渇したスペイン国庫に莫大な富をもたらすことが期待された。

かくして、イタリアで生まれ、ポルトガルで航海士となったコロンブスはスペインの援助を得て歴史的な航海に出ることになった。彼は航海の資金援助さえ得られれば、どの国の旗の下で出航しても構わなかった。1492年、彼は「クリストバル・コロン」（スペイン名：Cristóbal Colón）としてスペイン国旗を掲げて出航した。ヨーロッパ多文化主義に育まれた航海士コロンは、この航海で大航海時代のヨーロッパを象徴する冒険家となった。

2. コロンブスの「新大陸」発見

コロンブスの目的はヨーロッパからアジアまでの西廻り航路を発見することであったが、彼は未知の島・大陸の発見やその土地から得られる金や銀といった鉱物や香辛料にも期待していた。コロンブスは出航前の4月17日、サンタフェにおいてスペイン王室と協定を結んでいる。この「サンタフェ協約」（Capitulations of Santa Fe）によると、王室はコロンブスに対して新領土の発見時に「大洋提督」（Admiral of the Ocean Sea）という終身称号と新領土の統治権（副王兼総督）を与えること、新領土からの産出物（真珠、金、銀、香辛料など）の交易による利益の一部を与えることなどを約束している。

現存するコロンブスの日誌（*Journal of Christopher Columbus*）によると、1492年8月3日、コロンブスは約90名の乗員とともにサンタマリア号（Santa Maria）、ピンタ号（Pinta）、ニーニャ号（Niña）の3隻のカラベラ船（小型の帆船）でスペインの港町パロスを出航した（第1次航海）。イサベラとフェルディナンドから汗（khan：アジアの遊牧民族の君主の称号で、「ハーン」もしくは「カーン」と読む）や国王・領主に宛てた勅許状・推薦書を携え、彼はアジアを目指した。陸地の兆候を見かけるようになったのは出航してから6,7週間ほど経った頃だった。9月17日には雑草や生きたカニを、9月20日にはアジサシのような鳥を発見した。そして、ついに10月12日早朝、数マイル先に光り輝く砂浜を目撃した。1人の船員が前夜、（陸地の証しである）光を見たと主張したが、彼はそれを認めず、自分が先に陸地を発見したと主張した。未知の大陸・島を最初に発見した者にはスペイン王室より報奨金1万マラベディ（ムーア人が鋳造した金貨の単位）が与えられることになっていたからである。島の発見とともに晴れて、副王兼総督となったコロンブスはこの島をサンサルバドル島（現ウォトリング島）と名付けた。夜明けを待って島に降り立った彼が見たのは裸の人々、青々と茂る木々、大量の水、さまざまな種類の果物であった。最初に彼がこの地で行ったのは領土宣言である。日誌には2人の船長を証人として「（スペイン）王と女王の御名においてこの島を占有した」と宣言する場面が描写されている。

コロンブスは先住民に友好的に接しながらも、後の「統治者」として彼らを注意深く観察している。女性も男性も裸であること、体格が良いこと、馬の毛のように短くて固い髪の毛を持つこと、白人でも黒人でもないこと、顔や全身、目の周りや鼻に白、赤、その他の色でペイントを施していることを記録している。島の別の村に行くと、彼らは初めて見る西洋人に興味を抱き、水や食料を持って近づいてきた。力と善は天にあると信じる彼らは「お前たちは天国からやってきたのか」と尋ねてきたという。先住民は一行が持っていたガラスのビーズや小さな鈴を欲しがり、オウムや木綿の編み糸の束、ダーツと交換した。コロンブスは彼らの様子を以下のように記している。「彼らは武器を持ち歩かないし、知らないようだ。私が剣を見せると、彼らは刃に触れてしまい、知らずに切ってしまったからである。鉄は持っていない、彼らが使うダーツは鉄がついていない棒で、先端に魚の骨を付けたものや何らかの方法で尖らせたものがある」。また、彼らは「聡明なよい召使い」になるだろうし、簡単にキリスト教徒になるだろうとも述べている。「兵士が50人もいれば彼らを征服できるだろうし、我々が要求したことを彼らにさせることができるだろう」という記述もある。

一通り観察が終わると、彼は金と香辛料を探し始めた。特に金には敏感に反応した。鼻に金の装飾品を付けている先住民にはその金はどこにあるのかと熱心に尋ね、南方の島に金を持つ王がいると聞けば、案内役の先住民を伴って探しに出かけた。彼は上陸した島々に名前を付けながら、金鉱脈の発見に期待した。「多くの島々を発見して上陸する中、金を見つけるには（一か所に）留まりたくない。人々は腕や足に金を身につけている。それは金に違いない。彼らは私が持つ金片を指し示すからである。神のご加護を得ている私は金の原産地を見つけるのに間違いを犯すはずがない」。

コロンブスの日誌にはその後も先住民を伴って熱心に金を探す彼の姿がある。歴史家バルトロメ・デ・ラス・カサス（Bartolomé de Las Casas）によって写本されたこの日誌には「提督［コロンブス］はいつも金の原産地を探し、（会う先住民）全員に尋ねるので身振りでなんとか（彼らの言うことを）理解できるようになった」と記されている。香辛料を発見した11月、彼はこの土地には「大量の金」や「宝石や真珠、無限の香辛料」があると確信したと綴っている。王室に献上するために先住民を同伴していたコロンブスは、途中でさらに7人の女性と3人の子どもを捕らえた。同じ人種の女性がいたほうが先住民の男性は行儀よく振舞うだろうとその理由を説明している。乗員約40名をヒスパニョーラ島のナビダー村に残して金と香辛料探しを命じ、先住民や献上品とともに彼は帰途に就いた。

1493年1月、コロンブスは新領土の発見者としてヨーロッパに凱旋した。イサベラとフェルディナンドは金や真珠、未知の人種や色鮮やかな鳥（オウム）を持ち帰ったコロンブスを歓迎した。コロンブスは、発見した領土は温暖で美しく、川には砂金があふれ、臆病だが寛容な先住民は友好的で、全く危険はないと両王に報告している。

現存する航海日誌は第1次航海（1492～1493）で終わっているが、コロンブスが王室に宛てた書簡がその後の航海の詳細を現在に伝えている。第1次航海とは異なり、その後の航海は誤算と挫折の連続であった。特に第2次航海（1493～1496）はさまざまな厄災に見舞われた。1493年9月25日、彼は植民を目的として約1,500人を乗せた17隻の船団で出航した。彼がヒスパニョーラ島のナビダー村に到着すると、先の航海で現地に残した乗員全員が先住民に殺されたことを知った。コロンブスの先住民に対する見解が180度変わった瞬間であった。それでも新大陸の発見を優先するコロンブスは弟ディエゴにヒスパニョーラを託し、キューバ島の探索に向かったが、5か月後に戻った時、ナビダー村は植民者の反乱や先住民の蜂起で混乱状態に陥っていた。わずかな金しか見つからなかったために、スペイン人植民者はコロンブス兄弟に怒りを抱くようになっていた。さらに、原因不明の病気や食料・物資の欠乏は入植者の怒りをあおった。ヒスパニョーラの混乱ぶりは帰国した植民者によってスペイン本土に広まり、困惑した両王は役人フワン・アグアードを現地に派遣した。コロンブスは1496年6月、数々の非難に反論するため帰国した。

第3次航海（1498～1500）が認可されたのは1498年5月30日のことであった。今回は入植者も集まらず、約200人6隻での出航だった。7月末、トリニダード島を発見し、8月末、ヒスパニョーラの新首都サント・ドミンゴ（Saint-Domingue）に到着した。しかし、彼が不在の間に植民地情勢は手が付けられないほど悪化していた。先遣都督である弟と大判官フランスシスコ・ロルダンの対立は修復不可能なものとなり、コロンブスの到着によっても状況は改善しなかった。1500年8月、スペイン王室はコロンブスを解任し、宮内官・受領士フランシスコ・デ・ボバディージャに権限を与えて現地に派遣した。コロンブス兄弟はボバディージャに財産を没収され、鉄鎖を施されて本国に送還され

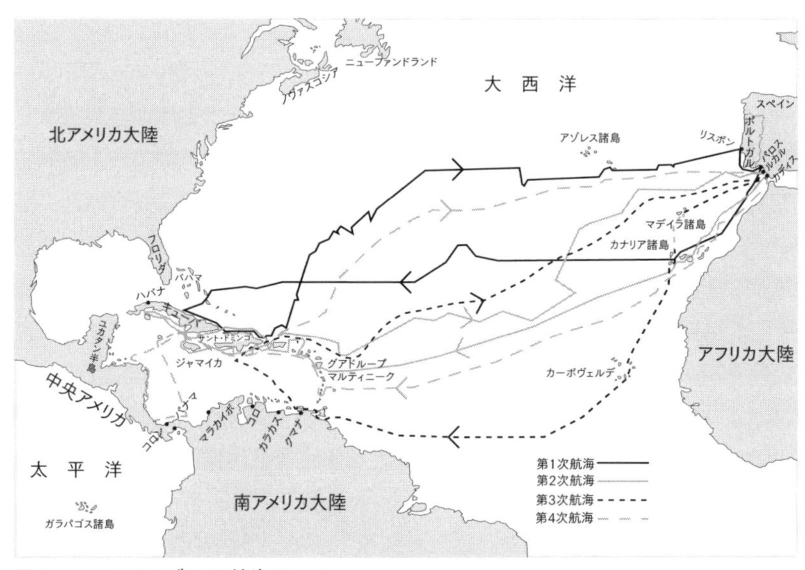

図1-1　コロンブスの航海ルート

た。その後、王室は兄弟を解放し、第4次航海を認めたものの、ニコラス・デ・オヴァンド（Nicolàs de Ovando）を新総督に任命し、コロンブスにヒスパニョーラへの寄港を禁じた。

第4次航海（1502～1504）は1502年5月9日、約140名を乗せた4隻でカディスを出航した。彼はホンジュラス沖を経てコスタリカ、パナマを探検したが、ジャマイカで座礁し、そこで約1年の滞在を余儀なくされた。1503年7月、ジャマイカで彼はスペインの両王に書簡をしたため、イタリア人である自分のスペインへのこれまでの貢献に触れながら名誉の回復と総督職への復帰を求めた。彼は1504年11月7日、オヴァンド総督に保護された後、スペインに帰国した。フェルディナンド王との最後の謁見で、コロンブスは副王・提督・総督の地位の世襲を求めたが、王から明確な回答は得られなかった。1506年5月20日、痛風に苦しみながらコロンブスは他界した。

コロンブスは新領土の発見という歴史的快挙によって大航海時代の寵児となったが、彼には統治能力が欠如していた。先住民の反乱や部下の離反は彼が航海士以外の何者にもなれなかったことを意味している。

3. ラス・カサスの『インディアス史』

コロンブスの歴史的評価に欠かせない人物が聖職者で歴史家のラス・カサスである。ラス・カサスは、コロンブスが「インディアス」（西インド諸島）でいかにキリスト教的倫理から逸脱した、（暴）力による支配を行っていたか証言している。スペイン・セビリア生まれのラス・カサスは、1502年、インディアス第2代総督オヴァンドが率いる船隊に参加して、父とともにヒスパニョーラに渡った伝道師であった。説教をしながら他の入植者と同じように「エンコミエンダ」（encomienda：スペイン領アメリカでスペイン国王が入植者に先住民の使役と彼らへの課税を許可した委託統治制度）の受領者となり、金山・農場経営に当たったが、1514年、説教の準備をしている時、天啓を受けて回心した。その時、スペイン人が先住民に対して行っている不正と弾圧こそ、キリスト教に対する冒とくであると悟ったという。その反省から聖ドミニコ会の修道士となったラス・カサスはインディアスの真実を語るため、『インディアス史』（*The History of the*

Indies, 1540）を執筆した。「アメリカ先住民」（もしくはアメリカ・インディアン：Native Americans）擁護の書『インディアス史』は、コロンブスの航海を起源とするスペイン領アメリカ植民の詳細を伝える貴重な歴史資料である。

ラス・カサスの『インディアス史』によると、コロンブスは残忍な支配者であった。彼は服従しない王や集落に戦いを挑み、ヒスパニョーラを制圧していった。抵抗する先住民を槍で突き刺し、剣で切り裂き、犬に食いちぎらせ、生き残った者を火あぶりにしたという。彼は、14歳以上のタイノ・アラワク族（Taino Arawak）全員に鈴1個分の量（約85グラム）の金もしくは11キログラムの綿を3か月ごとに納入するように命じ、それを守れない者を処罰した。古来より金採掘は大変な重労働とされ、古代ギリシャでは処刑の次に重い刑罰であった。金を採取する技術も道具もない島の先住民は命じられるまま、金の採掘に従事した。山を崩し、岩を砕き、穴を掘った後、土を川まで担いで行き、土の中の金を集めた。先住民は昼夜を問わず続く作業で心身ともに追い詰められ、逃亡や過労死、自殺が相次いだという。先住民の犠牲の上に集められたなけなしの金は溶解されて本国に運ばれ、スペイン財政を潤わせた。

『インディアス史』によると、コロンブスは先住民を奴隷（商品）としても扱った。納税・使役の義務を放棄し、土地から逃亡したり、謀反を起こしたりした先住民を奴隷として売買した。出費を抑えるため、労働者への賃金代わりに奴隷を与えることもあった。厄災に苦しむ先住民は当初、兵糧攻めで異邦人を追い払おうと試みた。わざと畑を耕さなかったり、種子をまかなかったりして収穫物を減らす一方、自らは固有の動植物を捕獲・採集して生き抜くという方策であったが、これは逆効果であった。ひどい飢えに怒り狂ったキリスト教徒は先住民を追いかけ、狩り立てたからである。追い詰められた先住民は飢えや病気、疲労から命を落とした。コロンブスが聖職者に先住民への洗礼を禁じたのは、同じキリスト教徒を奴隷にすることに罪の意識があったためであるといわれている。1494～1496年にヒスパニョーラ島の人口は3分の1にまで減少し、1508年までに数百万人の先住民が戦争、奴隷制、鉱山労働によって地上から消えたと主張する歴史家もいる（実数は不明）。

しかし、コロンブスの残虐行為は先住民だけに向けられたものではなかった。部下の告発状によると、彼はイサベラ（基地）において自宅や水車、粉ひき場、砦の建設に病人を動員しただけでなく、飢餓に苦しむ者に食べ物を分け与えず、大勢の者を死に至らしめたという。空腹のあまり食べ物を探しに行きたいと申し出た者に許可を与えず、絞首刑にしたとも伝えられる。ラス・カサスが指摘するように、スペイン人入植者の（イタリア人の）コロンブスに対する態度に「異国人」上長に対する歪んだ憎しみがなかったとは言い切れないが、部下の「告発」は大西洋の対岸に届くまでに悪化し、帰国後、彼は解職され、投獄された。

『インディアス史』でラス・カサスが強調するのは、最初のキリスト教統治者であったコロンブスこそ、慈愛に満ちた統治をすべきであったという点である。キリスト教徒（ヨーロッパ人）は「このインディアスの各地へ、まるで自分の家にでも入るかのようにどかどかと入り込むべきではなかった」し、相手に恐怖を与え、自己の力を誇示し、戦いを挑み、彼らの統治権を蹂躙（じゅうりん）するべきではなかったという。「提督〔コロンブス〕のそうした最初の入り方は、この地が人間の居住地でなく、あたかも猛獣の生息地であるかのような入り方に他ならなかった」と記している。コロンブスが行った拷問や公開処刑が先住民にキリスト教徒に対する恐怖心を植え付け、その後の流血の惨事を招いたと彼は綴っている。ラス・カサスは初代総督であったコロンブスこそ、スペイン領アメリカ植民地に暴力と死、無秩序と混乱を持ち込んだ張本人であると非難している。

4. コロンブス神話

コロンブスの英雄化が始まったのは彼の歴史的航海から約300年後の建国期のアメリカであった。大陸の「発見者」コロンブスにちなんで、アメリカは「コロンビア」（Columbia）とも呼ばれるようになった。アメリカ（植民地）を指す「コロンビア」という言葉は18世紀半ばに確認されていたが、独立戦争中の1777年、フランス系アメリカ人詩人フィリップ・フレノー（Philip Freneau）の「アメリカの自由」（“American Liberty, A Poem”）という詩によって、女神「コロンビア」はアメリカの擬人化として広く認知されるようになった。

建国期のアメリカで、コロンブスの聖人化に寄与したのは、ジョン・ピンタード（John Pintard）率いるタマニー協会（Tammany Society）であった。1789年

5月に組織されたタマニー協会はニューヨークの社交クラブで、新世界を象徴するアメリカ先住民の首領タマニーと旧世界を代表するコロンブスを英雄として讃えていた。1792年10月12日、コロンブスのアメリカ上陸300年記念祭を執り行ったタマニー協会のピンタードは以下のように述べてコロンブスに献杯した。

> この新世界の発見者であるクリストファー・コロンブスという記憶よ。新世界が旧世界の悪徳や苦悩から自由になれますように。そしてすべての国々・宗教の被迫害者の幸福な避難所となりますように。……アメリカの解放者が、コロンブスが王から受けたような忘恩という憂き目を祖国から決して味わいませんように。自由の守護神よ、コロンビアの息子に（新大陸発見から）4世紀目の始まりの栄光を与えたように、この世の終わりまで我らの令名を守り給え。

彼らは「新世界」の英雄、「旧世界」の犠牲者としてのコロンブスを自らの境遇と重ね合わせた。晩年、王室から冷遇されたコロンブスは、本国イギリスから不当な仕打ちを受ける植民地アメリカそのものであった。建国間もないアメリカでタマニー協会によってドラマ化されたアメリカ史は建国ナラティヴの一部となり、コロンブスは愛国の象徴となる。コロンブスの多様なアイデンティティも英雄化に貢献したと考えられる。コロンブスはイタリア人であり、ポルトガル人であり、カタルーニャ人（スペイン人）であり、元ユダヤ教徒（Jewish converso）であり、キリスト教徒であった。彼が象徴する人種的・宗教的多様性はアメリカが目指す国家理念でもあった。

その後もコロンブスの英雄化は進行した。1892年にはアメリカ大陸「発見」400年記念祝賀会が全米各地で開催された。最も有名なイベントはシカゴ万博である。正式名を「1893年世界コロンビア万国博覧会」（World's Columbian Exposition of 1893）という。万博はコロンブスによる「新大陸発見」400年を記念するイベントとしてシカゴで開催された。ちょうど400周年となる1892年に開催される予定だったが、パビリオン建設の遅れから翌年にずれ込んだ。世界約20か国が参加したこの万博には、6か月間の会期中に約2,750万人が来場したといわれる。これは当時のアメリカの人口の約半数に相当する驚くべき数字である。

20世紀に入ってもコロンブスの偉人化は進んだ。1937年、連邦政府は10月12日を「コロンブスの日」として連邦の祝日に指定した。1971年に10月第2月曜日に変更され、政府が定める祝日の1つとして現在に至る。しかし、20世紀末、コロンブスの再評価が進み、偉人としての地位は揺らいでいる。「コロンブスは現在のアメリカ領には上陸していない（のでアメリカとは無関係）」、「コロンブスは英雄でなく虐殺者･破壊者」といった批判が相次ぎ､祝日名を「先住民の日」（Indigenous People's Day）と改める州や祝日そのものを廃止する州も現れた。コロンブス英雄化への異議申し立ては先住民人口の多いサウスダコタ州、カリフォルニア州、オクラホマ州、アリゾナ州の人々だけでなく、コロンブスの功績に疑問を呈する歴史家や批評家、これまで彼を英雄視してきたイタリア系アメリカ人共同体や他のエスニックグループからも寄せられている。

「コロンブスの日」に関する議論は続いているが､現代のアメリカにおいても、コロンブス神話への支持は根強い。アメリカで上書きされ続けるその物語において、コロンブスはヨーロッパ人であり、キリスト教徒であり、植民者であり、航海士であり、探検家・冒険家であり、成功者であり、犠牲者である。コロンブスが象徴する英雄性・神秘性・多義性はアメリカの国家的アイデンティティとも呼応している。

ディスカッションテーマ

1. 大航海時代のヨーロッパ人にとっての「新大陸」
2. ラス・カサスが記録したスペイン領アメリカ
3. 連邦の祝日「コロンブスの日」をめぐる議論

コラム1

アメリカ大陸の発見者

現在、「新世界の発見者はコロンブスである」という見解は自明の理ではない。アメリカの歴史学者ホセ・ラバサ（José Rabasa）は、アメリカは「発見」されたのでなく、ヨーロッパ人によって「創造」されたのだと主張する。彼は「新世界」（New World）という言葉そのものが「ヨーロッパ中心主義」（Eurocentrism）に基づく認識論的、存在論的、修辞学的言説であり、それは「16～17世紀のヨーロッパ人の理想的な風景の願望の水平線に出現した想像上の地理的空間」であり、「地球上の探検の結果として出現した世界の近代的概念」として理解する必要があるという。アメリカの歴史家ハワード・ジン（Howard Zinn）も「発見」（discovery）という言葉は西洋の視点であると指摘した。アメリカは無人の大陸ではなく、そこには一定レベルの文明を持つ人々が自然と調和しながら暮らした数千年の歴史が存在すると述べている。「新世界」という概念の創造は、ヨーロッパ人が作り上げた歴史ナラティヴの中に先住民を取り込み、配置する方策であったといえる。

歴史学者クローディア・ブッシュマン（Claudia Bushman）は、アメリカ人によるコロンブスの英雄化は、宿敵イギリスを恣意的に迂回する（bypass）ためであったと論じている。北米大陸に最初に上陸した者が、アメリカが敵対するイギリス国王によって派遣された航海士（ジョン・カボット）であったという事実はアメリカ人にとって都合が悪かった。この意味で、ブッシュマンはコロンブスがアメリカを「発見」したのではなく、アメリカがコロンブスを「発見」したと主張する。ゆえに、建国期のアメリカで、コロンブスはアメリカの偉人となり、女神「コロンビア」はアメリカの同義語として愛国心と結びついたという。

アメリカにおけるコロンブス英雄化は建国からシカゴ万博までの100年間に3つの段階を経て完成していたと主張するのはトマス・シュレレス（Thomas Schlereth）である。シュレレスによると、第1期である建国期は自由と進歩を象徴する寓話的人物で古典的な女神「コロンビア」（Columbia）として、第2期の19世紀中庸は「自明なる天命」（The Manifest Destiny）と西部拡大を容認する15世紀的ヨーロッパ人「コロンブス」（Columbus）として、第3期の19世紀末は文化的・政治的覇権と多様な人種的・宗教的アイデンティティを持つ愛国的アメリカニズム「コロンビアニズム」（Columbianism）として、コロンブスはアメリカの集団的アイデンティティの源泉になったという。

アメリゴ・ヴェスプッチ

「アメリカ」（America）は、同じイタリア人探検家で南米大陸発見者のアメリゴ・ヴェスプッチ（Amerigo Vespucci）にちなんで命名されたが、ラス・カサスは真の発見者はコロンブスであったと述べている。ラス・カサスによると、コロンブスは第3次航海（1498～1500）でヴェネズエラ沿岸（Paria Peninsula）を航海中に大陸が存在する「兆候」を見つけていたが、新大陸発見の名誉は1503年に小冊子『新世界』を、1505～1506年に『4回の航海において新たに発見した陸地に関するアメリゴ・ヴェスプッチの書簡』を出版したヴェスプッチに横取りされたという。その後の世界史ではコロンブスが「新大陸」の発見者とみなされるようになったものの、大陸がコロンビアと改名されることはなかった。

第2章

新旧世界が出会うとき
——せめぎ合う異文化

コロンブスの航海は新旧世界に地政学的変化だけでなく、生態学的大変革をもたらした。「コロンブスの交換」と呼ばれるこの事象は公衆衛生や食文化、国家の趨勢にも影響を与えた。北米におけるイギリス初の恒久的植民地ジェームズタウンのジョン・スミスは、北米植民の成功は1人の先住民女性ポカホンタスの援助によるものであると本国に報告した。この記述によって、ポカホンタスはアメリカ史において新旧異文化統合の象徴として神話化されていく。

○この章で扱う出来事

1492	コロンブス、西インド諸島に上陸
1583	ローリー、北米大陸沿岸を探検
1590	ロアノーク植民地が「消失」する
1607-08	ポカホンタス、捕虜ジョン・スミスの命を救う
1609	イギリス初の恒久的アメリカ植民地ジェームズタウン建設
1614	ポカホンタス、ジョン・ロルフと結婚
1616	ポカホンタス、渡英
1617	ポカホンタス、イギリスで死去
1804	最高裁長官マーシャル、著書でポカホンタスの功績を讃える
1808	ベーカーによる劇作『インディアン・プリンセス』上演

この章のポイント

1. コロンブスが新世界にもたらしたものは何か
2. ポカホンタスとはどのような人物だったのか
3. 新旧世界の文化は植民地でどのようにせめぎあい、融合したのか
4. ポカホンタスが果たした歴史的役割とはどのようなものか

南北アメリカ大陸は15世紀末、コロンブスの航海をきっかけに西洋史に登場した。「旧世界」（Old World）であるヨーロッパに対し、南北アメリカはしばしば「新世界」（New World）と呼ばれる。その後、ヨーロッパ列強は原産地・市場としての新世界の価値を認め、国を挙げて植民事業に乗り出した。南米ブラジルの領有権を主張したポルトガルは、2万5,000人もの入植者を送り込み、16世紀末までに砂糖栽培を軌道に乗せた。スペインはカリブ諸島を手中に収めた後、南北アメリカ大陸に拠点を築いた。16～17世紀、国家の支援を受けた数千人が富（金や銀などの鉱物資源）や名声、新領土を求めて大西洋を横断した。これらの冒険家はスペイン語で「征服者」を意味する「コンキスタドール」（conquistadors）と呼ばれた。アステカ帝国やインカ帝国を滅亡させ、ブラジルを除く南米の支配権を掌握したスペインは北米に進出し、フロリダ、ユカタン半島経由でメキシコ湾岸やカリフォルニアまで到達していた。フランスはカナダ・ニューファンドランド島やノヴァスコシア沿岸に進出し、漁師を通じて現地の先住民と毛皮取引を行い、1604年にはポート・ロワイヤルとノヴァスコシアに、1608年にはケベックに恒久的植民地を開いた。オランダもマンハッタン島にニュー・アムステルダム（New Amsterdam：現ニューヨーク）を築き、先住民と毛皮交易を行った。イギリスが北米植民事業に乗り出した16世紀末、北米大陸は内陸を除きほぼ全土が列強によって分割されつつあった。

この時代の父権的な初期アメリカ植民地史を語る上で欠かせない1人の女性がいる。それはアルゴンクィン・インディアンのポカホンタス（Pocahontas）である。その一生は歴史の中で語り直され、その姿は小説や映画、演劇、芸術作品で再生産されている。彼女は米国紙幣に初めて採用された実在の女性であり、記念切手に繰り返し採用されている歴史的人物でもある。彼女が歴史の欠くべからざるピースとして扱われる背景には彼女が植民地で果たした重要な役割がある。本章は「新大陸」で起きた生態学的変化と新旧世界の交流を象徴するアメリカ先住民女性ポカホンタスを扱う。

1. コロンブスの交換

初期アメリカ植民地史を理解するには、コロンブスの航海をきっかけに起こった地球規模の変革について知る必要がある。一般に「コロンブスの交換」（Columbian Exchange）といわれる、この大変革は新旧世界の邂逅が生んだ地球規模の地政学的、生態学的現象を指す。1972年、アメリカの歴史学者アルフレッド・クロスビー（Alfred Worcester Crosby, Jr.）は『コロンブスの交換』（*The Columbian Exchange*）という著書を執筆した。その本の中で彼はコロンブスが西インド諸島に到着した1492年、以後の世界史を変えることになる重大な変化が起きたと述べた。それはこれまで論じられてきた政治的・経済的変化ではなく、生態学的変革に関する画期的な指摘であった。この著書により環境史学ともいえる新たな学問分野を確立したクロスビーは、コロンブスや他のヨーロッパ人探検家、コンキスタドール（征服者）が媒介となって起きた、地球規模の「交換」によって、新旧世界はこれまで持っていなかったものを互いに与え合ったと指摘した。この学説が持つ重要性に他の歴史家が気づき始めたのは、この概念が提示されてからしばらく経ってからのことだった。

クロスビーによると、新旧大陸間の交換の対象は動植物の他、病原菌にも及ぶという。植物の交換は新旧世界の人々の食習慣を変え、国家の趨勢にまで影響を及ぼした。例えば、アンデスのジャガイモ（キャッサバ）やトマト、メキシコ原産のトウモロコシ、アマゾン原産のタバコは、ヨーロッパやアジアでも栽培されるようになった。新世界から旧世界へもたらされた作物の中で最も重要なものの１つがジャガイモである。生産性が極めて高いジャガイモは、小麦が育たない北米大陸でヨーロッパ人入植者の主食となっただけでなく、旧世界の食料危機を救った。「コロンブスの贈り物」とも呼ばれるジャガイモの「上陸」

から100年以内にヨーロッパの人口は約2倍に増えた。ヨーロッパの他のどの地域よりも多くのジャガイモを食べていたアイルランドでは、1600年のはじめに150万人だった人口が200年後には約850万人にまで増えた。栄養価の高いジャガイモはヨーロッパ人の栄養状態を改善し、人口増加の立役者となり、国力増強の触媒になったと考えられている。

一方、旧世界から新世界へ持ち込まれた代表的な動物として挙げられるのが豚と馬である。スペイン人やポルトガル人は入植する土地には必ず食肉用の豚を持ち込んだ。さらに、彼らが新世界に運んだ馬は先住民の征服に欠かせない動物となった。最初は戦争のツールとして、後には移動や運搬の手段として馬は重要であった。馬を見たことがなかった中南米の先住民にとって、馬上のヨーロッパ人兵士は脅威に映ったに違いない。1人の騎馬兵は1時間で2,000人もの先住民を串刺しにしたという記録もある。スペイン人探検家が持ち込んだ馬の子孫を手に入れた北米の平原インディアンは、馬のおかげでより広い地域で狩りを行うことができるようになり、バッファロー狩りも一変した。これらの家畜は広大な牧草地で増え続け、その皮はアメリカ先住民の主要な貿易品になった。

新旧世界は未知の病も交換しあった。人間の移動とともにユーラシア大陸のバクテリア、ウィルス、寄生虫が南北アメリカ大陸にもたらされた。何千万年もの間、世界の他の地域から隔絶されていたアメリカ先住民は、1492年以降、未知の病で次々と命を落とした。ヨーロッパ人の病気に対する免疫を持っていなかったためである。「新世界の独立が破られた時、コロンブスがこの惑星の2つの半分を1つにした時、アメリカ先住民は最も恐ろしい敵に初めて出会った。それは白人でも彼らの黒人の召使でもない。白人のその血と息によってもたらされた目に見えない殺し屋だった」とクロスビーは述べている。先住民が苦しんだ主な病気は天然痘（smallpox）、麻疹、腸チフス、インフルエンザ、水痘、結核、しょう紅熱、胸膜炎であった。スペインの歴史家フェルナンデス・デ・オビエドは、コロンブスが到着した15世紀末、サント・ドミンゴ島には約1,000万人のアラワク族がいたが、1584年には約500名にまで減少したと、1622年に記している（実数は不明）。特に天然痘はアンティル諸島からユカタン半島へと新世界で急速に広がり、インカ帝国やアステカ帝国の人々の命をも奪った。

逆に、新世界から持ち込まれたと考えられる疾患の１つが梅毒（syphilis）である。梅毒とは、粘膜や皮膚が触れることで感染する性感染症である。病気そのものの新しさを示す証拠として、梅毒がさまざまな名前で呼ばれてきたという史実が挙げられる。イタリア人は梅毒を「フランス病」と呼び、フランス人は「ナポリの病」と呼び、イギリス人は「ボルドー病」もしくは「スペイン病」と呼んだ。ポーランド人は「ドイツ病」と呼び、ロシア人は「ポーランド病」と呼んだ。さらに、中国人は西洋人との貿易港にちなんで「広東の潰瘍」と呼び、日本人は「唐の腫物」と呼んだ。病名が「梅毒」に統一されたのは、16世紀のイタリア人医師ジローラモ・フラカストロの造語を採用した19世紀のことであった。梅毒は1492年以前にも旧世界に存在したと主張する研究者もいるが、1493年にヨーロッパで大流行したこの病（the pox）は感染力と致死率の高さで、ヨーロッパ人にとって未知の病であった。患者は最初の感染からすぐに身体の広範囲に発疹や潰瘍の症状が現れ、それは口や喉まで達し、高熱と骨の痛みを訴えて短期間で死に至った。実際、旧世界における梅毒の流行はコロンブスの渡航以前には認められなかったため、当時の歴史家であるラス・カサスもオビエドも梅毒はコロンブスによってアメリカからもたらされたと結論付けている。

もし「コロンブスの交換」がなければ、1492年以降の世界は全く違ったものになっていただろう。イタリア料理にトマトは使われなかっただろうし、サツマイモやトウモロコシがなければ、中国での人口の急増もあり得なかっただろう。アメリカの原風景である、馬を操る先住民の姿も存在しなかった。一方で、新旧世界の出会いはそれぞれが持っていた特異性を永遠に消し去ったといえる。アメリカ人ジャーナリストのチャールズ・マン（Charles C. Mann）は著書『1493』において「コロンブスの交換」は世界最初のグローバリゼーションを進行させ、「均質新世」（Homogenocene）という新時代を切り開いたと述べている。「コロンブスの交換」が与えた影響には新旧世界それぞれにとって良いものも悪いものもあった。しかし、確実に言えることは、世界が何千年間も保ってきた生態系の独自性を永遠に失わせたのは、旧世界側の領土的野心であり、物質的欲望であったということである。16～17世紀の欧州諸国による南北アメリカ大陸の植民はこの不可逆的交換を加速させ、世界をより均質化させていく。

2. インディアン・プリンセス

「コロンブスの交換」後の北米大陸で新旧世界の「文化」を統合したのがポカホンタスであった。ポカホンタスの物語はあまりにも有名である。ポカホンタスが「いたずらっ子」を意味するニックネームであること、彼女がイギリス人船長ジョン・スミス（John Smith）を2度救ったこと――最初は父親の族長に助命を訴えて、次に奇襲への警告を与えて――、マトアカ（Matoaka）という本名を持つ彼女はキリスト教に改宗してレベッカ（Rebecca）と名乗ったこと、イギリス人タバコ・プランターのジョン・ロルフ（John Rolfe）と結婚したこと、「インディアン・プリンセス」（Indian Princess）として渡英し、イギリス王室や貴族、知識人に歓待されたが、再び故郷の地を踏むことなく、わずか21歳で死亡したことなどを知る者は多い。しかし、実際の彼女の人生は謎に包まれている。それは、アメリカ先住民は書き言葉をもたなかったため、彼女の人生の物語はすべてイギリス人の証言や伝承に依拠しているからである。アメリカン・ナラティヴにおいてポカホンタスはどのような女性なのか。繰り返し言及されるスミス救出劇と人種間結婚という2つの事実からインディアン・プリンセスの人生とアメリカ史において彼女が果たした歴史的役割を振り返る。

最も有名なポカホンタスのナラティヴは、自らの身を挺してスミスの命を救ったというエピソードであるが、歴史家の間では、これはスミスの創作ではないかという説も根強い。というのは、当時11歳か12歳であったポカホンタスが、族長らの合議で処刑が決まった捕虜の命を救えたのかという疑問があるためである。しかし、その謎を解く鍵は彼女がアルゴンクィン語族インディアンの族長ポウハタン（Powhatan）の「最愛の娘」であったという事実にある。ポウハタンは、チェサピーク湾に注ぐいくつかの川が流れるヴァージニア沿岸地域のアルゴンクィン語族インディアン28部族を束ねる最高部族長（paramount chief）であった。当時、この肥沃な土地には8,500人から1万5,000人の先住民が住み、シカや七面鳥を食し、カキやムラサキガイ、ブドウやベリーなどを採り、タバコ、トウモロコシ、豆、カボチャ、ヒマワリなどの作物を栽培していた。ポウハタンは隣接するイロコイ族だけでなく、スー語族系のモナコ族との抗争の中でこの地域の覇権を確立し、維持していた。イギリス人入植者は、土地の最高権力者であるポウハタンを王もしくは皇帝とみなした。イギリス人にとって、その娘であるポカホンタスは、西洋社会におけるプリンセスに相当する。プリンセスであれば、彼女は部族内で助命を進言できる地位にあったとも考えられる。

イギリス・グレイヴゼンドにあるポカホンタス像（by Anne & David）

史実によると、スミスとポカホンタスとの運命の出会いは、1607年の年末から1608年の年初にかけてであった。16世紀末、エリザベス女王の寵臣ウォルター・ローリー卿（Sir Walter Raleigh）による最初の北米植民地計画（ロアノーク島）が失敗に終わった後、イギリス国王ジェームズ1世は、1607年、北米に恒久的な植民地を開くためにヴァージニア会社を通じて約100名のイギリス人をヴァージニアに送った。その探検隊の1人が当時20代後半の船長ジョン・スミスであった。国王より金・銀、ロアノーク植民地の生存者、そして北西航路（Northwest Passage：北米大陸の北岸沿いに北大西洋から太平洋に出る航路）を探す指令を受けていたスミスは7人の部下を伴い、上流に向けて艀（はしけ）（旅客や貨物を運ぶ小船）で探検に出た。通行が不可能になると、カヌーに乗り換えて2人の部下を伴い、さらに奥地に入ったとき、彼はポウハタン族の捕虜となった。部下の1人は殺害され、もう1人は捕えられ、後に拷問されたと考えられている。当初、ポウハタン族はイギリス人に友好的な態度を見せていたが、彼らの目的は同盟や貿易ではなく、侵略と征服であることに気づくと、白人入植者に対して敵意を抱くようになった。捕虜となったスミスは60歳くらいの威厳のある族長ポウハタンと対面した。長老らによる長い協議の後、スミスは彼の頭に落とされるはずの2つの大きな石とともに衆人の前に引き出された。その時、「王の最愛の娘」ポカホンタスがスミスの頭を自らの腕で覆い、死から守るために彼の頭に自分の頭を重ねたという。この救出劇は、スミス本人によって繰り返し語られている。スミスはこのエピソードを1616年に宛てたアン女王への手紙、1624年の著書『ヴァージニアの歴史概観』(*The General History of Virginia*)、1626年に出版した『1624年、ニューイングランドの試練』(*New England's Trials, 1624*)に書いている。

ネイティヴ・アメリカン史の研究者の中には、この描写に疑念を持つ者もいる。それは、母系社会であるインディアン部族において王の娘(プリンセス)がどれほどの権力を持ちえたのかという点、さらに通常、部族内での地位は低いとされる未成年者による捕虜の助命は可能だったのかという2点についてである。スミスによる記録以外、目撃者も証言者もいないこの事件の真相は誰にもわからない。しかし、真実を推測するヒントはある。通常、アメリカ先住民が捕虜をとるとき、彼らは捕虜を処刑にするか養子にするといわれるが、救出から2日後、スミスは儀式によってポウハタンの養子になったことがわかっている。さらに、ポカホンタスは祈禱師(medicine woman)か、巫女(shaman)であったと考えられるため、彼女による助命は可能だったという指摘もある。ポカホンタスの本名である「マトアカ」はネイティヴ・アメリカンの言葉で「白い羽」という意味で、これは部族で寵愛される女性(beloved woman)に用いられた名前であった。これらを手掛かりに救出劇を振り返ると、スミスによる脚色や誇張はあったにせよ、彼の証言は大筋で真実であったのではないかと考えられている。

この約1年後、スミスは再びポカホンタスによって命を助けられた。食料不足に悩むイギリス人入植者のために、ポウハタンからトウモロコシの差し入れがあるという知らせを受けたスミスとその一行が彼らを待っているとき、ポカホンタスが現れた。彼女は1人で夜道を30マイル歩いてポウハタンの奇襲を告げに来たという。一行は彼女の警告によって命拾いをした。スミスは、ポカホンタスについて、彼女は「我々の国に多大な愛情を感じている」とアン女王の手紙に書いている。

3. ポカホンタスの結婚

ポカホンタスの物語で多くのアメリカ人が注目するのが彼女とイギリス人入植者ロルフとの結婚であろう。イギリス人のロルフとアメリカ先住民のポカホンタスとの結婚は初期の新旧世界の友好の証しとしてしばしば言及される。「インディアン・プリンセス」である女性がキリスト教に改宗し、イギリス人と結婚するというストーリーは、アメリカは旧世界の征服ではなく、新旧世界の友好関係から生まれたと主張する（ヨーロッパ系）アメリカ人にとって重要なナラティヴである。「未開人」の文明化や異教徒のキリスト教化は、西洋文明の優越性や西洋の文化的覇権を示唆し、帝国主義や植民地主義を正当化するからである。

ポカホンタスとロルフの2人の出会いはスミス救出の数年後のことであった。ロルフはイギリスから新たに送られた入植者の1人として、1610年5月、飢餓にあえぐヴァージニアに上陸した。ロルフは、先住民からタバコ栽培の技術を学び、タバコを「利益を生む輸出品」にすることに成功していた裕福なプランターであった。1612年頃、ポカホンタスは17歳でアメリカ先住民のココウム（Kocoum）という男性と結婚し、子どもをもうけていた。歴史家シンディ・スピンデル・バーク（Cyndi Spindell Berck）は、既婚者であったポカホンタスがロルフと結婚できた理由として、ココウムとの死別か離婚、重婚（一妻多夫制）を挙げている。マッタポナイ族（Mattaponi）の口承史によると、ポカホンタスの誘拐後、夫のココウムは殺され、その息子は部族によって育てられたというが、この話の真偽はわからない。バークは、地位や財産が母系伝承されるインディアン女性は、婚姻においてある程度、主導権を持っていたため、一妻多夫制という説も否定できないと指摘している。

1613年4月、イギリス人船長サミュエル・アーゴール（Samuel Argall）は、偉大なるポウハタンの娘ポカホンタスが、彼らが交易していたポトマック族の支配下で滞在しているという噂を聞き、ポウハタンと取引するために彼女を人質にすることを思いついた。その後、ポトマック族の協力もあり、好奇心旺盛なポカホンタスは巧妙に仕掛けられた罠によって捕虜となった。ポウハタンとの交渉が長引く中、ジェームズタウンで人質となったポカホンタスは英語を覚え、キリスト教に改宗した。そして、宗教的メンターだったロルフとの結婚を決意したという。

しかし、当時、人種混交に対するイギリス人の嫌悪感は根強く、人種間結婚に反感を抱く者も多かった。植民地社会に配慮したロルフは、結婚の許しを得るためにジェームズタウンの知事トマス・デールに2,000語に及ぶ手紙を書いている。その手紙の中でロルフは、この結婚が植民地、そして国家に利益をもたらすことを強調している。実際、南北アメリカで、先住民女性と持続的な性的関係を持っていたスペイン人やフランス人（スペイン系混血児は「メスティーソ」、フランス系混血児は「クレオール」と呼ばれる）に比べ、家族での移住を奨励されたイギリス人と先住民との結婚はまれであった。その後、ヴァージニアは1662年までに人種間結婚を禁じる法律を制定し、1691年にはこの規定に「インディアン」（Indians）を含めると明記した。

しかしながら、17世紀初頭の初期イギリス植民地において、権力者ポウハタンの娘とイギリス人の結婚は好ましいものとみなされ、双方の共同体から祝福された。1614年4月、2人はジェームズタウンの教会で結婚し、翌年、息子トマスが生まれた。1616年、デール知事は2人にイギリスへの旅を提案し、ポカホンタスの英国訪問が実現する。植民地の宣伝になると考えたヴァージニア会社はこの渡航費用を負担した。旅には2人の他、ポカホンタスの妹夫妻と十数名のアメリカ先住民の少年少女が参加した。イギリスとアメリカ先住民社会の懸け橋となるべく、ロンドンで教育を受けるためであった。7週間の航海を経て、一行は1616年5月末から6月初旬にイギリスに到着した。「インディアン・プリンセス」と呼ばれたポカホンタスはジェームズ1世およびアン女王から熱烈な歓迎を受け、サイモン・ヴァンダーパッセ（Simon van der Passe）の肖像画のモデルになった。イギリス滞在中、ポカホンタスは再会したスミスに対して咎めるような言葉を投げかけたと伝えられるが、このエピソードが2人の恋愛関係を疑わせる結果となった。しかし、これは、ポウハタンへの恩義を忘れるなというスミスへのメッセージだったのではないかという解釈もある。いずれにしても、この不可解な態度は、ポカホンタスがポウハタンの養子となったスミスに対して特別な絆を感じていた証しとも考えられる。

1617年3月、ジェームズタウンへ帰る途中、体調を崩したポカホンタスは、静養のために立ち寄ったイギリス・ケント州グレイヴゼンドで20余年の短い生涯を閉じた。彼女の遺体は聖ジョージ教会に埋葬された。死因については、天然痘やロンドンの大気汚染による肺病、夫ロルフによる毒殺など、諸説あるが、定説はない。この航海で大西洋を渡ったアメリカ先住民の半分が死亡していることから「コロンブスの交換」後のロンドンは、新世界の住民にとって危険な土地であったことは否定できない。

現存する唯一のポカホンタス生前の肖像画とされるヴァンダーパッセ作の銅版画（ナショナル・ポートレート・ギャラリー）

2人の結婚はジェームズタウンにおけるイギリス人とアメリカ先住民の関係を改善し、抗争を一段落させたが、ポカホンタスの死によって状況は変化した。5年ほど続いた「ポカホンタスの和平」が終わった1620年以降、植民地のイギリス人とアメリカ先住民は再び対立を深めていく。

しかし、新旧世界をつなぐこの結婚は重要なアメリカン・ナラティヴを生み出した。南部プランテーション文化とポカホンタスの子孫である。ロルフやその後継者が育てたアメリカ原産のタバコは旧世界に輸出され、愛好者を増やした。タバコ・ビジネスによって富を蓄積したプランターは砂糖、コメ、綿花の栽培にも着手し、南部に貴族的なプランテーション文化を生み出していく。そして､ポカホンタスの息子トマスは､「ヴァージニア建国の母」とも呼ばれる「インディアン・プリンセス」の遺伝子を現代に伝えている。

4. 新旧世界をつなぐイヴ

ポカホンタスの物語は、アメリカ史の中で再生産され続けている。アメリカ人はなぜこれほどまでにポカホンタスの物語に惹かれ、この女性を讃えるのか。それは、彼らがポカホンタスを旧世界と新世界の文化をつなぐ、アメリカン・

ナラティヴの「イヴ」とみなしているからに他ならない。ポカホンタスが洗礼を受けてヨーロッパ系アメリカ人植民地社会に入った時、彼女はキリスト教徒と異教徒、西洋的価値観とインディアン的価値観をつなぐ「リエゾン」(仲介者)となった。当時、ヨーロッパ人とアメリカ先住民は全く異なる価値観と世界観を持っていた。多くのヨーロッパ人は富や成功を求めて大西洋を渡り、個人的な野心を追求した。彼らは利己的で、競争を好み、個人主義的であった。一方、アメリカ先住民は個人より集団、他人との絆や家系、村や共同体を尊重し、自然と調和しながら暮らしていた。彼らの社会はヨーロッパ社会ほど階層化されていなかったし、彼らが自然界で見出す資源は生きとし生ける者すべての共有財産として分かち合った。ポカホンタスとロルフの結婚はこのような文化の違いを超越して実現した絆であった。アメリカ人にとって、ポカホンタスの物語は、アメリカという国が新旧世界の文化の違いを超えて生まれたことを象徴的に示している。歴史家のロバート・ティルトン(Robert S. Tilton)は、ポカホンタスがスミスの命を救ったとき、すべての白人(ヨーロッパ系)アメリカ人が彼女を「始祖」に「選んだ」と述べている。白人のアメリカ人を救い、白人のアメリカ人と結婚したポカホンタスは、アメリカ文化の継承者となり、彼らの「祖母」、そしてアメリカのイヴになったといえる。

アメリカ史において、ポカホンタスは偶像化され、その人生は神話化されてきた。古くは建国間もない1804年、当時の最高裁判所長官ジョン・マーシャル(John Marshall)は著書『ジョージ・ワシントンの人生』(*The Life of George Washington*)の中で、アングロ・アメリカンの植民事業成功の鍵としてポカホンタスの功績に言及している。マーシャルは、初代大統領となるジョージ・ワシントンが主導した独立戦争につながる重要なエピソードとしてポカホンタスによるスミスの救出を挙げている。彼は救出の瞬間を次のように劇的に描写している。「彼〔スミス〕の頭が強打を受けるために下げられた処刑の瞬間、彼はどの地域でも、社会のどの階層でも、女性の胸に見出すことができる、熱狂的で情熱的な人間性によって、逃れられないかのように思えた運命から救出された。王の最愛の娘であるポカホンタスは彼と死刑執行人の間に駆け寄り、自らの腕で彼の頭を抱き、自らの頭を彼の頭の上にのせて致命的な打撃を制止させた」。マーシャルは、スミス救出の他、アーゴール船長による誘拐やロルフとの結婚についても紙面を割いている。初代大統領の伝記の中で彼は約200年前のこの先住民女性をアメリカ建国に関わる重要な人物として紹介し、彼女の勇気を賞賛している。

その後もポカホンタスは演劇や映画の中で再生産されている。19世紀前半にはポカホンタスを題材とした演劇が上演され、ポカホンタスを国民的ヒロインに押し上げた。例えば、ジェームズ・ネルソン・ベーカー（James Nelson Baker）はポカホンタスを主人公とする劇作『インディアン・プリンセス』（*The Indian Princess, or La Belle Sauvage,* 1808）を書き上げた。ベーカーの『インディアン・プリンセス』はアメリカで初めて上演されたオペラ風メロドラマで、それまで詩や書物に描かれていた伝説のヒロインに実体を与えた。そして、この舞台の成功は類似作品を生み出した。『ヴァージニアの移住者たち』（1830）、『ポカホンタス』（1838）、『森のプリンセス』（1844）、『ポカホンタス、優しい野蛮人』（1855）などである。1910年に制作された実写版『ポカホンタス』にはスミス救出だけでなく、彼女の結婚や死も描かれている。20世紀末、ポカホンタスを「世界的著名人」にしたのはディズニー映画『ポカホンタス』（*Pocahontas,* 1995）とその続編『ポカホンタスⅡ：新世界への旅』（*Pocahontas II: Journey to a New World,* 1998）であろう。2005年にはテレンス・マリック（Terrence Malick）監督により実写版の『新世界』（*The New World*）も制作された。

しかし、ポカホンタスを扱うこれらの作品で主に描かれるのはスミスとのロマンスであり、史実ではない。ポカホンタスとスミスの（叶わぬ）恋という「虚構」は、土地を奪い強制移住させた白人に対するアメリカ先住民の敵意や人種間結婚に対するネガティヴな歴史を覆い隠す。さらに、その後のアメリカ史をひも解けば「インディアン・プリンセス」の子孫やその同胞は、必ずしもアメリカ社会で歓迎される存在ではなかったことがわかる。18世紀、人々は「インディアン」を「気高い野蛮人」（noble savages）と呼んだトマス・ジェファソン（Thomas Jefferson）に賛同し、彼らのアメリカ社会への同化（assimilation）を支持したが、19世紀になると人口増加に伴う領土拡大政策の中で、アメリカ人にとって彼らは排除すべき他者となった。ジャクソン政権下での強制移住政策で約10万人のアメリカ先住民が故郷から見知らぬ西部の地へと追われ、その約1,300キロメートルに及ぶ、徒歩での行程で多くの命が失われたことは、インディアン・プリンセスのエピソードと同様に後世に伝えるべき史実である（第５章参照）。

ディスカッションテーマ

1. 新旧世界の交流による生態学的変革とその影響
2. 人種間結婚に対するヨーロッパ人の考え方の違い
3. アメリカ史におけるポカホンタス偶像化の意味

ポカホンタス神話

現在も多くのアメリカ人は、ポカホンタスに特別な感情を抱いている。アメリカに貴族制度はないが、ポカホンタスの子孫は自らの「青い血」に特別なプライドを持つ。現在、ポカホンタスの子孫と名乗るアメリカ人はすべての州に存在し、10万人を数える。ポカホンタスの死後、息子トマス・ロルフは裕福なプランターの娘と結婚し、一人娘ジェーンをもうけた。ジェーン・ロルフはジェームズ河畔の広大な領地を持つロバート・ボーリングと結婚し、ジョンという息子を得た。ジェーンは出産後、すぐに亡くなるが、このジョンが「赤いボーリング一族」(Red Bollings)といわれる人々の始祖となる。第28代大統領夫人のイーディス・ボーリング・ウィルソンはこの「赤いボーリング一族」の1人であった。ロバート・ボーリングのもう1人の妻である白人女性（Ann Stith）による子孫は「白いボーリング一族」(White Bollings) と呼ばれ、ポカホンタスの曾孫の異母兄弟の子孫にあたる。第40代大統領夫人のナンシー・レーガン、天文学者のパーシヴァル・ローウェル、上院議員のジョン・マケイン、第43代大統領ジョージ・W・ブッシュ（George W. Bush）など、多くの著名人が自らをポカホンタスの末裔であると明かしている。

時代とともに「インディアン・プリンセス」は転生し、ポカホンタス神話はアメリカの映画やテレビ、舞台や芸術作品、出版物、そしてインターネットの中で再生産されている。ポカホンタスを扱う著者や制作者が強調するのは白人と先住民との友好関係であり、異文化の融合や和解、調和である。ファッション誌の表紙にも描かれるポカホンタスは、現代アメリカ人にとってファッションアイコンでもある。歴史的なアイドルとして消費されるアメリカのイヴは、アメリカは征服や虐殺によってではなく、愛と平和によって生み出されたというナラティヴを発信し続けている。

●アメリカ史に残るポカホンタスの人生

c.1595	ポウハタン族長の娘として生まれる
1607-08	捕虜となったジョン・スミスの命を救う
1609	スミスにポウハタンの襲撃を予告して命を救う
1612	ココウムと結婚
1613	アーゴールに誘拐され、捕虜として植民地で暮らす キリスト教に改宗、レベッカと改名
1614	ジョン・ロルフと結婚
1615	息子トマスを出産
1616	渡英してジェームズ１世やイギリスの知識人に面会
1617	英国グレイヴゼンドで死去、現地で埋葬される（3月）

ヴォーグ誌の表紙を飾るポカホンタス

第3章

植民地時代のアメリカ

――「丘の上の町」の試練

17世紀初頭、イギリス人入植者は「無人の大陸」とされた北米大陸で一定の文明を持つ先住民と遭遇した。両者の初期の友好関係は、土地をめぐる流血の抗争へと発展する。北米ニューイングランドに拠点を築いたピューリタンは、自ら本国から逃れたはずの宗教的不寛容を実践し、異端排除の神権政治を行った。ピューリタニズムはアメリカニズムの同義語となり、変容しながら現代もアメリカ社会に息づいている。

○この章で扱う出来事

1492	コロンブス、西インド諸島に上陸
1584-89	ローリー、ヴァージニアへの植民事業を支援
1590	ロアノーク植民地、「消失」する
1609	イギリス初の恒久的植民地ジェームズタウン建設
1620	メイフラワー号、プリマスに上陸
1630	ウィンスロップ、「丘の上の町」演説
1636	ウィリアムズ、ロードアイランド植民地を建設
1637	ハッチンソン、異端裁判の後、植民地から追放される
1675	フィリップ王戦争勃発
1692	セイラム魔女狩り裁判

この章のポイント

1. イギリス領アメリカ植民地はどのようにして始まったのか
2. 入植者とアメリカ先住民の関係はどのように変化したのか
3. ウィンスロップの「丘の上の町」はどのような共同体だったのか
4. アメリカ植民地はどのようにして発展したのか

イギリスの北米における初期植民事業はエリザベス1世（Elizabeth I）の寵臣ウォルター・ローリー卿によって行われた。女王から未開地開拓の特許状を得たローリーは、1584年、北米大陸の東海岸（現ノースカロライナ沖）に探検隊を派遣した。ローリーは、探検隊が発見した土地を「処女」女王エリザベス（Virgin Queen）にちなんでヴァージニア（Virginia）と名付け、女王に献上した。2年後、ローリーが資金を提供し、従弟のリチャード・グレンヴィル卿が率いた入植者の一団がロアノーク島（Roanoke Island：ノースカロライナ州の沿岸にある島）に植民を志すが、物資の不足や先住民とのトラブルのため入植を諦め、1586年6月、全員帰国した。反省を踏まえて、ローリーは翌年5月、家族単位で暮らせるよう子どもを含む男女約120名を再度、ロアノーク島に送った。数週間後、探検隊司令官で総督のジョン・ホワイトは必要物資の入手と追加入植者の勧誘のためにイギリスに帰国した。ホワイトはすぐに島に戻ろうとしたが、スペインとの戦争で海上封鎖されたため渡航できず、戻るまでに3年の月日を要した。1590年8月、島に戻ったホワイトが見たのは人気のない、打ち捨てられた植民地だった。ナイフで掘られたCROATOAN（クロアタン）という文字から入植者全員が同名のインディアン部族に虐殺されたと推測されている。

1587年にロアノークで生まれたホワイトの孫、ヴァージニア・デア（Virginia Dare）も消失した植民地の住人の1人であった。処女王・エリザベスにちなんでヴァージニアと命名された彼女はアメリカで生まれた初めてのキリスト教徒として歴史に名を残す。ロアノークから消えたイギリス人の消息は不明であるが、現在ではクロアタン族の一部に吸収されたのではないかと考えられている。

イギリス初の北米植民は不幸な結末となったが、「失われた植民地」（The Lost Colony）の教訓はその後のイギリス植民政策に生かされることになる。

本章では、ロアノーク後から「丘の上の町」までのイギリス領アメリカ植民地の試練と発展をたどり、アメリカのピューリタニズムの起源を探る。

1. ジェームズタウン植民地

ロアノーク島植民に失敗したイギリスも、北米における恒久的植民地の建設を諦めてはいなかった。北米大陸初の恒久的なイギリス植民地として建設されたのがジェームズタウン（Jamestown）であった。英国王ジェームズ1世（James I）の特許状を取得した植民・貿易会社ロンドン・ヴァージニア会社（ロンドン会社とも呼ばれる）は、1607年、144名をチェサピーク湾沿岸に向けて送り出した。大西洋横断の過酷な航海を生き延びてヴァージニアに到着した104名は沿岸から内陸部に入り、チェサピーク湾に注ぐ川（ジェームズ川）沿いの低湿地に植民地ジェームズタウンを築いた（英国王にちなんで命名）。数か月のうちにマラリアなどの現地特有の病気や飢えで多くが命を落とし、生き延びたのは38名に過ぎなかった。

1609年、国王から新たな特許状を取得したヴァージニア会社は、私費での入植希望者を募り、女性や子どもを含む約600人をジェームズタウンに送った。ロアノークの教えは教訓として引き継がれたものの、未開地での植民は困難を極めた。不作や新大陸特有の未知の病で次々と入植者が亡くなった。1609年から1610年にかけて、特に危機的状況が彼らを襲った。警戒し始めたアメリカ先住民からの食料供給が途絶えると、餓死者が相次いだ。狩りも耕作もできない彼らは犬、猫、ネズミ、蛇、毒キノコ、馬の皮など、見るものすべてを口にして命をつないだという。イギリスから定期的

イギリス・ヴァージニア会社の紋章

に物資が届くようになると入植者は帰国を思い留まり、植民地は発展していった。1619年にはアメリカ植民地初の議会（The General Assembly）が組織され、以後、植民地での自治が始まった。1624年、ヴァージニア会社への特許状が取り消されたジェームズタウンは国王の直轄植民地となった。ジェームズタウンには計8,500人が入植したが、その約80％が亡くなったといわれている。ウィリアムズバーグへの行政庁の移転後、ジェームズタウンは衰退したが、一植民地として存続した。

英領北米植民地の繁栄を支えたのがタバコであった。入植者はほどなくしてジェームズ川流域でアメリカ先住民が育てていた新大陸の未知の植物タバコを発見した。スペイン人によってすでにヨーロッパ諸国に広まっていたタバコは、利益を生む交易品としての可能性を秘めていた。1612年、イギリス人入植者のジョン・ロルフが先住民から栽培法を教わり、タバコ栽培を成功させると、一帯には入植者によるタバコ農園が次々に建設された。

ヴァージニアでは温暖な気候を利用して、タバコ以外にコメや綿花も栽培された。植民事業を軌道に乗せるため、ヴァージニア会社は入植者1人につき50エーカーの耕作地を与えると宣伝して入植希望者を募った。当初、人手不足に悩むプランテーション所有者（プランター）が雇用したのはヨーロッパからの「年季奉公人」（indentured servants）であったが、三角貿易（植民地の穀物・肉類・木材、イギリスの工業製品、アフリカの奴隷、西インド諸島の砂糖・糖蜜などを貿易品とする多国間貿易）によってアフリカからの奴隷が入手できるようになると、プランテーション経営は奴隷労働に依存するようになった。ヨーロッパからの年季奉公人は労働契約期間が終わると土地を与えられて自由人になったが、アフリカ人は終身奴隷として政治・経済システムに組み込まれた。その後、南部諸州では奴隷制に基づく農本主義経済が発達し、富裕なプランターを中心とする貴族的な南部プランテーション文化が栄えた。

重商主義的な動機から建設されたジェームズタウンと異なり、マサチューセッツ湾のプリマスは宗教的な理由から開かれた植民地であった（イギリス・プリマスから出航したため The Colony of New Plymouth と命名された）。プリマスは、1620年、ヴァージニアの遥か北に位置する北米東北部「ニューイングランド」（New England）と呼ばれる地域に、ピューリタンの一団「ピルグリム・

ファーザーズ」（もしくは「巡礼父祖」: Pilgrim Fathers）によって建設された。1607年、分離派（イギリス国教会との分離を主張するピューリタンの急進派）のグループはイギリス本国での宗教的迫害を逃れてオランダのアムステルダム（後にライデン）に移住したが、経済的な問題に直面して英領北米植民地への移住を決断した。ロンドン会社の援助を受けた分離派35名を含む入植者102名は、65日間の航海を経て1620年11月にケープ・コッド沖に到着した。荒天のために彼らの船・メイフラワー号（Mayflower）はロンドン会社の管轄する地域（ヴァージニア）の外に漂着したため、分離派以外の人々はこの契約は無効だと言い出した。不穏な空気を感じた分離派のリーダー、ウィリアム・ブラッドフォード（William Bradford）は入植者全員が民主的社会建設に参加することを誓約する「メイフラワー盟約」（Mayflower Compact）を作成し、船上で家族代表の41名の男性がこの文書に署名した。このメイフラワー盟約はプリマス植民地の運営指針となっただけでなく、後に「独立宣言」（The Declaration of Independence）および「合衆国憲法」（The Constitution of the United States）の礎となる重要な歴史的文書となった。プリマスの人口は最盛期には300人を超えたが、不作が続いて衰退するとジェームズ2世（James II）の王領植民地となり、1691年、マサチューセッツ湾植民地に吸収された。

1620年　メイフラワー盟約（抜粋）

（ここに署名したわれらは）神の栄光のため、キリスト教の信仰の促進のため、ならびにわが国王と祖国の名誉のために、ヴァージニア北部に最初の植民地を建設する航海に出かけたものであり、本証書によって、神とわれら自らの前で厳粛かつ相互に誓約し、われらのより良い秩序の保全、ならびに前述の目的を達成するために、結束し、市民による政体を形成する。そして、これに基づき、随時、植民地全体の福利のために最も適切と思われる、公正で平等な法律、命令、法令を発し、憲法を制定し、公職を組織する。そしてこれらに対し、われらは当然かつ全き服従と従順を約束する。

出典：アメリカンセンター Japan

2. 領土をめぐる争い

アメリカはヨーロッパ人にとって「未開の地」であったかもしれないが、決して「無人の大陸」ではなかった。そこには何千年もの間、続いてきた人間の営みがあった。アメリカ先住民の祖先は、約1～4万年前の洪積世末期に氷雪した海面が約3.6メートル下がったために陸地となったベーリング海峡を渡ってやってきたアジアからの遊牧民であったと考えられている。紀元前5000年頃に始まった農業は、それまで運に頼っていた食料供給を安定させ、人口を増加させた。コロンブス以前の南北アメリカには約1億人が暮らし、メキシコ以北に住む約300万人は12語系2,000語もの異なる言語を話していたと推測されている。

一般的には、ヨーロッパのアメリカ大陸進出は虐殺と侵略による血塗られた歴史であると考えらえているが、近年、少なくとも植民地時代初期にはアメリカ先住民とヨーロッパ人は友好的な関係を保ちながら共存し、独特の文化を育んだことが明らかになっている。歴史家リチャード・ホワイト（Richard White）が提唱したのが初期アメリカには、「ミドルグラウンド」（Middle Ground）が存在したという説である。ミドルグラウンドとは「中間の地帯、すなわち、中間の文化、中間の人種、そして帝国と国家に属さない村の中間の土地」であり、そこでは多様な背景を持つ人々が互いの差異に自らを適応させたり、新しい生活様式や習慣を共有したりしながら暮らしていた。ミドルグラウンドでは、ヨーロッパ人とアメリカ先住民は同胞、（性的）パートナー、友好的な近隣者として交流し、その交流から独特の中間文化が生まれたとホワイトは言う。

アメリカ植民地における両者の初期の友好関係を今に伝えるのが、アメリカで毎年11月第4木曜日（カナダでは10月第2月曜日）に祝われる感謝祭（Thanksgiving Day）である。連邦の祝日である感謝祭の起源は1621年にさかのぼる。1620年11月、ピルグリム・ファーザーズは何もないプリマスの荒野に1年で最悪の時期に到着した。寒さや未知の病、食料不足のためにその半数が最初の冬を越すことができなかった。感謝祭は、ワンパノアグ族インディアン（特に英語話者であったといわれるSquantoという人物）の厚意によって冬を生き延びたピルグリム・ファーザーズが翌年の秋、初めての収穫を得た際に彼らを招いてご馳走を振舞い、神に感謝を捧げた史実に由来する（諸説あり）。

1621年の最初の感謝祭（ジーン・レオン・ジェローム作、アメリカ議会図書館［Library of Congress］）

その後、ヨーロッパ人の目的は永住であり、そのために彼らの土地を奪おうとしていることがアメリカ先住民に知れ渡るとミドルグラウンドは崩壊していった。土地や自然に対する考え方が全く異なる両者の共存は困難だった。アメリカ先住民にとって土地はさまざまな生命がその恵みを分かち合う神聖な共有物であり、売り買いするものではなかった。例えば、ショーニー族にとって土地は「母なる大地」（Mother Earth）であり、その森林を伐採することは、金属製の鋤（すき）を使うことと同様に許されない行為であった。また、アメリカ先住民は魚、動物、植物などを枯渇させないようさまざまな信仰や儀式、タブーを自らに課しながら、何千年もの間、自然との調和を守ってきた。生き物を育む土地を荒らし、そこに生きる動植物を商品化し、資源を枯渇させるヨーロッパ人の資本主義的所業は受け入れ難いものであった。

1660年頃までにイギリス人入植者は生存にアメリカ先住民の助けを必要としなくなり、新しい入植者への土地を確保するため、先住民の住む西方の土地へと進出していった。このような動きに対して先住民は武力で彼らを追い払おうとした。17世紀における両者の最も凄惨な戦いは1675年に始まった「フィリップ王戦争」（King Philip's War, 1675～1678）である。「フィリップ王」と呼ばれたワンパノアグ族メタコメット（Metacomet）はインディアン連合軍を組織して反撃を開始した。メタコメット率いるアメリカ先住民は3年間にわたってマサチューセッツの白人集落を襲い、600人以上を虐殺した。モホーク族の援助を得たイギリス人がメタコメットを奇襲作戦で殺害すると、首領を失ったインディアン連合軍は敗走した。アメリカ先住民約3,000人が命を落としたこの戦いでの勝利は、入植者に西部開拓の扉を開くことになる。

3.「丘の上の町」のピューリタニズム

アメリカはしばしば「丘の上の町」(“a city upon a hill”)と形容される。この比喩は新約聖書、マタイによる福音書の一節に由来する。「あなた方は世の光である。丘の上の町は隠れることができない」(5章14節)。アメリカの同義語ともなった「丘の上の町」は、マサチューセッツ湾植民地初代総督ジョン・ウィンスロップ(John Winthrop)が1630年、アメリカ上陸前にアラベラ号で行ったスピーチ「キリスト教徒の慈愛のひな形」(“A Model of Christian Charity,” 1630)でこの表現を用いたことに始まる。このスピーチでウィンスロップは、「我々は丘の上の町になることを考えなければならない。世界の目は我々に注がれている」と述べて、これから建設する植民地を神の慈愛に満ちた、世界の模範となる共同体にしようと提案した。以後、「丘の上の町」という理念はアメリカの建国神話として語り継がれていく。歴代大統領も好んでこの表現を用いた。1961年1月、大統領就任を控えたジョン・F・ケネディはマサチューセッツ州ボストンで後に「『丘の上の町』スピーチ」と呼ばれる講演を行い、ロナルド・レーガンは1989年1月、「(自由の地を求めた巡礼者と同様に)私はこれまでの政治キャリアで『丘の上の輝く町』(“a shining city upon a hill”)について語ってきた」という言葉を残して「ホワイトハウス」(White House:米国大統領官邸)を去った。ウィンスロップの「丘の上の町」は国家理念であり、選民主義的なアメリカン・アイデンティティの根源でもある。

1630年の移住はイギリス人ピューリタン植民の第2波に当たる。第1波の植民では、ピルグリム・ファーザーズが上陸したプリマスからコット岬、マサチューセッツ南部を範囲とし、ニューポート、ニューヘイヴンなどの町が建設された。第2波として10年後に到着した17隻約1,000人のピューリタンはボストンからマサチューセッツ西北部に進出し、チャールストン、ニュータウン(後のケンブリッジ)、コンコードといった拠点を築いた。ニューイングランドにおける第2波ピューリタン植民事業の中心人物がケンブリッジ大学卒の法律家ウィンスロップであった。若くしてピューリタニズムに感化された彼は国王ジェームズ１世とその息子チャールズ１世による宗教的弾圧を逃れるため、ピューリタンを率いてアメリカ植民地に移住した。

マサチューセッツ湾植民地初代総督ジョン・ウィンスロップ（ナショナル・ポートレート・ギャラリー［CC0 1.0］）

マサチューセッツ湾植民地の政教一体の神権政治（theocracy：神の代弁者として僧侶または支配者によって行われる政治）は、植民地の社会的秩序の確立に貢献したが、禁欲的で抑圧的な支配は反逆者も生んだ。その１人がアン・ハッチンソン（Anne Hutchinson）という宗教指導者である。イギリス国教会の聖職者の娘としてイギリスで生まれたハッチンソンは父親の影響で幼少期から聖書に親しみ、独自の宗教観を持つようになった。成長すると薬草の知識だけでなく、助産の技能も身に付けた。彼女はカルヴァン派ピューリタニズムの牧師ジョン・コットン（John Cotton）に師事し、その支持者とともに1634年、家族でアメリカのマサチューセッツ湾植民地に移住した。ハッチンソンは「何が正しいか正しくないかは直接、神から自分の心におりてくる」と述べ、死後、魂が救済されるためには教会や牧師は必要ないと説いた。ウィンスロップをはじめとするピューリタン指導者は、聖職者を蔑ろにするハッチンソンを、社会秩序を乱す危険人物とみなし、彼女を宗教裁判にかけた。世にいう「アンチノミアン」（Antinomian）論争である。アンチノミアン（「道徳律不要論者」、「反律法主義者」ともいう）とは、福音（聖書）に示されている恵みのもとでは救済に必要なのは信仰のみであるため、キリスト教徒はいかなる道徳律にも拘束されないとする信仰至上主義者である。宗教裁判で自らの非を認めなかったハッチンソンはアンチノミアンとして有罪となり、1637年、破門されて植民地から追放された。信者と家族を伴い、ロードアイランドに移住するが、1643年、アメリカ先住民の襲撃に遭い、家族とともに惨殺された。しかし、信仰の自由を求めてウィンスロップに抗ったハッチンソンの気概は無

アン・ハッチンソンの異端裁判（1637年）
出典：*Harper's Monthly*（1901年2月頃）

駄にはならなかった。ボストンに建立された彼女の彫像の台座には「市民的自由と宗教的寛容の勇気ある唱道者」という賛辞が刻まれ、その精神は信教の自由を記したアメリカ合衆国憲法修正第1条に引き継がれた。

神権政治に異議を唱えて、植民地を去る者もいた。1635年、ニュータウンの牧師トマス・フッカー（Thomas Hooker）は信徒を率いてハートフォード（Hartford）に植民地を建設した。その後、フッカーはマサチューセッツ湾植民地と同様の植民地政府を樹立し、より幅広い人々に選挙権や公職権（女性は除く）を与えた。イギリス国教会との完全分離やアメリカ先住民の土地所有権を主張した若き牧師ロジャー・ウィリアムズ（Roger Williams）もウィンスロップと対立して植民地を去った人物であった。法律家のウィンスロップは、土地を開墾しなかったインディアンは土地に対する自然権を持っているにすぎず、市民としての権利は持たないため、土地は法的には真空地帯であると主張したが、ウィリアムズは先住民が住む土地を奪う権利は自分たちにはないと述べた。本国との関係についてもウィンスロップと対立したウィリアムズは植民地を離れ、先住民から購入した土地に国教会から完全に独立した植民地「プロヴィデンス」（Providence）を建設し、その地で「政教分離」（Separation of Church and State）や宗教的寛容を実践した。

行き過ぎたピューリタン神権政治への警鐘となったのが17世紀末の「セイラム魔女狩り裁判」（Salem Witch Trials, 1692～1693）であった。この「事件」は1692年1月、サミュエル・ハリス牧師の9歳の娘と11歳の姪の2人の少女の異変から始まった。2人はひどいひきつけを起こした後、狂ったように叫び続けた。診察した医者はこれを魔術によるものだと診断すると共同体に衝撃が広がった。セイラムではその後、密告・告発によって約200名の「魔女」が逮捕され、うち30名に死刑が宣告された。最終的にセイラムでは19名が絞首刑となり、1名が圧死し、5名が獄死した。ニューイングランド各地で吹き荒れた魔女狩りの熱狂は始まりと同様に突然、収束した。1711年、マサチューセッツ湾植民地政府は「魔女」として有罪になった人々の名誉を正式に回復する法案を可決し、遺族に賠償金を支払ったが、事件はまだ終わらなかった。2001年のハロウィーンの日、マサチューセッツ州知事はセイラム裁判で死亡した人々のうち名誉が回復されていなかった5人（Bridget Bishop, Susannah Martin, Alice Parker, Wilmot Redd, Margaret Scott）の「魔女」容疑を免除する法案に署名し、子孫に公式に謝罪したことで悲劇から3世紀以上を経て、ようやくセイラム魔女裁判は結審した。現在では、魔女狩りはピューリタン的な神権政治と多様性を否定する閉鎖的な社会が生んだ一種の集団パニックであったと考えられている。

皮肉にも、信仰の自由を求めて理想郷を築いたピューリタンが行ったのは自らが逃れてきたはずの宗教的迫害だった。植民地時代における異端との戦いの歴史は宗教的寛容や政教分離という教訓となって後世に引き継がれている。

入植者の一部の信仰に過ぎなかったピューリタニズム（Puritanism）がニューイングランドで広がり、アメリカニズム（Americanism）と同義語になった背景には、アメリカにおける宗教（キリスト教）と経済の深い結びつきがある。アメリカの硬貨・紙幣に刻印・印字されている「我らは神を信ずる」（In God We Trust）という文言に両者の関係が象徴されている。このモットーは、1864年、南北戦争中の宗教心の高まりや国難への結束から硬貨に刻まれた文言である。1956年、冷戦を背景に無神論の立場をとるソ連に対抗するため、政府はこの文言を正式に国家のモットーとし、以後、紙幣にも印刷した。この宗教と経済の結びつきこそがアメリカ的生活様式やアイデンティティの本質であるといえる。

実際、歴史上、宗教（キリスト教）は人々の商業観や労働観に影響を与えてきた。「富める者が救われるのはらくだが針の穴を通るより難しい」（マルコ10章25節、マタイ19章24節、ルカ18章25節）という聖書の言葉に示されるように、キリスト教本来の教えでは商人や金融業者（特に高利貸し）は忌み嫌われる存在であった。1179年の「ラテラノ公会議」では高利貸しのキリスト教徒は破門するという決議もなされたほどであった。しかし、貨幣経済や産業の発達とともに教会も次第に商業や金融業の奨励へと方向転換していく。

その中で登場したのがドイツの神学者で宗教改革者のマルティン・ルター（Martin Luther）であった。1517年、ルターは「魂の救済は聖職者を通して与えられる」と主張して信者に免罪符（贖宥状）を売りつける教会を批判し、神の義は聖職者によってもたらされるのではなく、福音（聖書）に啓示されていると説いた（福音主義）。さらに、彼はすべての職業は神の救いに結びつくとし、経済活動を奨励した。ルターに発するプロテスタンティズム（新教）の拡大に貢献したのがフランス生まれのスイスの神学者ジャン・カルヴァン（John Calvin）であった。福音主義や「予定説」（魂の救済は神の意志により予定されているという説）を唱えるカルヴァンは政教分離（教会の独立）の必要性を主張するとともに、職業は神から与えられた使命であり、職業上の成功は神の恩寵の表れであると説いた（職業召命説）。この教えは、全く新しい職業観を生み出した。カトリック（旧教）が「労働は懲罰」、「蓄財は罪悪」と主張したのに対して、カルヴァンは救われるかどうかはすでに神によって「予定」されているため、生前の行い（蓄財）は救済に無関係であるとし、努力や勤勉を奨励した。カルヴァン神学はイングランド（清教徒）、スコットランド（長老派）、オランダ（オランダ改革派）、フランス（ユグノー派）に広まり、新しい職業倫理を生み出した。ドイツの政治学者・経済学者マックス・ウェーバー（Max Weber）は、近代資本主義はルターやカルヴァンの宗教改革を源とすると主張している（『プロテスタンティズムの倫理と資本主義の精神』）。

アメリカの経済的発展を精神的に支えたのが、カルヴァン派プロテスタンティズム（新教）の一派である清教徒のピューリタニズムであった。ピューリタニズムは、近代化の過程で人々が直面したキリスト教的価値観と相反するような資本主義的要求に対しても身の処し方を提供した。従来のキリスト教（旧教）の教えでは蓄財や利潤追求は忌避されたのに対し、ピューリタニズムは世俗的成功を神の恩寵とみなすことで、資本主義の発展に寄与した。アメリカ人が経済成長を善とするのは「経済的成功は神の救いの証し」という信念に基づいている。アメリカのピューリタンは、特に勤勉・倹約・禁欲による蓄財を肯定的に捉えて実践した。彼らにとって蓄財は美徳であり、モノやサービスを適切な価格で人々に提供する経済活動は美徳の実践であった。アメリカの富豪らが熱心に慈善や福祉に取り組む姿は彼らにとって世俗的成功と信仰心とは表裏一体の関係にあることを示唆している。

16～17世紀の宗教改革に端を発するピューリタニズムは、植民地アメリカの発展に寄与した。宗教的には、ピューリタニズムは18世紀初頭までにニューイングランド的地域思想とみなされ、教義的な支持は失ったが、世俗的には「勤勉」（industry）、「自己信頼」（self-reliance）、「宗教的・道徳的厳格さ」（religious moral rigor）、「政治的郷党主義」（political localism）などを含意するアメリカ的精神として今日に伝承されている。

4. 年季奉公と奴隷貿易

温暖な気候のヴァージニアを中心にタバコの栽培が広がると、プランテーションで働く労働者が不足し始めた。労働力不足を補うために導入されたのが年季奉公という制度である。年季奉公とは、雇用者と契約を結んで一定期間働く雇用形態で、概して年季中は無給だが、その後は自ら選んだ職業に就くことができる制度である。アメリカの年季奉公では、雇用主が労働者の渡航費を支払う代わりに、一定期間の労働を提供するという労働契約であった。この制度は、ヨーロッパの低所得者にもアメリカ移住の機会を提供した。

アメリカへ渡った年季奉公人が残した記録によると、その扱いはとても人道的とはいえないものであったことがわかっている。1750年、ドイツからアメリカに渡り、4年後に帰国したゴットリーブ・ミッテルバーガー（Gottlieb Mittelberger）はその経験を以下のように語っている。「ロッテルダムとアムステルダムでは、ニシンのように大勢の人々が大型船に詰め込まれる。多くの船はスペースを占有する機械や道具、食料、水桶などに加えて、400～600人の乗客を乗せるのでそれぞれ横60センチ、縦180センチの就寝スペースしか与えられない。（中略）しかし、航海中、これらの船には恐ろしいほどの悲惨さがある。悪臭、有毒ガス、恐怖、嘔吐、船酔いの諸症状、高熱、赤痢、頭痛、熱さ、便秘、炎症、壊血症、ガン、口腔炎症といったものだが、これらはすべて古くて塩辛い食料や肉、汚れた水が原因で、多くの者がみじめに死んでいく。（中略）1～7歳の子どもが航海を生き延びることはほとんどない。私の船には少なくとも子どもが32人いたが、すべて亡くなり、海に投げ込まれるのを見た。

子どもたちは地上に休息の地を与えられることなく、海の怪物にむさぼり食われるので、親はなお一層嘆き悲しんでいる」。8～12週間かけてフィラデルフィアにつくと、年季奉公人は船上に並べられ、労働者を求める顧客と対面した。雇用主（購入者）が決まると、船会社に渡航費が支払われた後、それぞれの土地に連れていかれ、3～6年間、与えられた労働に従事した。年少者は21歳になるまで10～15年間の労働契約を課された。購入者がいなければ自分で渡航費を払って自由になれるが、払えない者はそのまま船に残り、弱って死ぬこともあった。航海中に命を落とした者の渡航費は家族が背負うため、年季はその分、長くなった。年季が明けると、年季奉公人は新しい衣服を与えられ、自由人としての生活を始めることができた。ミッテルバーガーは他の乗船者よりも幸運だった。ペンシルヴェニアで3年間、校長やオルガニストを務めた後、1754年、ドイツに帰国した。

しかし、雇用主のプランターはすぐにヨーロッパからの白人年季奉公人は労働力不足の根本的な解決にならないばかりか、トラブルの原因になることに気づいた。彼らは年季中、数々の不平不満で雇用主を苛立たせただけでなく、年季を超える不当な拘束を強いる雇用主や船長を相手取って訴訟を起こした。また、多くの年季奉公人が途中で逃亡した。彼らが家族とともに未開地に移住すると連れ戻すのは困難で、成功したとしても高額の費用を要した。そこで、労働力問題の解決策として考案されたのが黒人奴隷制であった。雇用主はより制御しやすいアフリカ人奴隷がより安価に入手できることに気づき、年季奉公人を雇う代わりに奴隷を購入し始めた。アフリカ人奴隷はトラブルを起こすことが少なかったばかりか、肌の色で特定できるため、逃亡してもすぐに見つけて連れ戻すことができたからである。

1619年、最初のアフリカ人20人がアメリカ植民地に上陸して以来、植民地におけるアフリカ人人口は着実に増加した。記録によると、1625年にはヴァージニア植民地に黒人は23人しかいなかったが、イギリスが奴隷貿易を独占するようになると、毎年1,000人以上が「輸入」され、1708年には1万2,000人に達した。1756年には黒人人口が白人人口を上回る地区も現れた。当初、彼らは年季奉公人として労働に従事し、年季が終わると白人年季奉公人と同じように土地を与えられて定住した。1623年、1624年のセンサスには彼らは「奴隷」

ではなく「奉公人」（servants）と記載されている。1660年、深刻な労働力不足の問題に直面したヴァージニアは、キリスト教徒ではない彼らアフリカ人に対して終身奴隷制を導入した。翌年、ヴァージニアが「奴隷の母親から生まれた子も奴隷とする」という規定を定めると、他の植民地もこれに倣った。「子は母（子宮）の社会的地位を受け継ぐ」と定めた奴隷制における母系継承の原則（partus sequitur ventrem）は、奴隷という身分は終身で終わらず、永遠に子孫に継承されることを意味した。植民地議会は肌の色と奴隷身分を関係づける黒人奴隷法の制定によって、まだ生まれていない世代の労働力をも確保することに成功したのである。

アフリカの奴隷は大西洋を取り囲むアメリカ、ヨーロッパ、アフリカの３つの大陸間の「三角貿易」によってアメリカに運ばれた。三角貿易では、アメリカからラム酒や他の製品をアフリカに運び、そこで奴隷を積んで西インド諸島に向かい、積荷の一部をラム酒の原料である糖蜜や砂糖に変えて植民地に戻るという貿易ルートであった。イギリス（ヨーロッパ）から工業製品（武器、繊維、ワイン）をアフリカ（象牙海岸）へ運び、そこで奴隷を積んでアメリカ（西インド諸島）へ向かい、奴隷を降ろした後、魚や毛皮、コメ、タバコ、木材（西インド諸島からは砂糖やコーヒー）を積み込み、イギリス（ヨーロッパ）に戻るルートもあった。船倉を空にすることなく、効率的に積荷を運ぶ三角貿易は商人や船主に多大な利益をもたらした。1807年までの約200年間に約1,000～1,200万人ものアフリカ人が奴隷として南北アメリカに「運ばれた」と推計されている。アメリカ議会は1808年以降のアフリカ奴隷貿易を禁止したが、黒人奴隷制を導入した南部はすでに労働力問題を解決し、奴隷貿易の必要性はなくなっていた。

ディスカッションテーマ

1. 現代社会における魔女狩り
2. ピューリタニズムの変遷
3. 「三角貿易」が変えた世界

中間航路

奴隷貿易の悲惨さは想像を絶するものであった。ヨーロッパ、アフリカ西岸と西インド諸島（後には北米大陸）を結ぶ三角貿易の中間にあたる「中間航路」（middle passage）は悪夢のような悲惨さであったことが知られている。手足を鎖につながれた、おびただしい数のアフリカ人は何週間、何か月もの間（約 21 ～ 90 日間）、体を動かす自由も空間も与えられず、不衛生な状態で輸送された。イギリス人、オランダ人、ポルトガル人、フランス人の商人の奴隷貿易船は、アフリカのギニア沿岸（奴隷海岸といわれる）に錨を下ろし、1 か月から 1 年かけて商品を売りさばきながら、部族間紛争の捕虜となったり、誘拐したりしたアフリカ人を「購入」して積荷を集めた。

航行中は船倉に横たわるだけの狭い空間で（男性は鎖につながれて）運ばれた。立つことも寝返りをうつこともできない状態でそのまま息絶える者もいた。1 日 2 食の配給は航海が長引くと減らされ、その結果、餓死や病死が増えた。天然痘などの致命的な感染症で大量の死者が出ても、死体は海に投げ込まれ、残りの者はそのまま搬送された（奴隷船の後に死体を待つサメが続いたという）。排泄物や悪臭により健康状態が悪化した者やハンガーストライキによって抵抗力を失った者の罹患率はさらに高まった。運動機能を保つため、天気の良い日は甲板で運動させられたり、「踊り」を強制されたりした。この間、船員に船倉の汚物の除去や掃除を命じる良心的な船長もいた。ヨーロッパ人奴隷商人によるアフリカ人女性へのレイプも横行し、望まぬ子を出産した女性の投身自殺や嬰児殺しも相次いだ。感染症や自殺、脱水症などによる、中間航路の死亡率は約 13% と推定されるが、生き残った者も病気の後遺症や鉄鎖との格闘から身体機能を損傷していた。中間航路で運ばれたアフリカ人奴隷のうち、売買可能だったのは半数ほどだったとも伝えられる。ある奴隷貿易人はアフリカで積み込んだ奴隷700人のうち、372人しかバルバドスに運べなかったと述べて、自らの「不運」を憐れんでいる。それでも奴隷貿易人がアフリカ奴隷の輸入を続けたのは、奴隷貿易が儲けの多いビジネスであったためであった。

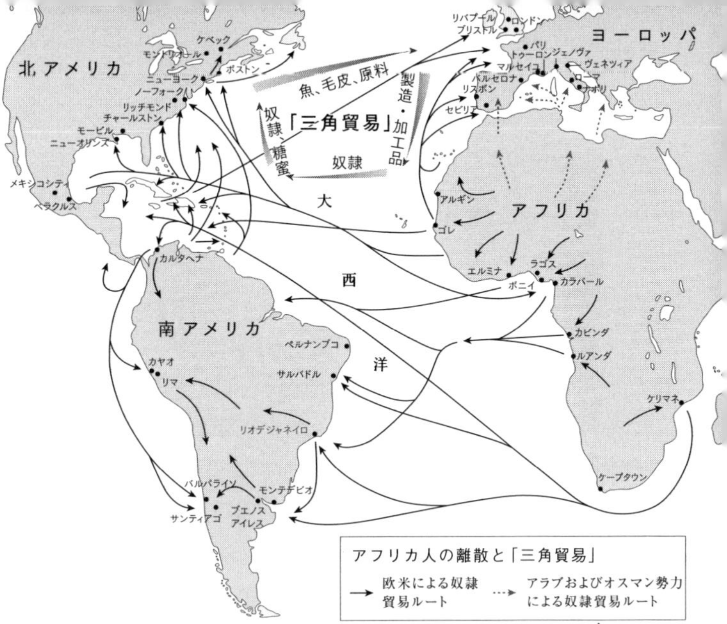

図3-1　三角貿易の各ルートで運ばれた積荷と奴隷
出典：『アフリカ系アメリカ人の歴史』明石書店、2011年、23頁。

中間航路を生き抜いた者の証言が残っている。子どもの頃、ナイジェリアで誘拐されて奴隷として売られたオラウダー・イクイアーノ（Olaudah Equiano）である。彼は奴隷として売られた後、お金をためて自由を買い取り、自由人となった後、『オラウダー・イクイアーノの生涯の興味深い物語』（*The Interesting Narrative of the Life of Olaudah Equiano*, 1789）を出版した。彼はこの本の中で中間航路の惨状とその恐怖を語っている。イクイアーノによると、船倉での悪夢のような環境と想像できない未来に絶望して多くの者が死を選ぼうとしたが、自殺の自由さえ与えられなかったという。船長は、人間の積荷は非常に高価なので、生かして、できれば無傷で運びたいと述べたと記している。餓死しようとした者は拷問され、拷問されても食べない者は無理やり食べ物を流し込まれた。仲間は皆白人を食人種と思い込み、自分は食べられてしまうという恐怖と絶望でいっぱいだったと彼は語っている。

「中間航路」という言葉は、「奴隷貿易」とほぼ同義語として使われる。

第4章

建国期のアメリカ

——民主国家の誕生

18世紀半ば、アメリカ植民地をめぐる英仏の争いは武力闘争へと発展した。先住民とともに戦ったフランスは敗北後、北米大陸の領土の多くを失った。しかし、戦争は勝利したイギリスにも爪痕を残した。莫大な戦費を補うため、政府が課した重税は植民地の人々を激怒させ、独立への機運を高めた。フランスの協力を得て本国に戦いを挑んだアメリカは世界最強の大英帝国軍を破って独立を勝ち取り、連邦国家を樹立した。

○この章で扱う出来事

1636	ハーヴァード大学が設立される
1754	フレンチ・インディアン戦争（～1763）
1765	印紙税の導入（翌年3月、廃止）
1773	ボストン茶会事件
1775	レキシントン・コンコードの戦いで独立戦争開戦
1776	トマス・ペイン『コモン・センス』発行、独立宣言
1781	イギリス軍が降伏し、独立戦争終結
1783	パリ講和条約でアメリカの独立が承認される
1787	合衆国憲法制定（7月4日）
1789	憲法修正「人権規定」採択、フランス革命

この章のポイント

1. アメリカはなぜイギリスから独立しようとしたのか
2. アメリカは独立戦争をどのように戦ったのか
3. 独立宣言とはどのような文書（内容）であったか
4. アメリカはどのような国家を目指したのか

イギリス領アメリカ植民地は、1750年代までに経済的にも文化的にも発展し、人口も着実に増加していった。当初、南部への入植者の4分の3、ニューイングランドへの入植者の6割が男性であったが、徐々に女性入植者が増加し、17世紀後半、男女比の不均衡が解消されると、人口は増加に転じた。1775年には植民地の人口は250万人に達した。経済も堅調だった。北部は商業や貿易業で栄え、南部は大規模プランテーションによるタバコ、コメ、藍（インディゴ）、綿花の欧州への輸出で利益を上げていた。

人材育成の観点から植民地には早くから教育機関が設立された。アメリカ最古の大学は、入植間もない1636年、マサチューセッツ湾植民地に設立されたハーヴァード大学（Harvard College、1650年認可）である。設立時、大学はニューカレッジ（New College）と命名されたが、その後、地所や蔵書を遺贈した牧師ジョン・ハーヴァード（John Harvard）に敬意を表して改名された。南部では、1693年、イングランド王ウィリアム3世と女王メアリ2世による認可によって、2人の王族の名を冠したウィリアム＆メアリ大学（College of William & Mary）が設立された。その後、独立戦争期までにイエール、ペンシルヴェニア、プリンストン、コロンビアなど、9つの大学が設立され、アメリカ植民地に暮らす人々は、危険を冒して遠い本国に子弟を送らなくても、植民地で良質な高等教育（神学・医学・法学が中心）を受けられるようになった。

初期アメリカ植民地の人々は、アメリカに居住していても自らはイギリス人であると考え、そのアイデンティティに誇りを持っていたが、時を経るにつれ、新旧世界の「イギリス人」の思想や理想には大きな違いが生まれていた。アメリカで生まれ育った彼らと本国のイギリス人との意識の乖離や利害対立は、特に植民地経済が躍進した18世紀後半以降に顕著となる。その違いはやがて戦争を引き起こし、アメリカの独立へとつながっていく。

1. フレンチ・インディアン戦争

アメリカ独立の端緒となったのは、英仏が北米大陸での覇権を争った「フレンチ・インディアン戦争」（French and Indian War, 1754 ～ 1763）であった。17世紀末までにフランスは、「ルイジアナ」（Louisiana）と呼ばれる内陸部（フランス人探検家ラ・サールにより開拓され、1682年、ルイ14世に献上された領土：ミシシッピ川流域とそのデルタ地域からロッキー山脈まで、南はリオグランデ川まで）と「ニューフランス」（New France）と呼ばれる東北沿岸部（セントローレンス川流域、ニューファンドランド、ノヴァスコシア、一時は五大湖周辺、アパラチア山脈西部を含む）を支配し、拠点となる場所に植民地、要塞、在外公館、貿易

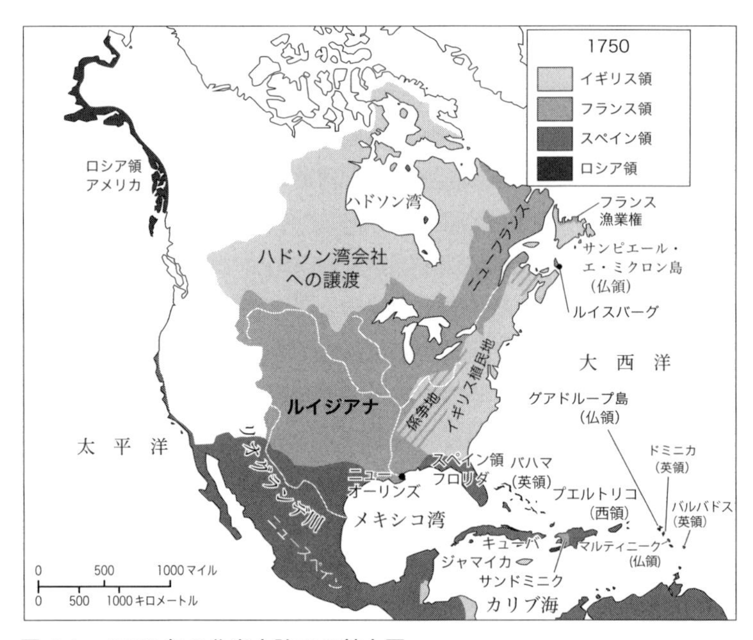

図 4-1　1750 年の北米大陸での勢力図

所を建設していた。南部のミシシッピ川流域では、イギリス領ヴァージニアと同じように、クレオール（フランス系移民の子孫）による大規模プランテーションが行われていた。

英仏はこれまで北アメリカ大陸で微妙な力のバランスを保ってきたが、両国とも最終的にアメリカを制圧するには、先住民を味方につける必要があると確信していた。18世紀半ば、英仏の小競り合いを静観していたオハイオ川流域のイロコイ連合（イロコイ5族:モホーク、セネカ、カユガ、オノンダガ、オネイダ）が初めて内陸部での貿易許可をイギリス人商人に与えたときに、イギリスは動いた。1754年、イギリスはジョージ・ワシントン（George Washington）を指揮官とする民兵を組織して、フランスが新たに建設したオハイオ峡谷の要塞を攻撃した。イロコイ連合はこの戦いを静観していたが、他の多くのインディアン部族はフランス支持を表明し、イギリス植民地への攻撃を開始した（フレンチ・インディアン戦争）。植民地で始まったこの戦争はその後、西インド諸島、インド、ヨーロッパで覇権を争う英仏間の国際戦争へと発展する（イギリス・プロイセン・ドイツ連合軍がフランス・オーストリア・ロシア・スペイン・スウェーデン・ザクセンを破った戦争で、ヨーロッパでは「七年戦争」と呼ばれる）。ワシントン軍は敗走したが、イギリス本国より指揮官ウィリアム・ピットが派遣されると、ピット率いるイギリス正規軍と植民地民兵はフランス領植民地に攻め込み、1759年、ケベックを陥落した。フランスはモントリオールのアマーストで降伏し、1763年、和平条約が締結された。条約によって、フランスは西インド諸島の一部、インドやカナダにおける植民地の大半、ミシシッピ以東の北米フランス領をイギリスに、ニューオーリンズとミシシッピ以西のフランス領をスペインに譲渡した。敗走したアメリカ先住民はオタワ族の族長ポンティアックの下に再結集して反撃に出るが、イギリス政府は先住民との全面衝突を避けるため、1763年、アパラチア以西への入植を禁止する声明「1763年の宣言」（Proclamation of 1763）を公布し、和平を申し入れた。先住民は宣言を受け入れて戦いは終結したが、宣言後もこの地域への入植は続いた。

戦後のイギリスによるアメリカへの支配強化は、植民地と本国の利害対立を鮮明にしていく。イギリスは戦争を機に植民地に軍隊を駐留させ、その負担を植民地の人々に求めた。また、近海で海軍のパトロールを開始し、本国から総督や役人を派遣するとともに、イギリスと競合しないように植民地の製造業に制限を課した。さらに、イギリス政府は莫大な戦費を補うため、植民地に「砂糖税」(Sugar Act, 1764)、「印紙税」(Stamp Act, 1765) を相次いで導入した。特に印紙税への植民地の反発は大きかった。新聞、暦、パンフレット、証文、遺書、免許など、すべての印刷文書に課税する印紙税は人々の懐を直撃し、植民地の激しい怒りを買った。ヴァージニアのパトリック・ヘンリー (Patrick Henry) が「イギリス議会に代表者を送っていない植民地への課税は不当である」と非難すると、彼の言葉「代表なくして課税なし」(No taxation without representation) は反英スローガンになり、他の植民地でも印紙税への組織的な抵抗運動が起こった。1766年、高まる不満を受けて、イギリス政府は印紙税を撤回した。

植民地自治を侵害する「1763年の宣言」にも、イギリス軍への物資提供を求めた「軍隊宿営法」(Quartering Act) にも、アメリカ植民地の人々は激しい不満を示した。1767年、マサチューセッツとニューヨークの植民地議会が駐留イギリス軍への供用義務を無効とする決議を可決すると、イギリス政府はその対抗措置として、ニューヨーク植民地議会を解散し、本国からの輸入品 (鉛、塗料、紙、紅茶) に関税を課した。人々はこれにイギリス商品のボイコット運動で対抗した。不買運動のあおりを受けて、事業不振を嘆くイギリス商人から陳情を受けたイギリス政府はその後、紅茶を除く関税 (Townshend Acts) を撤廃した。

植民地の本国への怒りは、新たに制定された「茶条例」(Tea Act) によって爆発した。1773年、イギリス政府は、莫大な紅茶の在庫を抱えて倒産の危機に瀕する東インド会社を救うため、会社が直接、植民地にイギリス紅茶を輸出できる特別法を成立させた。イギリス政府は、当初、仲買人を省くこの法律は紅茶価格を抑制するため、植民地の人々に歓迎されると考えたが、各植民地議会の議員は、この法律はアメリカ商人への不当な課税を象徴するものであると主張して世論を扇動した。その後、各地で大規模な紅茶ボイコット運動が起こった。最大の事件は12月16日にボストンで起きた。モホーク族に扮した約50人のボストン人が停泊していた東インド会社の船舶を襲撃し、積荷の紅茶をボストン湾に投げ入れた、いわゆる「ボストン茶会事件」(Boston Tea Party) である。イギリス政府はボストン港の閉鎖、マサチューセッツ自治の制限でこれに対抗したが、これら一連の高圧的な法律や措置はアメリカ人の本国への敵愾心（てきがいしん）をあおり、植民地間の連携・団結を加速させただけでなく、イギリス製品のボイコット運動も高まり、植民地経済を発展させる結果となった。

1775年、両者の対立はついに武力衝突へと発展する。前年、フィラデルフィアで開催された第１回大陸会議（First Continental Congress）で開戦の可能性が議論されていたため、各植民地では武器を集め、民兵を組織して戦いに備えていた。4月19日、レキシントンで武装した民兵がボストンから進軍してきたイギリス正規軍と遭遇したとき、アメリカ独立戦争（War of American Independence）が始まった。コンコードではさらに多くの武装した民兵が英国軍に立ちはだかり、彼らをボストンまで退却させた。どちらが先に発砲したかは明らかではないが、イギリス人将校が「散れ、反乱者ども！」（Disperse, ye rebels!）と言って先に発砲したという噂が広まると、人々は愛国心に駆られて武器をとった。

アメリカ独立戦争は「アメリカ革命」（American Revolution）とも呼ばれる。一見、経済対立から端を発したかにみえるこの戦争は、実際にはイデオロギー的パラダイムシフトを伴っていたというのがその理由である。すなわち、この戦争は権力者への服従やヒエラルキーの遵守を当然とみなしてきた伝統的社会（観）を崩壊させたという点で「革命的」であった。このパラダイム転換はその後、ヨーロッパでは「フランス革命」（French Revolution, 1789）の原動力となり、スペイン植民地やポルトガル植民地にも波及してハイチ（1804年）やヴェネズエラ（1811年）、メキシコ（1821年）、ペルー（1821年）、エクアドル（1822年）、ブラジル（1822年）などの独立につながった。

2. アメリカ独立戦争

開戦当初、植民地の人々は必ずしも独立を目指していたわけではなかった。ヨーロッパ最強の大英帝国との戦いは無謀ともいえる所業であり、最大の妥協を引き出して停戦を模索すべきとする意見が主流であった。しかし、イギリスが先住民やアフリカ人奴隷、ドイツ人傭兵を動員して、アメリカのすべての港

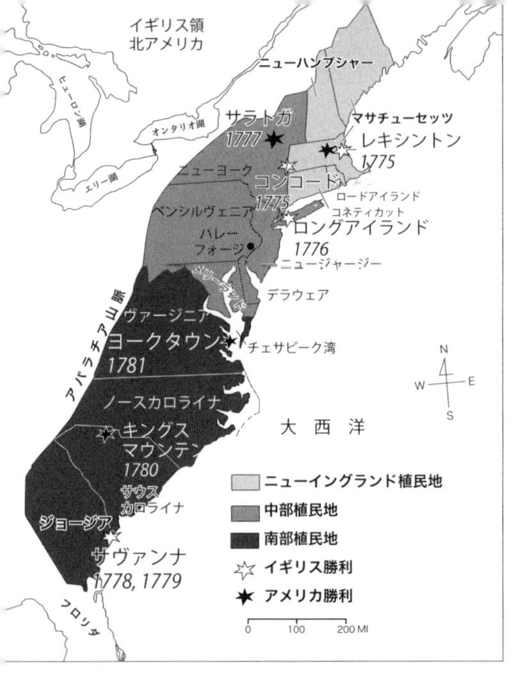

図 4-2　アメリカ独立戦争における主な戦い（1775 ～ 1783 年）

を封鎖したとき、和解という選択肢は消えた。レキシントン・コンコードの戦いから 3 週間後に開かれた第 2 回大陸会議以降、植民地は独立に向けて団結した。

それぞれの植民地からの民兵の寄せ集めであったアメリカが、世界最強の陸海軍を持つイギリスに勝利できた背景にはいくつかの幸運（敵軍の失策、援軍、地の利）があった。その 1 つがイギリス軍の失策である。ニューイングランドから始まった独立戦争の戦場はその後、中部植民地（middle colonies：ニューイングランド植民地と南部植民地の中間に位置するニューヨーク、ニュージャージー、ペンシルヴェニア）へと移る。当初は反乱軍の鎮圧としか考えていなかったイギリスはレキシントン・コンコードでの敗北に驚き、イギリス正規軍を投入した。海軍を持たないアメリカはワシントン将軍が約 1 万 9,000 人の歩兵を率いてイギリス軍に挑んだ。1776 年夏、ウィリアム・ハウ将軍に率いられた数百隻の艦隊と約 3 万 2,000 人のイギリス兵がニューヨークに到着したが、ハウはその後の戦いで思わぬ失策を犯す。イギリスは当初、南北から攻め入り、中間地点で合流して植民地を二分するという作戦を立てた。ニューヨーク（南）からハウが、カナダ（北）からジョン・バーゴインが攻め入ってオルバニーで両軍が合流する予定だった。しかし、ハウはなぜか北上せずに南下し、植民地軍の首都フィラデルフィアを占拠した。ハウが計画を変更した理由は定かではない。首都を攻めて早期決着を図ったという見方もあるが、この決断は致命的な結果を招いた。カナダから南下したバーゴインは、タイコンデロガ要塞（ニューヨーク）は攻め落としたものの、ハウの援軍がないまま進軍した結果、オリスカニー（Battle of Oriskany）、ベニントン（Battle of Bennington）で敗れ、1777 年 10 月、サラトガで降伏した（Battle of Saratoga）。

さらにアメリカを勝利に導いたのが念願の援軍であった。植民地軍は外国の協力を得ることが勝利に不可欠と考え、フランスにベンジャミン・フランクリン（Benjamin Franklin）を派遣していた。大英帝国の宿敵であるフランスであればイギリス植民地の独立を支持すると考えたのである。フランスは植民地側の勝利の可能性を測りかねていたが、その時、飛び込んできたのが、アメリカ軍のサラトガでの勝利の一報であった。イギリスは植民地に独自の法（home rule）の承認と引き換えに停戦を持ち掛けてきたが、1778年2月、フランスとの軍事協定に合意したアメリカは戦争の続行を決断した。アメリカはこの時、スペイン、オランダの支援も取り付けている。

最後に、アメリカ軍を助けたのが地の利であった。その後、戦場となった南部にはイギリスと関係が深いプランターやイギリスに忠誠を誓う王党派（royalist）が多いことから、イギリスは勝機を見出していたが、いざ進軍すると、敵地内での「兵站」（military logistics：軍事作戦に必要な物資の調達や後方支援）の問題に直面した。それでもチャールズ・コーンウォリス将軍（General Charles Cornwallis）に率いられたイギリス軍は1778年12月、サヴァンナ（Savannah）を占領したが、不慣れな土地での勝利は遠かった。イギリスは、ノースカロライナとサウスカロライナの境界におけるアメリカ人の銃兵隊によるゲリラ戦によって、頼りにしていた王党派兵士を多数失った。1781年初春、アメリカ軍と激戦を繰り広げたイギリス軍は南部を諦めて北上した。ワシントンらアメリカ・フランス連合軍はフランス艦隊を手配するとともに兵士を率いてヨークタウンに向かい、陸海でコーンウォリス隊を挟み撃ちにした。1781年10月、コーンウォリスは英国兵8,000人とともに降伏し、戦争は終結した（Battle of Yorktown）。

和平条約である「パリ条約」（Treaty of ParisもしくはPeace Treaty of Paris）は最終的にアメリカに有利な内容となった。1783年に署名されたこの条約では、イギリスはアメリカの独立を承認すること、アメリカに13植民地（マサチューセッツ、ニューハンプシャー、ロードアイランド、コネティカット、ニューヨーク、ペンシルヴェニア、デラウェア、ニュージャージー、メリーランド、ヴァージニア、ノースカロライナ、サウスカロライナ、ジョージア）を割譲することが明記された。この時、アメリカは、北はカナダとの国境まで、南はフロリダとの境界まで、東は大西洋岸、西はミシシッピ川までの領土を手に入れた。

●アメリカ独立戦争関連の年表

1764 ～ 1773	イギリスによる課税と英国製品の不買運動
1773.12.16	ボストン茶会事件
1775.4.19	レキシントン・コンコードの戦い（独立戦争開戦）
1776.7.4	大陸会議が独立宣言を採択
1781.10.19	イギリス、ヨークタウンで降伏する
1783.9.3	パリ講和条約（アメリカが独立国として承認される）

3. 独立宣言

アメリカ独立宣言はこれまで人の手によって執筆された、歴史上、最も重要な政治的文書といわれている。独立戦争中に発布されたこの宣言は、最初に宣言の理論的根拠を記し、次に植民地に対する英国王の不正や専制を列挙し、最後にアメリカの独立（英国および英国王との政治的関係の断絶）の正当性を諸外国に訴えた文書である。この独立宣言に影響を与えたといわれるのが、トマス・ペイン（Thomas Paine）によるパンフレット『コモン・センス』（*Common Sense*）である。1776 年 1 月に発行されたこの書においてペインは、英国の植民地支配は人々を拘束する足枷であり、生得権である自由を侵すものであると述べて、イギリス政府（議会）や国王との決別を訴えた。そして、愛国者の血で汚れた専制君主である英国王との和解は、植民地にいかなる利益ももたらさないと断じた。さらに、世襲の君主は腐敗する運命にあり、その無限の政治権力は日常のあらゆる社会的・政治的側面に及ぶと主張し、共和制（世襲の君主ではなく、主権者である国民が選出した代表者が行う政治）を提案している。この急進的かつリベラルな主張は瞬く間に植民地に広まった。その発行部数は 50 万部を数え、新聞には連日、パンフレットからの引用が掲載された。読み書きできる人々の大半が目にしたこの扇情的な文書は独立への機運を醸成した。

独立宣言に関して重要なことは、この文書は対外的文書であるとともに、植民地内のコンセンサスを得るための国内向け文書でもあったということである。1775 年 5 月、第 2 回大陸会議はワシントンを指揮官とする植民地軍の編制と植民地通貨の発行を決議したが、代議員の多くは未だ独立には慎重で、7 月に

アメリカ独立宣言を起草した5人委員会（左からシャーマン、フランクリン、ジェファソン、アダムズ、リヴィングストン）

は英国王に対する要望書（Olive Branch Petition）を採択して平和的解決を図ろうとした。しかし、ジョージ3世（George III）が要望書を拒絶し、彼らを反逆者と呼んだとき、大陸会議は英国に忠誠を誓う人々（王党派）にも独立を納得させるための正式な文書の執筆を決断した。

全植民地の意見の統一を図る大陸会議はリチャード・ヘンリー・リーによる独立の決議（Lee Resolution）の採択を延期するとともに、独立宣言の起草委員5名を任命した。この「5人委員会」（Committee of Five）のメンバーは、コネティカット州のロジャー・シャーマン（Roger Sherman）、ペンシルヴェニア州のベンジャミン・フランクリン、ヴァージニア州のトマス・ジェファソン、マサチューセッツ州のジョン・アダムズ（John Adams）、ニューヨーク州のロバート・リヴィングストン（Robert R. Livingston）であった。6月11日に任命された5人は以後、17日間にわたって独立宣言の作成に関わった。主たる草稿者であったジェファソンは、議会の近くに借りた部屋で主にジョージ・メイソン（George Mason）によるヴァージニアの権利宣言（Virginia Declaration of Rights）と自ら執筆したヴァージニア憲法を参照しながら数日で草稿を書き上げたといわれる。

独立宣言の序文には、「すべての人間は生まれながらにして平等」（all men are created equal）とあり、創造主より「生命、自由および幸福の追求」（Life, Liberty and the pursuit of Happiness）を含む「不可侵の権利」（unalienable rights）が与えられていると書かれている。この表現には17世紀末から19世紀初頭にかけてヨーロッパの政治学、哲学、科学に多大な影響を及ぼした啓蒙主義（Enlightenment）の影響がうかがえる。ヨーロッパで17世紀末に起こり、18世紀に全盛になった啓蒙主義は、理性（reason）に基づく批判や啓発によって人間生活の進歩・改善を図ろうとする思想で、イギリスではロック、ヒュー

独立宣言を採択する大陸会議（ロバート・エッジ・パイン作、独立記念館所蔵）

ム、フランスではモンテスキュー、ヴォルテール、ディドロ、ドイツではレッシングなどに代表される。例えばロックは、人間は生まれたときは「タブラ・ラサ」（a tabula rasa：ラテン語で「何も書き込まれていない書字版、（心の）白紙状態」という意味）で、人格は経験によって形成されると述べ、ホッブズは、人間は自らの快楽や苦痛のみによって動機づけられると主張した。原罪（original sin）を否定し、人間は善でも悪でもなく、自らの生存と快楽を追求するという思想は伝統的権威の否定や政治不信と結びつき、過激な改革運動へとつながった。「不可侵の権利」は政府や他の人間からでなく「創造主」（creator）から与えられているという独立宣言の主張には、理性を重視する啓蒙思想とキリスト教信仰の融合がうかがえる。

独立宣言の批判としてしばしば指摘されるのが、その名文によって巧妙に覆われた白人至上主義的かつ父権的思想である。独立宣言では「すべての人間は生まれながらにして平等」と主張しているが、実質的にこの「人間」には女性もアメリカ先住民もアフリカ人奴隷も含まれていなかった。ジェファソンは奴隷制を「忌むべき罪」（abominable crime）と呼び、奴隷制を導入した英国王および奴隷貿易そのものを告発する段落を草稿に書いたが、そのすべてが議会によって削除された。起草委員や議会により60か所以上の修正を施された後、独立宣言は6月28日に議会に提出され、7月4日に採択された（この採択日が独立記念日となる）。その後、独立宣言はアメリカ中の新聞に掲載されるとともに、印刷物として国の内外に配布され、戦争の目的を宣伝し、独立を正当化するためのプロパガンダとして利用された。

4. 合衆国憲法と人権規定

合衆国憲法が生まれたのは「兄弟愛、友愛」（brotherly love）を意味するギリシア語から名付けられたフィラデルフィア（Philadelphia）という都市である。イギリス人貴族でクエーカー教徒（Quakers）のウィリアム・ペン（William Penn）によって設立されたフィラデルフィアは、さまざまな宗教や人種の人々を歓迎したリベラルな都市である。17世紀にイングランドでジョージ・フォックス（George Fox）により設立されたクエーカー教は、教会の制度化・儀式化に反対し、霊的体験を重んじた。この宗派の信者が神秘体験にあって身を震わせる（quake）ことからクエーカー（震える人）と称されるようになった（フレンド派とも呼ばれ、設立当初から女性聖職者を認めたプロテスタントの一派）。1681年、イギリスでの宗教的迫害を逃れるため、ペンは彼の債務者であった国王チャールズ2世に特許状を発行させて、北米大陸にクエーカー教徒のための植民地を開き、ペンシルヴェニア（Pennsylvania：ラテン語で「ペンの森」）と名付けた。「アメリカの京都」とも称されるフィラデルフィアはアメリカの商業・工業・政治の要所となり、1790年から1800年までの10年間、合衆国の首都でもあった。

1787年5月、13州（合衆国憲法成立以前は「邦」ともいう）のうちロードアイランドを除く12州の代議員55人がこの都市に集まり、4か月の議論を経て合衆国憲法を作成した。代議員は当初、1781年に成立した連合規約（Articles of Confederation）の修正を目指したが、議論が紛糾する中、彼らは憲法によって新しい形態の政府を作る必要があると悟った。特に紛糾したのは各州の議員数、連邦と州の関係、人権規定についてであった。州の議員数に関して、ヴァージニア州のエドモンド・ランドルフ（Edmund Jennings Randolph）は各州には人口に応じた議員数が配分されるべきだと主張したのに対し、ニュージャージー州のウィリアム・パターソン（William Paterson）はそれぞれの州は等しい数の代議員を与えられるべきだと主張した。コネティカット州のロジャー・シャーマンは2院制を提案し、上院では各州が等しい数の議員を、下院では人口に応じた議員数を配分する妥協案を提案し、この案が採用された。人口に関しては、先住民、年季奉公人や奴隷を含めるかどうかについて白熱した議論が交わされた。「課税されないインディアン」（"Indians not taxed"）は除外し、年季奉公人は自由人として扱うとされたが、意見が分かれたのが奴隷をめぐる扱いであった。最終的に奴隷州と自由州が妥協したのは奴隷人口を「5分の3」として州の人口に算入するという案であった。これは、1781年の連合規約の課税法として考案された規定であった。この悪名高い「5分の3条項」（Three-fifths Clause）は合衆国憲法修正第14条（1868年）で改正されるまで80年以上も近代民主国家の憲法に存在した（憲法には「奴隷」を意味するslaveという語は使われていない）。この妥協と引き換えに、北西部領土（Northwest Territory：ペンシルヴェニア州の西、オハイオ川の北西のすべての土地）での奴隷制禁止と1808年以降の奴隷貿易の廃止が合意された。ペンシルヴェニア州のジェームズ・ウィルソン（James Wilson）は人民による選挙で選ばれた、拒否権を持つ1人の行政官（大統領）を置くべきだと主張したが、行政官は議会により選出すべきであり、行政官に絶対的な拒否権を与えることは権力の濫用につながるという反対意見も出された。採用された妥協案が、拒否権の制限と「選挙人団」（electoral college）という制度であった。

連邦と州の関係についても議論は紛糾した。強力な中央集権制を支持する「連邦派」（federalist：フェデラリスト、連邦主義者）とそれに反対する「反連邦派」（antifederalist：「共和主義者」ともいう）はともに連邦制を強化する必要があるという点では一致していたが、どの程度の権限を連邦政府に与えるかに関しては意見が分かれた。連邦派（連邦主義者）の支持基盤は主に都市部の商人で、彼らは国立銀行の設立に賛成し、自国の産業を守るための保護関税を擁護した。これに対して、反連邦派（共和主義者）は主に農民で、州政府の権限を拡大した共和制を支持し、国立銀行の設立や保護関税の導入に反対した。反連邦派は、政府権力を強化すれば今後、州は解体され、共和制は崩壊するという恐れを抱いていた。史実にあるように、（モンテスキューに代表される）政治哲学では、共和制は小規模国家でのみ可能な政治体制であると信じられていたからである。しかし、連邦派は、連邦政府は防衛、貿易、外交などの国家的重要事項を扱い、州政府はそれ以外の市民のための施策を担当することで共存可能であると主張した。

さらに代議員の中には憲法に人権規定がないことを憂慮する者もいた。

主義	連邦主義（者）	反連邦／共和主義（者）
主な支持者	アダムズ、ハミルトン	ジェファソン、マディソン
政治理念	強力な中央集権制	州の権限を重視
最大の懸念	無政府状態・衆愚政治	独裁者による専制政治
支持基盤	都市部・商人	田園部・農民
政府の経済介入	賛成	反対・自由放任主義
国立銀行	賛成	反対
保護関税	賛成	反対
モデルとする国	イギリス	フランス

ヴァージニア州のジョージ・メイソン（George Mason）は人権規定がない憲法に署名するくらいなら「私は右手を切り落とす」と主張したため、後に人権（保護）規定が追加されることになった。

連邦派、共和派の妥協の上に成立した合衆国憲法は立法・執行（行政）・司法の三権分立を基本とし、その本文は7章（Article I ~ VII）から成る。第1章では立法部、すなわち連邦議会「上院」（Senate）および「下院」（House of Representatives）について、第2章では執行部である「大統領」（President）について、第3章では司法部である裁判所について定めている。第4章では連邦条項、すなわち州や市民についての詳細を、第5章では改正に関する手続きを規定している。第6章では最高法規である憲法の遵守を求め、第7章では憲法の成立が宣言され、最後に出席代議員の署名が記されている（代表の派遣を拒否したロードアイランド州の署名はない）。1791年、「アメリカ合衆国憲法の父」と呼ばれるジェームズ・マディソン（James Madison）により起草・提案された（19条のうち）10条が「人権規定」（Bill of Rights：「権利章典」とも呼ばれる）として議会で承認され、合衆国憲法への「修正条項」（amendment：憲法第5章に基づき合衆国憲法に追加・修正された条項）として追加された。人権規定は、個人の自由や公的権力の制限、法の精神を表す理念的基盤として機能している。例えば、修正第1条は言論・出版・信教・集会の自由や請願権を市民に保障している。修正第2条は市民に「武器を保有し携行する」（to keep and bear arms）権利を保障し、修正第8条は公的権力による「残酷で異常な刑罰」（cruel and unusual punishment）を禁止している。連邦と州の関係については、修正第

10条において、連邦政府は憲法に明記されている、もしくは憲法で示唆されている権限を有するが、州（もしくは市民）は「（憲法で）禁止されていない権限」すべてを有するとされた。合衆国憲法は1787年の制定以来、これまでに27の修正がなされた（修正第27条は1992年に成立）。その対象は政治や法制度だけでなく、奴隷制の廃止、禁酒法の制定・廃止、女性参政権の付与、投票年齢の引き下げといった、市民生活に影響を与える分野にも及んでいる。他国の憲法では通常、削除される旧規定も永久に保持する合衆国憲法はダイナミックな、生きた歴史文書でもある。

ディスカッションテーマ

1. 新世界アメリカで「革命」が起こった理由
2. 合衆国憲法の特異性・独自性
3. 独立宣言のクリティーク（批評）＊巻末資料4（306-309頁）参照

最もアメリカ人らしいアメリカ人

植民地時代、発明家・実務家・外交官として活躍したベンジャミン・フランクリンは、しばしば「最もアメリカ人らしいアメリカ人」といわれる。父親のジョサイアは、17世紀に宗教的自由と経済的繁栄を求めてアメリカに移住した典型的なイギリス人移民の1人であった。1683年、ジョサイアはボストンに落ち着き、最初の妻との間に7人、後妻との間に10人の子どもをもうけた。後妻が生んだ末っ子がフランクリンであった。幸運にも幼少期に読み書きを習得していたフランクリンは、1723年、ボストンからフィラデルフィアに移住して独立した後、印刷業者・新聞発行者としてさまざまな事業を展開した。彼は実業家や政治家、科学者としても知られる。印刷所や製紙工場の経営、出版業、銀行業、土地投機業を手掛けた他、郵便局長、治安判事、市議会議員、植民地参事会員、植民地会議の書記や代議員なども歴任した。

その八面六臂の活躍は同時代人をも驚かせた。フランクリンは、特に印刷物を通してアメリカ人の思想形成に大きな影響力をもった。その文才は、『貧しいリチャードの暦』(1733～1758年、以下『暦』)からうかがい知ることができる。『暦』は、フランクリンによる名言・格言や叡智(えいち)を集めたアメリカ初の文学作品であり、幸福や（精神的・物質的）成功を追求するための心構えを説く、風刺がきいた哲学書でもある。例えば、「苦なくして得るものなし」、「寿命を延ばしたければ食べる量を減らせ」、「口数の多いものは行動力がない」、「台所が太ると意志は痩せる」などの人生指南は現代人にとっても有用かもしれない。『暦』は大西洋の両岸でベストセラーとなり、「貧しいリチャードが言うように……」は全ヨーロッパで格言を述べるときの決まり文句になった。彼は社会奉仕にも積極的に関与した。フィラデルフィアの知識人や芸術家を集めて彼が結成したジャントークラブ（Junto Club）では、巡回図書館や消防隊、夜警団といった社会公共事業を行った。1749年、彼が設立したペンシルヴェニア・アカデミー（後のペンシルヴェニア大学）では、彼の考案した実用的・功利主義的な教育が施され、次世代のアメリカ人リーダーを育てた。さらに、万能人フランクリンは科学においても優れた業績を残した。彼が発明した避雷針は、ヨーロッパの科学者から賞賛を浴び、すぐに製品化されてほとんどのアメリカ家庭に設置された。斬新な試みで人々の好奇心をかき立て、自由な発想でこれまでの常識や知識を塗り替えるフランクリンは、旧世界では決して生まれえない人物であったといえる。

ベンジャミン・フランクリン
出典：アメリカ議会図書館

波乱万丈な人生の終わりに、フランクリンは今ひとたびアメリカのために一肌脱ぐことになる。1776年、独立宣言を発表したアメリカはフランスとの軍事・経済同盟を締結するための使節団の1人として、70歳のフランクリンを選んだ。『暦』と電気に関する論文で著名だったフランクリンは、フランスに到着すると行く先々で熱狂的な歓迎を受けた。彼はヨーロッパ人にとって大衆向けの啓蒙思想家、文明化された野蛮人、アメリカのソクラテスであった。フランクリンの名声が、独立戦争に勝利するために必要であった同盟の締結に貢献したことは言うまでもない。

フランクリンが生まれた1706年には、アメリカ人は魔女狩りを生んだ狭量なピューリタニズムから脱却しようと模索していた。フランクリンが活躍した18世紀には、アメリカ植民地の人々の関心は、ピューリタンが自らに課した、より良き世界に導く模範的な国家建設から、経済的に繁栄する自由社会の実現へと変わっていった。ウィンスロップが語った「丘の上の町」の理想は、約2世紀の荒野における国造りの試練を生き抜いた実用主義・功利主義者であるフランクリンとその世代、そして彼らの子孫に託された。

第5章

民主主義の広がり

——拡大する領土と市場革命

19世紀前半、アメリカは国力を充実させていった。第3代大統領ジェファソンのルイジアナ購入は国土を2倍にし、広大な西部への扉を開いた。第2の独立戦争といわれる英米戦争での勝利はアメリカの国際的地位を高め、北米大陸でのヨーロッパ帝国主義をけん制した。南北の地域対立が火種を残す中、ジャクソン政権下で民主主義は広がりをみせた。19世紀アメリカにおける人口の増大と領土の拡張は交通・通信革命をもたらし、市場革命へとつながった。

○この章で扱う出来事

1801	ジェファソン、大統領に就任
1803	ルイジアナ購入
1804	ルイス・クラーク探検隊（～1806）
1812	1812年（英米）戦争
1820	ミズーリ協定
1823	モンロー主義
1828	ジャクソン、大統領に選出
1830	インディアン強制移住法
1836	合衆国銀行解体
1869	大陸横断鉄道開通

この章のポイント

1. 19世紀、ヨーロッパとアメリカの関係はどのように変わったのか
2. 19世紀のアメリカを分断・統一させたものは何か
3. 19世紀前半、アメリカの民主主義はどのように発展したのか
4. 拡大する領土はアメリカに何をもたらしたのか

18世紀末から19世紀前半にかけて、アメリカは連邦共和制の下、国力を充実させつつあった。徳性を備えた賢明な市民の育成という観点から、公教育の必要性は早くから指摘されていたが、当時は私的機関による教育が主流で、主に富裕層の子弟を対象としていた。中部や南部では主に宗教団体の学校が、ニューイングランドではフィリップス・アカデミー（Phillips Academy）をモデルにした世俗的な教育機関が初等・中等教育を担っていた。公立学校も主に男子を対象としたが、次世代の市民を教育する「共和国の母」（Republican Mothers）の重要性が説かれると、女子にも教育の門戸が開かれた。アメリカの歴史や思想、合衆国憲法、アメリカ英語を教えるこれらの教育機関はナショナリズムを育み、独自の文学や文化を生む原動力になった。

また、自由や理性を賛美したアメリカ革命によって伝統的な信仰の習慣が失われ、「理神論」（deism：創造主としての神の存在は認めるが、奇跡や啓示を否定する考え）が広まると、危機感を抱いた宗教指導者は信仰復活運動を展開した。「第2次大覚醒」（Second Great Awakening）と呼ばれるこの運動は白人男性だけでなく女性や奴隷、先住民も巻き込み、日常の信仰心を喚起した。主に西部や南部で行われた「伝道集会」（camp meeting）と呼ばれる（屋外もしくはテントで行われた）野外集会では、参加者が宗教的熱狂を共有した。

政治・外交分野でも「変化」が起きた。その変化をもたらした人物が第3代大統領ジェファソンである。1796年選挙では強力な中央集権制を擁護する連邦派アダムズが大統領に当選した。僅差で敗れたジェファソンは副大統領を務めた後、1800年選挙で当選し、翌年、大統領に就任した。これを「1800年の革命」と呼んだジェファソンは連邦派による中央集権政治を転換しようと試みたが、内憂外患の中、「革命」を起こすことは困難だった。それでもジェファソンとその後継者（マディソン、モンロー、J・Q・アダムズ）による民主共和党政権下で共和主義的な政策を実現させた。そしてこの時代に、新興国家アメリカは国際的なプレゼンスを飛躍的に増大させることとなる。

トマス・ジェファソン（1791年、独立記念館所蔵）

1. ジェファソンの共和国

19世紀初頭の米国史における最大の「事件」はジェファソンによる「ルイジアナ購入」（Louisiana Purchase）である。これは、その後のアメリカの領土拡大主義を決定づける重要な出来事であった。ミシシッピ川流域からロッキー山脈に至るルイジアナの取得は、当時のアメリカの領土を2倍にした。ルイジアナは、新大陸におけるフランス領土として発展してきたが、七年戦争の敗戦で、フランスは、1763年、ミシシッピ川以東をイギリス（1783年以降はアメリカ領）に、ミシシッピ川以西とニューオーリンズをスペインに譲渡した。しかし、ジェファソンが大統領に選出された年にクーデターによってフランスの皇帝となったナポレオン・ボナパルト（Napoleon Bonaparte）は新大陸でのフランスの覇権を取り戻すため、1800年、スペインと密約（サン＝イルデフォンソの密約）を結び、ミシシッピ以西の領土（ルイジアナ）を取得していた。

アメリカ政府が動いたのは1802年の秋である。ニューオーリンズを管轄するスペイン人監督官（フランスへの正式な譲渡前）が、今後は港でのアメリカ船の荷物の積み替え（大西洋航路とミシシッピ川の航路）を禁止すると通告してきた。この通告に対して、西部の住民は自分たちの交易・物流拠点であるニューオーリンズを取り戻すよう政府に要請した。ジェファソンは、武力行使はフランスとの全面戦争につながると考え、ニューオーリンズとミシシッピ川以西の全ルイジアナの売却をフランスに打診した。ナポレオンは、イギリスとの対仏共同軍事行動をちらつかせるアメリカに突如、申し出を受けると伝えてきた。ナポレオンが北米における帝国主義的野心を放棄した理由としては、北米フランス軍での黄熱病の流行、ヨーロッパにおける戦争（ナポレオン戦争）での兵力・資金不足、ハイチ独立による中米植民地政策の失敗が挙げられる。フランス側にどのような理由があったにせよ、この契約はアメリカにとって大変有利な商取引となった。1803年、フランスは214万㎢もの広大な領土をわずか1,500万ドル（8,000万フラン）という破格の値段でアメリカに売却した。この地の獲得は、その西部の土地の取得をも可能にした。

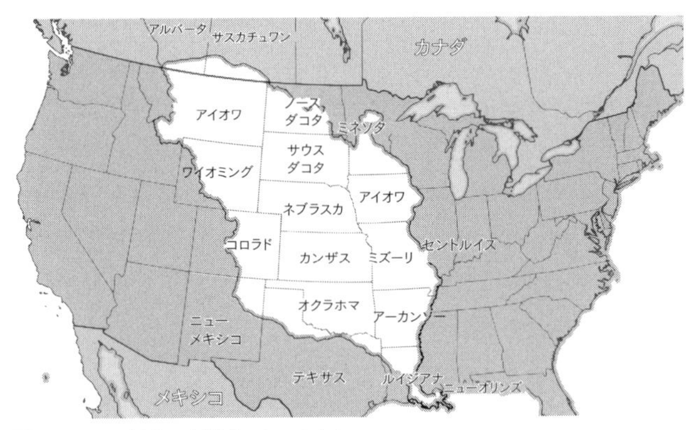

図5-1　ルイジアナ購入（1803年）

このとき、ジェファソンは領土を拡大しただけでなく、将来の国土開発を見据えた情報収集も行っている。1803年、彼は29歳の軍人メリウェザー・ルイス（Meriwether Lewis）に西部に向かい、太平洋に通じるルート（陸路・水路）を探すよう命じた。そして、先々で地形や気候、動植物、インディアン部族に関するできるだけ詳しい情報を集めるよう伝えた。命令を受けて、ルイスはウィリアム・クラーク（William Clark）をパートナーに選び、約50人から成る探検隊を編成して、記録や地図作成に必要な物品や物資、食料、先住民への贈り物を携え、セントルイスから未知の領土へと旅立った。「ルイス・クラーク探検隊」（Lewis and Clark Expedition, 1804～1806）として知られるこの過酷な旅は、ガイドとして雇われたフランス系カナダ人毛皮商トゥサン・シャルボノの妻でショーショーニー族インディアンの「サカジャウィア」（Sacajawea もしくは

Sacagawea：「鳥のような女性」を意味する語）がいなければ成功できなかっただろうといわれる。途中からフォート・マンダンの近くで彼女が出産した息子も探検隊に加わった。サカジャウィアはガイドや通訳として探検隊と各地のインディアン諸部族を仲介しただけでなく、先住民としての知識や機転で何度も探検隊を遭難の危機から救った。そして何より母子の存在はアメリカ先住民の警戒心を解き、一行は友好的に迎えられた。サカジャヴィアの数々の功績は探検隊の記録によって明らかとなり、アメリカ史で語り継がれている。同様に、南西部の土地の情報は1805年、軍人ゼブロン・パイク（Zebulon Montgomery Pike）による探検（～1807年）で収集された。

19世紀初頭のもう1つの重要な事件は、第2の独立戦争といわれる英米間の1812年戦争（The War of 1812）である。アメリカが史上初めて宣戦布告をしたこの戦争の背景には、ヨーロッパでの「ナポレオン戦争」（Napoleonic War）と国内での先住民の蜂起があった。帝国の版図を広げるため他国への侵略を繰り返すナポレオン率いるフランスに立ちはだかったのがイギリスであった。1805年、トラファルガーの戦いでイギリスがフランスを破ると、イギリスは中立国にフランスとの貿易を禁じ、違反船を拿捕（だほ）すると宣言し、公海を航行する船を強制徴募（impressment）した。これらの犠牲となったのがヨーロッパや西インド諸島との貿易で利潤を得ていたアメリカの貿易船およびアメリカ人船員であった。

さらに、イギリスはアメリカのカナダ侵攻を恐れ、先住民と手を組む決意をしていた。1809年、白人の入植によって土地を奪われたインディアン部族はテンスクワタワ（Tenskwatawa）という宗教的指導者とテクムシ（Tecumseh）という戦士の下に結集し、独自国家の樹立を目指してアメリカへの攻撃を開始した。攻撃は先住民の自発的な意思であったが、陰でカナダのイギリス人が彼らを支援していた。このような状況の中、1812年、イギリス海軍によるアメリカ人船員の強制徴募を阻止し、北米大陸からイギリス人を排除するため、アメリカはイギリスに宣戦布告した。当初、アメリカは苦戦したが、五大湖での戦いでイギリス軍を破り、エリー湖を掌握すると、1813年9月、テイムズの戦いでイギリス軍の准将であったテクムシを破った。1814年3月、フロリダではテネシー州のプランターで、州軍の将軍であったアンドリュー・ジャクソン（Andrew Jackson）がホースシューベンドの戦いでフロリダのクリーク族インディアンを破り、その土地を割譲させた。1814年8月、ナポレオンの敗戦によってヨーロッパ戦線に区切りがつくと、イギリスは本格的にアメリカ本土に軍隊を投入した。イギリス軍の反撃に対して、アメリカ軍は首都ワシントンを失ったものの、ボルチモアを死守した。英米双方がベルギーで講和条約「ガン条約」（Treaty of Ghent、1814年12月）に合意した後、終戦の報が届かなかった南部戦線では1815年1月、寄せ集めの部隊を率いたジャクソンが、ニューオーリンズでイギリス正規軍を壊滅させた。世界最強の陸海軍を誇るイギリスを相手に主権を守り切ったアメリカの国際的地位は飛躍的に高まり、英国不干渉の下、その後の西部開拓は飛躍的に進むことになる。

2. ミズーリ協定とモンロー主義

第5代大統領モンロー政権下で行われた2つの決定はそれらがともにその後のアメリカ史を転換させたという点で重要である。1つが南北の妥協案である「ミズーリ協定」（Missouri Compromise）、もう1つがアメリカの孤立主義的外交方針を内外に示した大統領教書「モンロー主義」（Monroe Doctrine：「モンロー・ドクトリン」もしくは「モンロー宣言」ともいう）である。

ミズーリ協定は南北間の深刻な地域対立を可視化させた。1820年までにアメリカ人はミシシッピ川以西にも移住し、西部の人口は急速に増加していた。西部移住を促進したのは東部や南部での農地不足であった。ニューイングランドの都市部では商工業が発達していたが、当時、まだほとんどのアメリカ人は農業に従事していた。1800年から1820年の間にアメリカの人口は530万人から960万人へとほぼ倍増したが、小規模農家が多い東部にも、プランテーションシステムが確立していた南部にも新たな耕作地はなかった。しかし、西部には農業に適した広大な土地があった。しかも、その土地に住んでいた先住民は1812年戦争時にさらに西方へと移住していたため安全性も確保されていた。

この時期、東部や南部を諦め、安価な農地を求めて西方に向かった人々は何十万人にも上る。大陸の北西部（Old Northwest）への移住者はオハイオ川を船で下り、下船した場所から荷馬車や手押し車、馬や牛、豚とともに陸路を旅した。新しい土地に着くと移住者は差し掛け小屋（仮設小屋）を建て、森の木を薪にし、野生動物を捕獲し、家畜を飼い、食料を補うためにトウモロコシを植えた。西部開拓地ではジェンダーの区別なく、家族総出で働いた。彼らは普段は孤立して暮らしたが、緩やかな共同体を作り、小屋の建設、開墾や収穫の際には集まり、互いに助け合った。南西部（Old Southwest）には当初、小規模農家が進出したが、すぐにプランターが移り住み、肥沃な土壌を利用した大規模プランテーションによって綿花栽培を始めた。北西部・南西部での急激な人口増加によって新しい州（インディアナ、イリノイ、ミシシッピ、アラバマ）が生まれ、連邦共和国は西方に向かって発展していった。

しかし、1819年、１万人の奴隷を有するミズーリ州が連邦加盟を申請したとき、全土を巻き込む大論争が起こった。当時、議会での勢力は奴隷州と自由州ともに11であり、これまで新しい州を認めるときには必ず奴隷州と自由州を１州ずつ認めることで、双方は議会での勢力均衡を保ってきた。しかし、ミズーリが奴隷州として加入すれば、議会で劣勢になる北部・自由州は猛反発した。ニューヨーク州下院議員ジェームズ・タルマッジは州昇格には奴隷制の段階的廃止を条件とするという妥協策の法案を提出したが、この法案は逆に南部の反発を招き、議会はこう着状態となった。その後、ヘンリー・クレイより、マサチューセッツ州からの分離独立を希望していたメイン州を自由州として同時に昇格させるという案が出され、この案を中心に南北は和解に向かった。そして、1820年３月、イリ

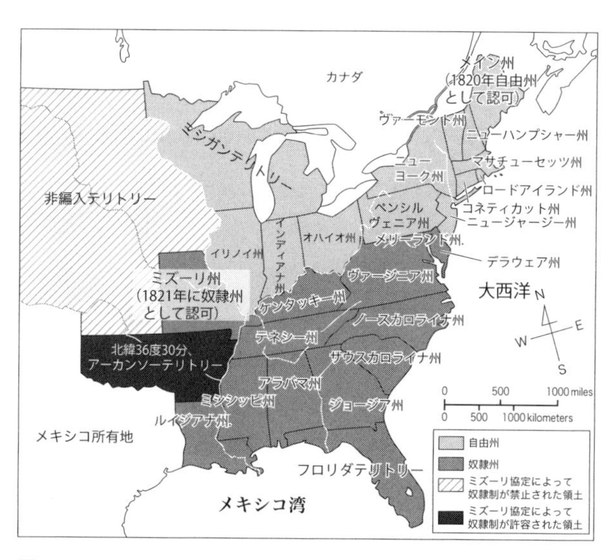

図 5-2　ミズーリ協定（1820 年）

ノイ州上院議員ジェシー・B・トマス提案の「ミズーリ州を除き、今後、北緯36度30分以北のルイジアナ購入の土地に奴隷州をつくらない」という条件を付したミズーリ・メイン修正法案が議会で可決され、両州の連邦加入が実現した。この妥協策を「ミズーリ協定」(Missouri Compromise) と呼ぶ。南北の対立は一旦、解消されたものの、ミズーリ協定は、アメリカが全く異なる2つの「共和国」に分断されていること、南北には相容れない亀裂があることを人々に印象づけた。この亀裂はやがて国家を分断する南北戦争へと発展していく。

もう1つの重要な政策がモンロー主義である。これはアメリカがヨーロッパ諸国に対して、南北アメリカへの不干渉を求めた外交政策文書である。当時、アメリカの独立やフランス革命、フランスによるスペイン侵略などの政変に触発されたスペイン領ラテンアメリカでは、各地で宗主国支配からの独立を目指して民衆の反乱が起き、ラ・プラタ(後のアルゼンチン)、チリ、ペルー、コロンビア、メキシコが独立を勝ち取っていた。1822年、アメリカは交易関係にあったこれらの新興国家の独立をいち早く承認し、外交関係を樹立した。同じ頃、ヨーロッパではロシア、プロイセン、オーストリアの君主が「神聖同盟」(後にイギリス国王、ローマ教皇、トルコ皇帝を除くヨーロッパの全君主が参加)を結成して各国の植民地での革命やクーデターを共同で抑え込むことを表明するとともに、旧スペイン植民地のスペインへの返還を求めてきた。モンローは、ヨーロッパ諸国の南北アメリカ大陸での帝国主義的な活動をけん制するため、1823年12月、連邦議会の年次教書で「モンロー・ドクトリン」を発表した。内容は主に次の4点である。第1に「米国は欧州諸国間の戦争には関与しないが、米国の権利が侵害されたときはこの限りではない」、第2に「米国は西半球の植民地に干渉しないが、独立国となった場合はその国を承認する」、第3に「西半球は今後、いかなる国の植民地主義の対象にならない」、第4に「欧州による西半球諸国の制圧・支配は米国への敵対行為とみなす」というもので、「孤立主義」(isolationism) といわれる外交方針である。モンローは当初、イギリスと共同でこの宣言を行うことを考えたが、国務長官で次の大統領となるジョン・クインシー・アダムズ (John Quincy Adams) は、共同宣言がアメリカの将来の拡大政策の制限につながる可能性があることやイギリスには独自の帝国主義的野心があることを指摘して、単独で行うようモンローに進言した。モンロー主義は、当時の国際関係に急激な変化を及ぼしたわけではなかったが、1820年代のアメリカのナショナリズムを表明した歴史的文書として、また西半球でのアメリカの覇権を宣言した政治的文書として重要である。以後の政権はこの孤立主義に基づいて外交政策を決定していくこととなる。

3. ジャクソン民主主義

モンロー政権時代はしばしば「好感の時代」（Era of Good Feelings）と呼ばれるが、水面下では地域間・階級間の分断が進んでいた。1816年、事実上、二大政党の１つであった連邦党は解体され、その精神は共和党から分裂した国民共和党（後のホイッグ党）に引き継がれた。共和主義的な民主共和党と中央集権的な国民共和党との対立の中で誕生したのが南部出身の大統領、アンドリュー・ジャクソンであった。1812年戦争の英雄として高い知名度を誇るジャクソンは、モンロー・アダムズ政権の貴族主義的な経済政策を攻撃し、特に西部や南部から幅広い支持を集めた。1828年、現職のＪ・Ｑ・アダムズを破って当選を果たすと人々は彼の革新政治に大きな期待を寄せた。

「一般人」（Common Man）、「頑固おやじ」（Old Hickory）、「アンドリュー１世」（King Andrew I）などの異名を持つジャクソンは退任時に、就任時より人気があったといわれるほど、国民に愛された大統領である。1767年、北アイルランド移民の息子として西部の辺境に生まれたジャクソンは、独立戦争後、法律を学び、ノースカロライナで弁護士となり、アパラチア山脈の西部（後のテネシー州）で弁護士を開業した。テネシー州選出の下院議員・上院議員を務め、民兵の将軍として選出されたとき、1812年戦争が勃発した。開戦後、ジャクソンは５万人の兵士を集め、アメリカ南部の国境地帯を脅かしていたクリーク族インディアンを壊滅させた。1814年にはフロリダでイギリス同盟国のスペイン軍を破り、ニューオーリンズでイギリス軍を敗走させた。これらの武勲は彼を英雄にし、大統領への道を開いた。1824年大統領選挙でジャクソンは４人の候補者のうち最大の一般得票を得たが、政治的駆け引き（“Corrupt Bargain”）のために当選できなかった。彼は再び立候補した1828年大統領選挙で当選を果たし、先の選挙で敗れたアダムズにリベンジを果たした。

第７代大統領アンドリュー・ジャクソン（出典：ホワイトハウス）

しばしば「ジャクソン民主主義」(Jacksonian Democracy) と呼ばれるその政権時代（1829 ～ 1837）は大きな変革の時代であった。経済的格差は縮小したとはいえないが、政治的格差は幾分解消された。正確に言えば、アメリカは共和国として出発したが、建国時に「民主主義」（主権在民の政治）を採用したわけではなかった。「建国者」(Founders of the United States) の中には民主主義は無政府状態を招く危険な政治システムと考える者もいたからである。しかし、1830 年代までにこのような考えは改められ、すべての人は人生において等しい機会を与えられるべきであるという認識が広まっていた。これまで選挙で投票するには不動産（土地）所有かそれに相当する財産の保有が必要であったが、ジャクソン政権下、多くの州が投票や任官のための財産・税金・宗教条項などを削除・緩和した。この結果、有権者は増大した。1824 年大統領選挙では白人男性の 27％しか投票権を持たなかったが、1840 年には約 8 割が投票権を得た。もちろんこれは「普通選挙」(universal suffrage：社会的身分・ジェンダー・教育・信仰・財産・納税額などの制限なく、国民に等しく投票権を認める選挙制度）には程遠く、すべての州で女性や非白人は投票権を持たなかったが、白人男性に限ればこの時代にアメリカ民主主義は大幅に前進した。ジャクソンは、エリートが牛耳っていた政治を「民主化」した大統領と評価されている。

一方で、民主主義の拡大という正の遺産だけなく、ジャクソンが残した負の遺産も忘れてはならない。いわゆる「銀行戦争」(Bank War) とアメリカ先住民の強制移住である。公債と統一通貨を発行する合衆国銀行（フィラデルフィアに本店）は 1791 年に設立され、1811 年にジェファソンによって一旦、廃止された後、英米戦争の戦費償還のために 1816 年、期限付きで再設立されていた。そして、その特許状の期限が 1836 年に迫っていた。同行総裁のニコラス・ビドルは経済不安を防ぐため、1832 年、前倒しで特許状を更新する法案の成立を議会に働きかけた。しかし、ジャクソンは、東部特権階級によって独占された合衆国銀行は違憲であり、南部や西部の農民の敵であると主張して特許状の延長法案に大統領拒否権を行使した。ジャクソンが合衆国銀行から連邦資金を引き揚げると、1833～1834年の冬に急速に景気が悪化して経済不安が広がった。ジャクソンとビドルは互いを非難し、責任を擦り付けあったが、その結果、特許状は更新されず、合衆国銀行は1836年に解体された。銀行戦争に勝利したのはジャクソンだったが、彼の政治的勝利と引き換えに、アメリカは長く中央銀行（発券）機能を持たず、市民は断片的で不安定な銀行システム（それぞれの州の中小の銀行が独自紙幣を発行）に苦しむことになる。

ジャクソン政権のもう1つの負の遺産がインディアン問題であった。1830年代、ジャクソンは南部州での先住民の存在に頭を悩ませていた。当時、ジョージア西部、アラバマ、ミシシッピ、フロリダには「文明化された5部族」（Five Civilized Tribes）といわれるチェロキー、クリーク、セミノール、チカソー、チョクトーのインディアン部族が暮らしていた。ジョージア州が彼らに居住地からの強制移住を命じたが、チェロキー族の有志が連邦裁判所に提訴した結果、当時の連邦最高裁判所長官ジョン・マーシャル（John Marshall）は州政府に立ち退きを命令する権限はないという裁定を下したため、州は目的を果たせなかった。何としてでも先住民を排除したいジャクソンは、1830年、対価（5万ドル）と引き換えに西部の代替地に移住する協定を一部のインディアン部族と結び、「インディアン強制移住法」(Indian Removal Act)を成立させた。この法律によって、1830年から1840年にかけて、何万人もの先住民が遥か西部オクラホマの「インディアン居留地」（Indian Reservation：インディアン専有の居住地として保留された土地)に向けて徒歩もしくは船での移動を強制された。1838年のチェロキー族の移動は特に過酷で、この苦難の旅は「涙の道」（“Trail of Tears”）として語り継がれている。この旅で移動したチェロキー族の4分の1から半数にあたる何千人もの人々が飢餓や寒さ、疲労から目的地を見ずにこの世を去った。ミシシッピ川以東からアメリカ先住民を排除したこの強制移住法は、「インディアン・ファイター」（Indian Fighter）という異名を持つジャクソンの「功績」としてアメリカ史に刻まれているが、アメリカ先住民史においては忘れられない悲劇として記憶されている。

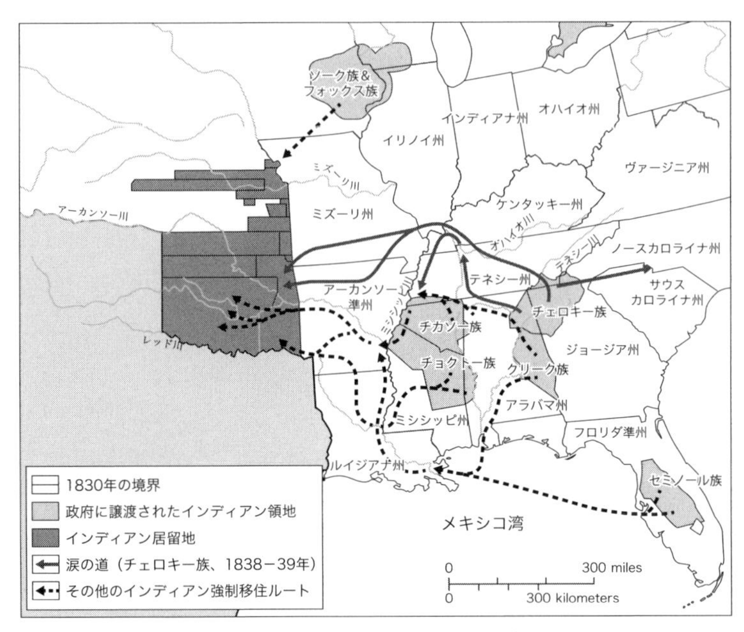

図 5-3　文明化された5部族のインディアン強制移住（1830-40 年）

4. アメリカ市場革命

19 世紀前半、爆発的な人口増加と国土の拡大を受けてアメリカは効率のよい交通・通信システムを構築する必要性に直面していた。1790 年に 400 万人だった人口は 1820 年に 1,000 万人、1840 年には 1,700 万人に達し、半世紀のうちに 4 倍になっていた。1790 年には人口の 9 割がアパラチア山脈の西に住んでいたが、居住地はロッキー山脈にまで到達していた。1845 年にはメキシコとの紛争で一時期、独立国となっていたテキサスが 28 番目の州として連邦に加入すると、領土はメキシコ湾まで達した。この広大な国土を結ぶ人とモノの移動（輸送）手段や通信手段の開発が急務となったのである。

東部から南部・西部に工業製品を、西部・南部から東部に農産物（トウモロコシ、小麦、綿花、タバコ）を届けるための輸送システムとして初期に注目されたのが水路であった。水路の輸送量に目をつけたニューヨーク州は他州に先駆けて運河開発に着手していた。数々の難事業を乗り越えて1825年に開通した「エリー運河」（Erie Canal：ハドソン川とエリー湖をつなぐ運河）は、７年間の通行料収入で全建設費が償還されるほどの経済的成功を収めた。エリー運河は、ニューイングランドからシカゴや西部の町へのアクセスを飛躍的に高めた一方、運河で届けられる安価な農産物は東部の農業を衰退させた。エリー運河の成功を横目に各地で運河が建設されたが、エリー運河ほどの成功を収めることはできなかった。地勢的に水路の整備が難しい都市もあった。これらの都市が興味を持ったのが鉄道であった。

騒音をたて、煙を吐く鉄道は当初、「鉄の暴れ馬」（Iron Horses）と呼ばれて、人々に敬遠されたが、1830年代から1840年代にかけて敷設が進むと市民生活に不可欠な交通手段となった。線路、蒸気機関、旅客・貨物列車から成る鉄道は、産業革命による技術革新により可能となった交通手段であった。1804年に初めて英米の発明家による合同実験が行われ、1825年にイギリスで試験的に導入された後、1830年、ボルチモア・アンド・オハイオ鉄道によって、アメリカ初の鉄道（ボルチモア・エリコット間の13マイル）が開業した。

1840年に3,000キロメートルに伸長した鉄道は、次第に運河に代わる交通・輸送手段となった。鉄道の優位性を決定づけたのは「大陸横断鉄道」（Transcontinental Railroad）の開通であった。鉄道建設には多額の資本が必要であり、当初、資金は資本家や州政府が負担したが、1850年代、鉄道の重要性に気づいた政府が広大な土地や資金を提供し始めると民間主導の鉄道網が一気に拡大した。南北戦争中の1862年、リンカン政権は、遥か西部の領土への移動手段として大陸横断鉄道の建設を計画していた２つの会社に認可を与えた（Pacific Railroad Act）。これは、東部の既存の鉄道網と西部をつなぐ一大事業であった。ネブラスカ州オマハから西へ向かうルートをユニオン・パシフィック鉄道（Union Pacific Railroad Company）が、カリフォルニア州サクラメントから東へ向かうルートをセントラル・パシフィック鉄道（Central Pacific Railroad Company）が請け負った。1869年５月10日、この２つの線路がユタ州でつながり、大陸横断鉄道が完成した。開通までの道のりは苦難に満ちていた。過酷な労働環境や先住民の攻撃による犠牲も多かった（特に中国人、アイルランド人労働者が犠牲となった）が、大陸横断鉄道は、６か月かかっていた東

北米大陸横断鉄道の完成式典（1869年5月10日、ユタ州）
出典：イェール大学図書館

部から西部への旅を7日間に短縮し、その後の西部の開拓や発展に寄与した。1900年前後には鉄道のシェアは旅客、貨物とも90％を超え、1916年には鉄道の総延長は40万キロメートルに達した。「パナマ運河」（Panama Canal：中米のパナマ地峡を横断する、大西洋と太平洋をつなぐ運河で、完成した1914年から1979年までアメリカが管理し、1999年12月にパナマに権利を移譲した）の開通により鉄道は一時、衰退したが、運河では一度に多数の大型船舶は航行できなかったため、鉄道による貨物輸送が復権した。その後、郵便事業から始まった航空業や自動車の発達により、特に鉄道の旅客輸送は激減したが、貨物輸送は現在でも活況を呈している。

アメリカの経済、社会、文化への鉄道の影響は計り知れない。路線沿いに共同体や都市が生まれ、牧場や農場、工場が作られた。鉄道に乗って西部に移住した人々によって大都市が形成されていった。市場から遠く離れた場所にも鉄道は一年中、人やモノを運んだ。鉄道はアメリカ人の心理的距離を縮め、地域間の物質的・文化的格差を解消した。

鉄道と並んで、19世紀前半のアメリカ社会に変革をもたらしたのが「電報」（telegram）である。電報はコミュニケーションの在り方を根本から変えた。電報が開発されるまで、通信手段は馬や馬車、列車により運ばれる手紙であった。1830年までに遠隔地をつなぐさまざまな技術が試みられたが、1832年にサミュエル・S・B・モールスにより、電線を使って遠距離に電気信号（モールス符号）を送るシステムが開発されると、電報は徐々に普及していった。1843年、議会はボルチモア・ワシントン間の電線敷設に30万ドルを拠出し、翌年、完成すると遠隔地へのメッセージ送信成功が全国ニュースとなった。1860年までに5万マイルの電線が敷かれ、市民のコミュニケーションを支えた。電線は鉄道の線路沿いに敷かれたために、鉄道駅間の連絡にも利用され、事故防止に役立った。電報は、A・G・ベルにより電話が発明されるまで、主要な通信手段として人々に活用された（1876年のフィラデルフィア万博で電話が披露された）。

これらの交通・通信システムの発展は市場革命（Market Revolution）へとつながった。1820年代から1830年代にかけて、アメリカでは多くの企業が組織され、産業構造は資本主義経済の進行とともに変化していった。例えば、家庭で行っていた製造業（靴や帽子、革製品、紙、インク、時計や銃などの製品の手工業）は工場が担うようになり、移民が労働者として雇用された。また、各地のニュースを短時間で送ることができる通信システムは通信社や新聞社を誕生させ、ジャーナリズムを発展させた。さらに、鉄道は車両製造や運行に大量の雇用を創出した。新しい職業は中産階級を生み出し、余暇を担う産業（旅行・エンターテインメントなど）も発展させた。これらの技術革新は輸送、コミュニケーション、産業構造を変え、人々のライフスタイルだけでなく、社会経済意識をも一変させた。そして、この時代のインフラ整備や技術革新は、その後のアメリカ産業の飛躍に多大な貢献をすることになる。

ディスカッションテーマ

1. ジャクソン政権の功罪
2. 初期アメリカにおける共和主義と連邦主義の相克
3. アメリカ市場革命の原因とその影響

コラム 5

トクヴィルの『アメリカの民主政治』

ジャクソン政権下でのアメリカ民主主義の拡大は、外国人の手によって歴史に記録されている。その記録とはフランス・ノルマンディ出身の貴族であったアレクシ・ド・トクヴィル（Alexis de Tocqueville）による『アメリカの民主政治』（*Democracy in America*：前編 1835、後編 1840）である。トクヴィルはパリ大学で法律を学び、公職を目指す中、1830 年 7 月、革命後の政争を避けるため、友人のギュスターヴ・ド・ボーモン（Gustave de Beaumont）とともに渡米した。フランス政府に申請した旅の表向きの目的は監獄制度の視察であったが、フランスの歴史家ギゾーの講演を聞いて欧州の貴族制度に限界を感じていたトクヴィルは、新興国アメリカで広がる民主主義制度の実践を見聞したいという希望を持っていた。トクヴィルは、1831 ～ 1832 年の 9 か月、ボーモンと約 11,300 キロメートルを旅しながら各地で刑務所を訪れ、行政官や看守、囚人にインタビューを重ねながら、ヨーロッパ人の視点から当時のアメリカ社会を描写した。帰国後、2 人は共著で『合衆国の行刑制度とそのフランスへの適応』（1833）を出版した。その後、奴隷問題に興味を持つボーモンは小説『マリー、または合衆国の奴隷制』（1835）を著し、政治社会制度に関心を持つトクヴィルは『アメリカの民主政治』（1835、1840）を著した。フランス下院議員、外務大臣を務めたトクヴィルは、1851 年、ナポレオン 3 世によるクーデター後に政界を引退し、『アンシャン・レジームと革命』（1856）を刊行したが、その続編準備中の 1859 年に病没した。

トクヴィルのこの旅の記録が本書である。記録は、アメリカの地形から社会、文化、政治、経済、市井の人々の暮らしまで多岐にわたる。トクヴィルはほぼ同時に市民革命を経験したフランス（貴族政治）とアメリカ（民主政治）を比較して、アメリカでは選挙権を行使する人民が実際の「支配者」であり、多数者が人民の名において国を統治していると綴っている。ジャクソン政権下の政治社会制度で実践されている「平等」(equality)については貧富の差はあるものの、ニューイングランドの人々の間には大いなる「平等」が存在していると賞賛する。また、一部の知識層を除いて特権階級は存在せず、万人が初等教育にアクセス可能であり、職を得た後も科学やビジネスの勉強を続ける人々がいると述べている。

アレクシス・ド・トクヴィル

一方、著書の中でトクヴィルは、民主主義は「地位の平等化」(貴族的･伝統的中間層の衰退、一般市民の隆盛)を招き、中央集権化と個人の(政治的)無力化につながると述べ、エリートが担っていた政治に民衆が関与することで「多数の専制」(理性的で一貫性のある決定が感情的になった多数者の民衆の意見に排斥される)が起こる懸念を表明している。また、トクヴィルは、万人が「平等」を享受しているようにみえても、アメリカ民主主義は白人男性中心で、女性、先住民、黒人(ニグロ)はその恩恵から除外されていると語る。アメリカには「ほとんど敵同士と言ってよいような3つの人種(白人、黒人、インディアン)」が存在すると述べ、アメリカ奴隷制の残忍さについても書き残している。奴隷制は「永続しうる制度ではない」ため、南部諸州での人種間闘争はいずれ「大きな厄災」(内戦)につながるだろうと、後の南北戦争を予言したような一節もある。

貴族であったトクヴィルの著書は、アメリカが抱える負の側面(スラム問題や階級格差など)を忠実に描いていないという批判も一部にはあるが、民主主義を国家理念として機能させようと尽力する人々を外国人の視点から記録した客観的な歴史書としてのこの書の価値は計り知れない。

第6章

奴隷制をめぐる攻防

――国家分裂の危機

奴隷貿易によって必要な労働力を確保し、農本主義経済を発展させた南部にとって奴隷制は不可欠のシステムとなっていた。領土拡大を天命と捉えるアメリカが西部の広大な土地を手にしたとき、建国以来の火種であった奴隷制をめぐる南北対立が再燃する。1850年代、奴隷制擁護派と反対派は互いに政治・社会・法律の諸相で対立したが、1860年、奴隷制廃止を主張するリンカンが大統領に選出されると南北の交渉は決裂し、アメリカは史上最悪の内戦に突入した。

○この章で扱う出来事

1619　アフリカ人が北米に上陸
1661　ヴァージニア、黒人奴隷法制定
1793　ホイットニー、綿繰り機を発明
1808　奴隷貿易禁止
1850　「1850年の妥協」で逃亡奴隷法強化
1852　ストウ、『アンクル・トムの小屋』出版
1854　カンザス・ネブラスカ法（ミズーリ協定の破棄）、共和党結成
1857　ドレッド・スコット判決
1859　ハーパーズ・フェリー（政府武器庫）襲撃事件
1860　リンカン、大統領に選出

この章のポイント

1. アメリカ奴隷制はどのようなものであったのか
2. 奴隷制廃止運動はどのようにして国内外に広まったのか
3. 1850年代、南北はどのような問題で対立したのか
4. ジョン・ブラウンは反逆者か、英雄か

19世紀前半、アメリカ北東部での急激な産業変化を尻目に、南部は奴隷制に依存した、従来のプランテーション（大農園）システムで経済的豊かさを享受していた。アメリカ奴隷制は17世紀、植民地時代のヴァージニアで始まった。1619年、20人のアフリカ人がジェームズタウンに上陸した。彼らはその後、大西洋奴隷貿易で南北アメリカ大陸に運ばれることになる約1,250万人の最初のアフリカ人であった。当初、彼らは他の白人移民と同じ年季奉公人として農作業に従事し、年季明けには土地がもらえる契約であった。「奉公人」(servants)としての年季が明けたアフリカ系の自由人人口も増加しつつあった。

しかし、先住民や白人年季奉公人だけでプランテーションでの労働力不足を補えなかったプランターはアフリカ人を「終身奴隷」にするという解決策を見出した。カリブ海諸国ではすでに法律でアフリカ人を終身奴隷と定めていたこと、肌の色から彼らは逃亡しても容易に判別できること、そして奴隷貿易により膨大な数のアフリカ人労働者が確保できることが決め手となった。ヴァージニアのプランターの間では1640年までにアフリカ人を終身奴隷とし、彼らに開墾や農作業を強制する慣習が確立していたが、この制度を存続させるために必要なのは法的根拠だった。プランターからの要望を受けて、ヴァージニア植民地議会は1661年、肌の色に基づく黒人奴隷制を、1662年に「子どもの地位は母親（子宮）に従う」とする母系継承規定を導入した。1667年、奴隷も洗礼は可能だが、キリスト教への改宗は奴隷の地位に影響しないと定めた法律によって宗教的葛藤からも解放されたプランターはますます奴隷労働に依存するようになった。1625年に23人だったアフリカ系人口は1790年（センサス）には69万7,681人になっていた。他の南部植民地もヴァージニアに倣い、漸次、黒人を対象とした終身奴隷制を導入した。安定した労働力を確保した南部は莫大な富を蓄積してゆく。

1. アメリカ奴隷制

民主国家アメリカでは、奴隷制は建国時より議論の多い制度であった。建国者の中には奴隷制を民主的理念（自由・平等）と矛盾する人身売買であると非難し、即時廃止を主張する者もいたが、プランテーション経済に依存する南部の代表者はこれに異議を唱えた。それでも当時、ほとんどの者がタバコ需要の減少とともに奴隷制はやがて消えゆく制度であるという認識を共有していた。生産量の減少や価格競争の激化で南部プランテーションは窮地に立たされていたからである。土地の養分を枯渇させるタバコは常に新たな土地の開墾を必要としたため、プランターは他の作物の栽培を検討し始めたが、カリブ諸国の産地と競合するサトウキビや大規模な灌漑と長期の育成を要するコメは、タバコに代わる儲けの出る作物とはならなかった。当初、長繊維綿（long-staple cotton）が候補に挙がったが、東南部の海岸線という限られた地域でしか育たなかった。より硬く粗い綿である短繊維綿（short-staple cotton）はどのような土地・気候でも成育したが、種を取り除くために膨大な作業時間を必要としたため、栽培しても出荷量に限りがあった。

プランターが農業以外の選択肢を考え始めたとき、奴隷制の存続に多大な影響を与える、ある画期的な発明品が登場する。1793年、マサチューセッツ州の発明家イーライ・ホイットニー（Eli Whitney）により考案された綿繰り機（cotton gin）である。この機械の登場で、短繊維綿の大量生産が可能になった。収穫した綿花の種を短時間で除去できるこの機械は南部プランターの救世主となった。1850年

ホイットニーが発明した綿繰り機
（CC BY-SA）

代までに綿は南部経済の要となり、綿花はアメリカの輸出品の約３分の２を占めるまでになった。需要の増加とともに綿花生産の中心はサウスカロライナ、ジョージアからアラバマ、ミシシッピ、後にはルイジアナ、テキサス（元メキシコ領で革命後、一時、テキサス共和国となったが、1845年、奴隷州として合衆国に加入）、アーカンソーといった、深南部（Deep South）と呼ばれる地域に移った。綿の輸出で莫大な利益を得たこれらの州は「綿花王国」（Cotton Kingdom）と呼ばれ、未曽有の繁栄を享受した。綿繰り機の登場によって息を吹き返した南部経済に奴隷制は不可欠なものとなっていた。

「奇妙な制度」（peculiar institution）ともいわれるアメリカ奴隷制がいかに前近代的かつ非人道的な制度であったかという証左は枚挙にいとまがない。奴隷法（slave codes）と呼ばれる法律は奴隷を「動産」（chattels）と定めていたため、彼らには人権も市民権も財産権も裁判権もなかった。無許可・夜間の外出、武器の保有、集会への参加、白人への加害も禁止されていた。奴隷に教育を施すことも違法とされた。奴隷の結婚は法的には存在せず、家族であろうがなかろうが、個別に売買された。奴隷主の死によって、家族がバラバラに相続されることも珍しくなかった。キリスト教への洗礼を奨励する奴隷主もいれば、信仰を一切禁止する奴隷主もいた。奴隷の人生経験はどのような主人を持つかに左右された。

動産であった奴隷は奴隷市場で売買された。奴隷市場ではオークションが行われ、最も高値で競り落とした買い手が、別の小屋で奴隷を裸にし、頭の先からつま先まで確認した上で購入した。奴隷の平均的な価格は数百～数千ドルであったが、働き盛りの男性や出産可能な年齢の女性は高値で売買された。ニューオーリンズには混血女性を専門に扱う奴隷市場があり、妾（めかけ）を求める富裕なプランターが参集した。混血市場では、アフリカ系２分の１の混血は「ムラトー」（mulatto）、4分の１の混血は「クアドルーン」（quadroon）、8分の１の混血は「オクトルーン」（octoroon）と呼ばれ、通常奴隷の数倍から数十倍の価格で取引された。奴隷は主に奴隷主家族の世話をする奴隷（house slaves）と農作業を担当する奴隷（field hands）の２種類に分けられて売買された。子どもは５～６歳頃までは労働を免除されたが、以降は大人と同じ仕事量を与えられた。彼らは「夜明けから日没まで」（“From Dawn to Dusk”）という過酷な労働条件を強いられ、夜は奴隷小屋（slave cabin）で藁を敷いただけの地面で睡眠をとった。衣服は配給されたが、靴が与えられることはまれだった。また、配給される食料も生命を維持する最低限の量しか与えられなかったため、常に空腹であった。反抗的な態度をとったり、逃亡や反乱を企てたりした者は仲間の前で鞭打ちされたり、拷問されたりした（熱した鉄で焼き印を押されたり、鉄の首環・足環を装着させられたりした者もいた）。背中の傷は奴隷主による制裁の痕跡であり、傷が多い奴隷は「反抗的」として市場で敬遠された。

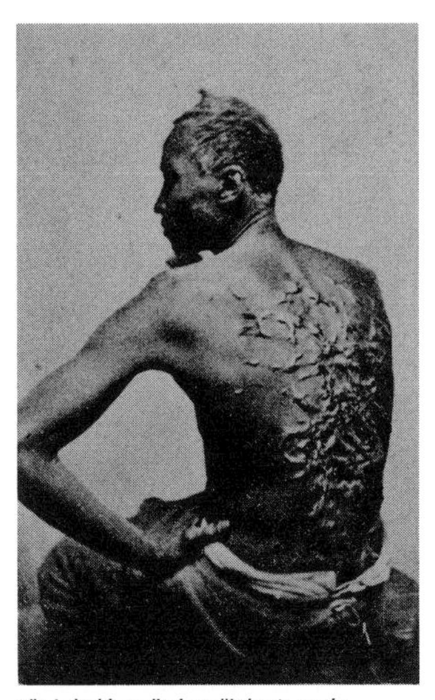

逃亡奴隷の背中の鞭打ちの痕
出典：アメリカ議会図書館（Library of Congress）

奴隷制をめぐる南北の対立が深まる中で、解決策の１つとして提案されたのがアフリカへの植民政策（colonization）であった。これは、アフリカ系アメリカ人を彼らの祖先の故郷であるアフリカに移住させることでアメリカの奴隷制を解決しようとする施策であった。1816年、ヴァージニアの長老派牧師ロバート・フィンリー（Robert Finley）により設立された「アメリカ植民協会」（American Colonization Society）が、すべてのアフリカ系アメリカ人（自由人および奴隷）をアフリカに植民させるという計画を推進した。このために協会はアフリカにリベリア（Liberia）という国を建設し、1821～1867年に約１万人のアフリカ系アメリカ人を移民させた。この取り組みは一時期、有力な政治家がリードしたことから、牧師や奴隷制反対派、南部奴隷主の支持を得たが、金銭的な問題から1840年までに行き詰まり、1847年にリベリアが独立すると運動は急速に支持を失った。奴隷制反対派は、この試みは一見人道的に見えるが、真の目的は有能かつ指導的な黒人を国外に排除して南部奴隷制をより強固なものにすることであると述べて植民計画を批判した。推進派の中には、すべての黒人を排除することによって「アメリカを白人の国にする」（whitening America）ことを意図した人種差別主義者がいたことも忘れてはならない。

2. 奴隷制廃止運動

北部・自由州には奴隷制に反対する者は多かったが、1830年代初頭のウィリアム・ロイド・ギャリソン（William Lloyd Garrison）の登場までは本格的な奴隷制廃止運動（abolitionism/antislavery movement）は見られなかった。クエーカー教徒ベンジャミン・ランディ（Benjamin Lundy）の下で反奴隷制新聞の発行を手伝っていたギャリソンは、ランディの穏健な主張にしびれを切らし、1831年、奴隷制の即時廃止を訴える新聞『解放者』（*The Liberator*）を創刊した。彼は翌年には「ニューイングランド反奴隷制協会」（New England Anti-Slavery Society）を、その翌年には「アメリカ反奴隷制協会」（American Anti-Slavery Society）を組織し、国内だけでなくヨーロッパ諸国にも奴隷制廃止への支持を求めた。奴隷制は非人道的かつ反道徳的であるため即時廃止すべきであるという彼の主張は明快だった。奴隷制推進派から襲われたり、懸賞金をかけられたりしても、ギャリソンは動じなかった。

反奴隷制協会を通じて、ギャリソンは元奴隷の講演会の開催や自伝の出版も支援した。彼が援助した最も著名な元奴隷の弁士はメリーランド生まれのフレデリック・ダグラス（Frederick Baileyのち Douglass）である。奴隷に読み書きを教えることは禁止されていたが、彼には密かに身につけた識字力があった。幼少期、ダグラスは奴隷主の言動から、読み書きの習得が自由への扉であると悟り、白人の少年を「利用」して識字力を得た。彼らが学校で『アメリカの弁士』（*The Columbian Orator*）を読んでスピーチを学んでいるのを知ると、この本を手に入れて日々、演説を練習した。逃亡奴隷であった彼は、1841年、マサチューセッツ州での反奴隷制集会でスピーチを行い、その雄弁さで人々を驚かせた。その後、反奴隷制協会に雇用され、講演ツアーでアイルランドとイギリスを訪れた際、支援者に会い、その人物の資金で自由を購入し、1846年、自由人として帰国した。

奴隷制廃止運動は、ダグラスら元奴隷の証言なくしては広がらなかっただろう。彼らが語る生々しい奴隷体験は人々を震撼させた。特にダグラスが奴隷制の弊害として訴えたのは、奴隷主の道徳的な堕落である。自身も混血であるダグラスは、南部では奴隷主と奴隷女性との間に生まれた何十万人もの混血が存

フレデリック・ダグラス
出典：J.C. Buttre ／ Wikimedia Commons

18～19世紀の欧米で広く流通した反奴隷制エンブレム（Josiah Wedgwood, William Hackwood et Henry Webber.）

在すると述べ、奴隷制は奴隷の人生だけでなく、白人の家庭や社会をも崩壊させると訴えた。また、ニューヨーク出身の元奴隷ソジャナー・トゥルース（Isabella Bomefree/Baumfree、のちSojourner Truth：sojournerは「逗留者」という意味）は、ニューイングランドや西部をめぐり、自身の奴隷体験を語り、讃美歌を歌い、聖書を引用して奴隷制の廃止を訴えた。彼女は、子どもが次々と売られていく奴隷の母親の悲哀について語り、聴衆の良心や信仰心に訴えかけた。

アメリカ奴隷制への批判はヨーロッパ諸国からも寄せられた。特にイギリスでは、政治家ウィリアム・ウィルバーフォース（William Wilberforce）が宗教的・道徳的見地から奴隷制を批判して世論を喚起し、1807年に奴隷貿易の廃止を成し遂げていた。1823年、活動家は「イギリス反奴隷制協会」（British Anti-Slavery Society）を設立し、「私は人間ではないのか、兄弟ではないのか」（Am I not a man and a brother.）という文言とともに鎖につながれてひざまずく奴隷のロゴを付けた出版物を配布して人々の良心に訴えた。1833年、大英帝国内で奴隷制が廃止されると、6年後、彼らは新たな組織「英国・海外反奴隷制協会」（British and Foreign Anti-Slavery Society）を結成し、世界各国の奴隷制、特にアメリカの黒人奴隷制の廃止に向けた活動を始めた。

3.1850年代の南北の攻防

1850年代の南北の攻防は新領土をめぐる駆け引きから始まった。先述したように、これまで議会は新しい州の連邦加入を認める際には常に奴隷州と自由州を同時に昇格させ、力の均衡を保ってきた。1849年、自由州と奴隷州はともに15だったが、カリフォルニアの自由州としての連邦加入はその均衡を破るものであった。

しかし、奴隷制をめぐる問題はカリフォルニアに留まらなかった。19世紀半ば、アメリカは北米大陸に民主主義や資本主義を広める使命を神から授けられているという考え「明白な天命」(Manifest Destiny, 1845) が拡散すると、アメリカの領土的野心は国家戦略となった（このフレーズは編集者ジョン・オサリヴァン［John O'Sullivan］による造語とされる)。アメリカはこの大義の下、米墨戦争（アメリカ・メキシコ戦争、1846～1848年）でユタ準州やニューメキシコ準州を獲得するが、これらがともに自由州となれば、議会における南部・奴隷州の劣勢は決定的となることが予想された。穏健な南部州さえも連邦からの離脱を検討し始めたとき登場したのが、ケンタッキー州のヘンリー・クレイ (Henry Clay) とイリノイ州のスティーヴン・A・ダグラス (Stephen A. Douglas) によって提案された「1850年の妥協」(Compromise of 1850) であった。同年、可決したこの法案によってカリフォルニアを自由州とすること、旧メキシコ領のニューメキシコとユタは加入の際、奴隷州か自由州かを自ら選択すること (popular sovereignty：主権在民主義)、逃亡奴隷の取り締まりを強化し、北部で捕らえた奴隷（財産）を奴隷主に返還することが定められた（改正逃亡奴隷法)。この妥協は南北の緊張を一時的

ジョン・ガスト／アメリカの発展（1872年)、西部に文明をもたらすコロンビア
出典：オートリー博物館

に緩和したが、それぞれの要望からは程遠く、双方にとって禍根を残す妥協となった。

ハリエット・ビーチャー・ストウ（Harriet Beecher Stowe）による連載小説『アンクル・トムの小屋』（*Uncle Tom's Cabin*, 1852）が単行本となって出版されると北部の反奴隷制感情は一気に高まった。敬虔な奴隷トムが非情な奴隷主レグリーに殺されるまでの悲劇を描いたこのメロドラマは国内の奴隷制廃止の世論に火をつけただけでなく、23か国語に翻訳されてアメリカ奴隷制への国際批判をあおり、聖書に次ぐ19世紀のベストセラーとなった。この本に書かれた奴隷制の詳細はすべて虚偽であるという南部のバッシングに対して、ストウは執筆に用いた記事や証言を集めた資料集（*A Key to Uncle Tom's Cabin*）を出版して反証した。この小説が政治史に与えた影響は計り知れない。1862年11月、ホワイトハウスで、ストウを紹介された大統領のエイブラハム・リンカン（Abraham Lincoln）が「この方がこの大戦争を起こしたご婦人ですね」（So this is the little lady who started this Great War.）と述べたエピソードはよく知られている。

1850年の妥協の後、ミズーリとユタの間に広がる広大な土地をめぐって南北対立は再燃した。奴隷制の拡大を求め、連邦脱退をちらつかせる南部に対して、イリノイ州選出議員のダグラスはテリトリーを2つに分けてカンザスとネブラスカという2つの州を作り、自由州か奴隷州かを州民に選ばせる住民投票を提案した。これはニューメキシコとユタに適用した方策であった。南部はこの提案を受け入れ、法案は1854年5月、「カンザス・ネブラスカ法」（Kansas-Nebraska Act）として成立したが、問題はこれで終わらなかった。なぜなら、この法案はかつて南北が妥協の末に結んだ「ミズーリ協定」（北緯36度30分以北のルイジアナ購入の土地に奴隷州は作らないとする南北間の協定）を反故にする取り決めであったからである。新たに取得した領土であるユタやニューメキシコとは異なり、この地は1820年のミズーリ協定によってすでに自由州となる南北合意がなされていたはずであった。奴隷制反対派にとって、この法律は奴隷制拡大の可能性と南部への「降伏」を意味していた。北部世論はこの法律に紛糾した。同年、この法律に反対する民主党員とホイッグ党員が結集し、「共和党」（Republican Party）を結成すると共和党は選挙で大躍進し、議会の一大勢力となった。南北の融和を図ろうとした法案がかえって両者の分断を深め、内戦の直接の原因を作ったといえる。

南北の攻防は法廷でも繰り広げられた。南北の決別を決定づけたのが「ドレッド・スコット対サンドフォード判決」（*Dred Scott v. Sandford*, 1857：判決文で被告名Sanfordを誤ってSandfordと綴ったためにこの判決名となった）であった。軍医のジョン・エマソンが所有するミズーリ州の奴隷ドレッド・スコット（Dred Scott）は、1834年から主人エマソンに伴って奴隷制が禁止されているイリノイ州とウィスコンシン準州に居住した。1843年、エマソンの死に伴い、ミズーリ州に戻ったスコットは未亡人のエマソン夫人に何度か自由を購入したいと申し出るが、断られた。1846年、奴隷制反対派の支援を得たスコットは自由州での居住によって自分はすでに自由人になったとする訴えを裁判所に起こした。1850年、裁判所はミズーリ法（"once free, always free"）を根拠にスコットの主張を認め、彼を自由人であると裁定したが、1852年、未亡人の兄ジョン・サンフォード（John F. A. Sanford）が上訴したところ、ミズーリ州最高裁は逆の裁定を出した。これを不服としたスコットは訴えを連邦最高裁判所に持ち込んだ。連邦最高裁判所長官ロジャー・トーニー（Roger Brooke Taney）はその判決で、奴隷も自由黒人もアメリカ市民ではないため、連邦裁判所に訴える権利を有しないと述べた。さらに、連邦領土において奴隷制を禁じる法は、正当な法的手続きなくして財産の差し押さえを禁じる合衆国憲法修正第5条に反するため、議会は連邦領土から奴隷制を排除する権利を有しないと定めた。建国以来、国家の発展に貢献してきた自由黒人の人権をも否定し、ミズーリ協定を憲法違反であると定めたこの判決を、後の連邦最高裁長官チャールズ・エヴァンズ・ヒューズ（Charles Evans Hughes）は法廷史上最大の「自害行為」（self-inflicted wound）と評している。あまりにも恣意的な憲法解釈に基づく、南部寄りの判決は奴隷制に反対する者すべてを激怒させた。

4. ジョン・ブラウン

1855年、奴隷制導入が住民投票に付託されたカンザスで「事件」は起きた。カンザスの奴隷制導入の賛否を決める選挙に隣のミズーリ州（奴隷州）から約6,000人が押し寄せ、住民投票で奴隷制賛成派が多数を占めた結果、奴隷制導

反奴隷制の闘士ジョン・ブラウン
出典：アメリカ議会図書館（Library of Congress）

入が決まったのである。反対派は即座に憲法議会を招集し、カンザスを自由州とする州法を制定したが、連邦議会はこれを認めなかった。賛成派は武装隊を組織して反対派の本部を襲撃し、知事の邸宅や印刷所を破壊した。この騒動の中、カンザスに現れたのが奴隷制廃止運動の闘志ジョン・ブラウン（John Brown）であった。ブラウンは息子を含む武装兵とともにゲリラ戦によって奴隷制賛成派数人を虐殺したが、その後も両者の報復合戦は続き、多くの人命が失われた。人々はこの事件を「血のカンザス」（Bleeding Kansas）と呼び、この武力衝突に南北対立の未来を見た。

混乱が続く1858年、議会は再度、カンザスの奴隷制憲法の是非を問う選挙の実施を命じた。選挙の結果、カンザスの大半の市民が奴隷制を望んでいないことが明らかとなったため、1861年、親南部的なブキャナン政権終了とともに、カンザスは自由州として連邦への加入を果たした。

奴隷制賛成派が優勢となりつつあった1850年代後半に起きた重大な事件がハーパーズ・フェリー襲撃事件である。当時、ドレッド・スコット判決で勢いづく南部に対して、北部では奴隷制の問題は武力行使という手段でしか解決できないという絶望感が広がっていた。カンザスの英雄で急進的奴隷制廃止論者のブラウンも同じ危機感を抱き、ある日、無謀とも思える奇襲攻撃を計画・強行した。1859年10月16日、彼は再び息子を含む白人16人と黒人5人の武装集団を率いてヴァージニア州に向かい、ハーパーズ・フェリーにある政府の武器庫を襲撃した。ブラウンは、予め奴隷や自由黒人にこの日に蜂起して政府に奴隷解放の圧力をかけるよう呼びかけていたが、彼が期待していた奴隷や市民の反乱は起きなかった。政府はすぐに連邦軍と州兵を派遣して襲撃者に対峙した。2日間にわたる戦いで息子を含む10人を失ったブラウンは、生き残った仲間とともに逮捕された。10月25日、反逆罪を宣告された後、彼は12月2日、処刑された。彼の無謀な襲撃と悲劇的な結末は全米に衝撃を与え、各地で奴隷制をめぐる激しい議論を巻き起こした。事件によって、ブラウンは南部人にとっては災いをもたらす悪魔、北部人にとっては崇高な理想に命を捧げた英雄となった。この事件は、アメリカの童謡「ジョン・ブラウンの亡骸」(John Brown's Body)の歌詞に歌われている。

1850年代末には南北の亀裂は修復しがたいものになっていた。南北の主張は相容れず、議論は平行線をたどった。北部は奴隷制反対理由（項目）として、奴隷制は兄弟愛や神の前の平等を説くキリスト教の教義に反すること（宗教）、賃金が支払われない奴隷労働は非効率で、労働力の浪費であること（経済）、奴隷制はアメリカの自由・平等の建国理念に反すること（国家理念）、主従関係は双方に下劣な人間性を生むこと（文化）、常に奴隷反乱の危険とその間の他国による侵略の危険にさらされていること（安全保障）を挙げた。これに対して、南部の奴隷制賛成派は、南部人には異教徒である奴隷をキリスト教化させる使命があり（宗教）、奴隷労働は南部農本経済に不可欠であり（経済）、「下等」人種の黒人は従属する運命にあり（生物学）、高潔な南部白人は奴隷制によって堕落したりしない（文化）と述べて反論した。同じ宗教、経済、文化の観点から双方が正反対の主張をしている点は注目に値する。

双方に解決の糸口が見出せないまま迎えた1860年大統領選挙で共和党のリンカンが当選したとき、南部は連邦からの脱退を決断した。そして、アメリカは史上最悪の内戦へと突入してゆく。

ディスカッションテーマ

1. カンザス・ネブラスカ法の歴史的意味
2. 「明白な天命」という理論の含蓄
3. 奴隷制反対派と賛成派の主張

建国者たちの奴隷制

奴隷制は国家建設に携わった建国者にとっても頭の痛い問題であった。実際、建国者のうち、ワシントン、ジェファソン、ジョージ・ロジャース・クラークらは奴隷所有者であった。このうち大統領を務めたワシントンとジェファソンは奴隷の処遇という点で比較されることが多い。両者とも奴隷制は道徳的に誤りであり、廃止すべきであると信じていたが、ワシントンは妻の死後、自らの奴隷を解放するよう遺言に記したのに対し、ジェファソンは奴隷を解放することなくこの世を去った。独立宣言に「人間は生まれながらにして平等である」と記したジェファソンであったが、その9年後に出版した著書『ヴァージニア覚書』(*Notes on the State of Virginia*, 1785)には、黒人は「劣って」いて「子どもっぽく」、「信用できない」と書いている。このような人種差別的な考え方は同時代のアメリカ人の多くが共有していたものであったと考えられる。

しかし、ジェファソンには奴隷制にまつわるある歴史的論争があった。ジェファソンは奴隷の父親であったのではないかという風評である。妻マーサの死後、ジェファソンは妻の異母姉妹であったサリー・ヘミングズ(Sally Hemings)という自らの奴隷女性を妾とし、6人の奴隷の父親となったと伝えられてきた。当時、この話は有名で新聞にも報じられたが、生前、ジェファソンはこれを否定も肯定もしなかった。

ヘミングズ家に代々伝わる話によると、サリーは奴隷主のジョン・ウェイレスとその混血の奴隷エリザベス・ヘミングズの間に生まれた。エリザベスはヘミングズという白人船長とウェイレスの奴隷との子どもであったため、その娘であるサリーはアフリカ系4分の1の混血(クアドルーン)であり、かなり白人に近い容姿であったという。ジェファソンとサリーの関係が始まったのは、ジェファソンが外交官としてフランスに赴任していた1784年頃であった。その2年前に妻マーサを亡くしていたジェファソンは14歳の娘をパリに呼び寄せる際、サリーを同伴させた。1789年にアメリカに帰国した後も関係は続き、サリーは6人の子どもを出産した（ハリエット、ビバリー、マディソン、エストン、他の2人は乳幼児期に死亡した)。1826年、ジェファソンは遺言で息子2人（マディソンとエストン）を解放したが、サリーに自由を与えることはなかった。その後、サリーは、ジェファソンの娘マーサから非公式に解放され、シャーロッツヴィルで息子と暮らしたという。

ジェファソンの奴隷サリー・ヘミングズ（出典：Woolly Mammoth Theater Company）

ジェファソン研究者らは、道徳的な理由で奴隷制に反対であったジェファソンが自ら制度存続に加担するような行動をとるだろうかと反論して、大統領とヘミングズとの関係に疑問を投げかけてきた。しかし、長く歴史的論争の種であったこの問題は20世紀末、科学によって解決した。1998年、サリーの子孫とジェファソンの子孫のDNA検査の結果、かなり高い確率でジェファソンがサリーの子どもの父親であったことが証明されたのである。死後172年後に判明したジェファソンの真実であった。

奴隷を保有しなかった建国者の1人、ジョン・アダムズはすべての奴隷を解放しない限り、独立革命は終わらないだろうと述べたという。アダムズの予言通り、アメリカはすべての奴隷を解放するために南北戦争というもう1つの戦争を戦わなければならなかった。奴隷制に対する建国者たちの矛盾や迷いが国家分裂の危機を招き、結果的に多くの同胞の血を流させたことは歴史が証明している。

第7章

南北戦争と再建法

——復権する南部

4年間で約62万人もの犠牲者を出した南北戦争は北軍の勝利に終わり、政府は建国以来、南北対立の原因であった奴隷制廃止を実現した。リンカンの暗殺後、政局は混迷したが、米国議会は南部人大統領との対立を乗り越え、民主主義的な修正法を可決・成立させた。しかし、再建の終了とともに旧支配層が復権した南部では人種差別法が復活し、戦前の社会へと戻った。20世紀初頭、南部白人至上主義は次第に全米に広がり、アフリカ系アメリカ人男性の公民権は北部でも剥奪された。

○この章で扱う出来事

1858	リンカン・ダグラス論争
1863	奴隷解放宣言、ゲティスバーグ演説
1864	シャーマンの「海への進軍」
1865	南北戦争終結、リンカン暗殺、ジョンソン大統領就任
	合衆国憲法修正第13条（奴隷制廃止）成立、KKK結成
1868	合衆国憲法修正第14条（市民権、平等権）成立
1869	グラント大統領就任
1870	合衆国憲法修正第15条（投票権）成立
1877	ヘイズ大統領就任、再建法終了
1896	プレッシー判決
1915	映画『國民の創生』公開

この章のポイント

1. 南北戦争はどのような戦争だったのか
2. 南北戦後の３つの修正法はどのような内容だったのか
3. 南部再建法は南部にどのような変化をもたらしたのか
4. 白人至上主義はどのようにして復活し、拡散したのか

南北対立は新しい指導者リンカンの登場によって新たな局面に入った。後に第 16 代大統領となるリンカンは、ケンタッキーの農民の子どもとして生まれ、辺境の地インディアナで育った。彼は、正規教育はほとんど受けていなかったが、独学によって弁護士となり、下院議員 1 期を経て、1856 年、新設された共和党に加入した。彼がイリノイ州上院議員の椅子を争ったのが民主党の老練政治家ダグラスであった。リンカンとダグラスは、1858 年 8 月 21 日から 10 月 15 日にかけて、3 時間におよぶ公開討論を計 7 回行った。

この「リンカン・ダグラス論争」(Lincoln-Douglas Debates) が彼を大統領へと導いた。民主党のダグラスは奴隷制の是非はそれぞれの共同体（州政府）が決めるべきであると述べ、極端な平等と政府の権限強化を主張するリンカンは危険な過激派であると非難した。これに対してリンカンは奴隷制の罪悪を強調するとともに、「血のカンザス」事件に触れて、主権在民による奴隷制の選択は機能しないばかりか、犠牲と混乱を生むだけであると述べた。彼は、この問題の解決策はすべての州に奴隷制が広がるか、すべての州で奴隷制が廃止されるかのどちらか以外にない、なぜなら半分奴隷、半分自由と 2 つに「分かれた家」(a house divided) は自ら建つことができないからであると述べた。リンカンが強調したのは奴隷制は道義的に誤りであり、独立宣言の趣旨にも建国者の意志にも反するという点であった。無名であったリンカンは、雄弁さでダグラスを圧倒し、討論会は回を重ねるごとにリンカン支持者を増やした。

上院議員選挙はダグラスが勝利したが、最終的に勝利したのはリンカンであった。論争後、リンカン演説をまとめた冊子が配布されると、彼の名声は州境を越えて広がり、2年後、彼は共和党大統領候補の指名を勝ち取ったからである。リンカン、ダグラスを含む4名で争った1860年大統領選挙では、誰も過半数の得票は得られなかったものの、リンカンは選挙人獲得数（180／303）で他候補者を圧倒し、大統領に選出された。

1. 南北戦争

リンカン当選により、南部は連邦からの「離脱」（secession）を決断し、南北はついに「内戦」（civil war）へと突入した。連邦離脱を表明した南部奴隷7州は1861年2月、新しい国家「南部連合」（The Confederate States of America）の樹立を宣言した。連邦政府の圧力によって、南北の境界州（border states）であるデラウェア、メリーランド、ケンタッキー、ミズーリの4つの奴隷州（および1861年成立のウエストヴァージニア）は連邦（北軍）に留まった。南軍がリンカンの警告を無視して、サウスカロライナ州サムター要塞を攻撃して連邦政府軍を敗走させた1861年4月14日、南北戦争（Civil War, 1861～1865）は始まった。

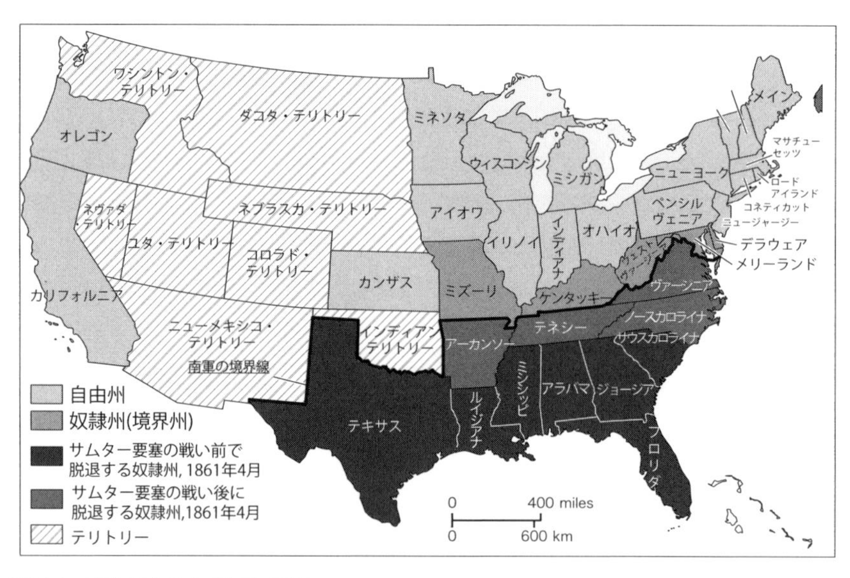

図 7-1　南北戦争時の北軍と南軍

当初、誰もがこの内戦はすぐに終わると考えた。なぜなら、国内の主要な工業生産地と優れた鉄道輸送網を持ち、南部の 2 倍以上の人口（約 2,200 万人）を擁する北部は誰が見ても圧倒的に有利であったからである。しかも、南部人口（約 900 万人）の 3 分の 1 を占める奴隷が、奴隷制を擁護する戦いに加わることは期待できなかった。しかし、大方の予想に反し、戦争は約 4 年間も続き、当時のアメリカ人口の約 2％が犠牲となった（戦闘以外にも餓死、病気などで死亡）。その悲惨さは数字でも明らかである。南北戦争（61 万 8,000 人、人口 10 万人当たりの死者は約 2,000 人）は、死者数や死亡率で第 1 次世界大戦（11 万 6,516 人、同 109 人）、第 2 次世界大戦（40 万 5,399 人、同 241 人）を遥かに上回るアメリカ史上最悪の戦争である。

圧倒的に劣勢に見える南部が「健闘」したのにはいくつかの理由があった。まず戦場のほとんどが南部に位置し、南軍兵士には土地勘と地元の支援があったことである。連邦政府に敵対的な南部の人々は北軍の通信網や兵糧ラインを妨害し、南軍を援助した。また、団結して奴隷制を死守しようとする南部に対し、北部では「奴隷を解放するための戦争」に共感できない人も多かった。戦争に反対する者は、連邦政府の徴兵令（Confiscation Act）に徴兵暴動（draft riot）で対抗した。さらに、南部には綿花の輸出先であるイギリスやフランスの援軍があれば勝利できるという期待があったため、兵士の士気は高かった。これらの理由から、南部連合軍は初期の戦いで北軍を圧倒した。

北軍劣勢の風向きが変わったのは開戦から 1 年半ほど経った頃だった。長引く戦争で犠牲者が増えるにつれ、北部の人々も次第に奴隷制廃止という戦争の大義を受け入れるようになった。この時期にリンカンによって発表されたのが「奴隷解放宣言」（Emancipation Proclamation, 1863）である。1862 年 9 月 22 日、リンカンは反乱軍（南軍）の奴隷を解放することを議会で表明し、翌年 1 月 1 日、奴隷解放宣言を発行した。この宣言は、連邦に留まった境界奴隷州の奴隷やすでに投降した地域（テネシー、ヴァージニア西部、ルイジアナ南部）の奴隷は対象としなかったという点で（奴隷人口の 3 分の 1 は対象外）、またこの宣言に法的な拘束力はなかったという点で実効性には疑問があるものの、奴隷制廃止への決意表明は北部の人心を 1 つにしただけでなく、ヨーロッパ諸国に対してアメリカの人道的な姿勢を印象づけた意味のある宣言であった。北軍では、宣言を受けて初めてアフリカ系アメリカ人部隊が編成された。南部奴隷制で苦しむ同胞のために戦う20万人以上もの黒人兵士が、北軍勝利に欠くことができない貴重な戦力となったことはいうまでもない。

南北戦争では東部、西部、ミシシッピ川流域の3つの戦場で1万以上もの戦闘が行われたが、中でも最も激しい戦いだったのが、1863年7月の「ゲティスバーグの戦い」(Battle of Gettysburg) であった。南北戦争最大の犠牲者(約5万1,000人)を出したこの戦闘は、戦況を劇的に変える重要な戦いとなった。当時、北軍は西部戦線やミシシッピ戦線でいくつかの勝利を収めていたが、東部戦線では南軍の名将ロバート・E・リー(Robert E. Lee)の前に苦戦を強いられていた(Battle of Chancellorsville)。西部戦線でヴィックスバーグの攻防(北軍が勝利)が続く中、東部戦線のリーは突然、ペンシルヴェニアに攻め入る決断をした。北部の領土のペンシルヴェニアで南軍が勝利すれば英仏の参戦を呼び込めるだけでなく、北軍の関心を北部防衛へと向け、戦意喪失させることが期待できるというのがその理由であった。1863年6月、リーは軍隊をメリーランドからペンシルヴェニアへと進軍させ、ジョージ・ミード(George C. Meade)率いる北軍と向かい合った。7月1日~2日、リーは町の南の丘に陣取ったミード軍を攻撃するが、北軍の攻撃に遭い、両日とも敗走した。7月3日、約1万5,000人の南軍は丘をめがけて突撃したが、北軍から放たれた炎によって3分の2が犠牲となり、残った5,000人の南軍兵士も退却を余儀なくされた。戦闘で弱体化した南軍はヴァージニアに撤退したが、その後は北軍を脅かすほどの軍勢を取り戻すことはできなかった。

激戦地のゲティスバーグはアメリカ政治史にとっても重要な場所となる。11月19日、ゲティスバーグ国立戦没者墓地の開所式に出席したリンカンは戦死者を悼むとともに、自由と平等の建国精神を守り、「人民の、人民による、人民のための政治」(government of the people, by the people, for the people) を実現するために団結しようと人々に呼びかけた。わずか2分足らずのこの「ゲティスバーグ演説」(Gettysburg Address) はアメリカ史上最も重要なスピーチの1つといわれている。

ゲティスバーグの戦いでの勝利を機に北軍は勢いづいた。南部連合の生産拠点ジョージア州アトランタを陥落させた北軍将軍ウィリアム・T・シャーマン

(William T. Sherman) は 1864 年 11 月 15 日、6 万人の兵を率いて港町サヴァンナまでの約 450 キロメートルに及ぶ「海への進軍」(Sherman's March to the Sea) を開始した。戦争の早期終結を望むシャーマンの部隊は進軍ルート上にある工場、農場、鉄道、抵抗する者の家屋や納屋までも破壊し、南部人の戦意を完膚なきまでに喪失させた。1865 年 4 月 9 日、ヴァージニア州アポマトックス・コートハウス (Appomattox Court House) で南軍のリー将軍が北軍将軍ユリシーズ・S・グラント (Ulysses S. Grant) に降伏したとき、実質的に南北戦争は終結した。リー降伏の知らせを受けて戦っていたほとんどの南軍兵が武器を置いた。4 月 18 日、南軍将軍アルバート・シドニー・ジョンストン (Albert Sidney Johnston) もついにシャーマンに投降し、約 4 年間に及ぶ戦いは終わった。

第 16 代大統領エイブラハム・リンカン
出典：ミード美術館

　内戦によってアメリカが弱体化することを望んだ英仏は「中立」を表明し、ともに参戦することはなかった。フランスは当初、イギリスの動向を見守っていたが、反奴隷制感情が高いイギリス人は、終始、連邦政府側に味方した。1863 年の奴隷解放宣言後、イギリス人のリンカンへの信頼はさらに深まった。戦争中、南部は綿花の輸出禁止をちらつかせて両国に圧力をかけたが、英仏は綿花の在庫が尽きると、原料をインドやエジプトなど、他の地域から入手し始めた。奴隷制を嫌悪するイギリスでは、繊維産業で失業した 50 万人でさえも南部への協力に否定的だったといわれる。結局、南軍が待ち続けた援軍は現れず、リンカンが「謀反」と述べた通り、戦争は「内戦」のまま終結した。

　あまりにも多くの犠牲を払った戦いが終わったとき、リンカンは分かれて建っていた 2 つの家を 1 つにするという難事業に向き合うことになった。しかし、この南部再建の議論は、その後、長く続く新しい形の南北対立の始まりでもあった。

2. 奴隷制廃止とリンカン暗殺

南北戦争に勝利した北部・連邦政府は、戦後5年で奴隷制の廃止を含む、3つの重要な修正法を成立させた。奴隷制廃止を決めた合衆国憲法修正第13条（13th Amendment）、市民権を保障した第14条（14th Amendment）、投票権（男性のみ）を規定した第15条（15th Amendment）である。特に建国時からの懸案事項であり、南北戦争の原因となった奴隷制が法律上、廃止されたことは意義深い。1865年1月に可決された第13条は、南部が連邦に復帰する前のリンカン政権下、大差（119対56）で可決され、後にこの条項の批准が旧南部連合州の連邦再加入条件の1つとなる。

凄惨な内戦の収拾は困難を極めた。当初から連邦政府内ではどのような条件で南部を連邦に復帰させるかという点が争点となっていた。リンカンは終戦の1年以上前に南部の連邦への復帰条件を表明したが、それは反対派に言わせれば南部に「寛大すぎる」プランであった。1863年12月に発表したそのプランとは、奴隷制を廃止し、元南部連合司令官が恩赦の見返りに連邦への忠誠を誓い、有権者の10%以上が同様の誓いをしたとき、南部人自らが組織する州政府を認めるとする案であった。また、リンカンは教養があるか、財産を所有するか、南北戦争に従軍したアフリカ系アメリカ人に参政権を与える法律の制定も示唆していた。ルイジアナ、アーカンソー、テネシーはこの案を受け入れて連邦への復帰を表明した。しかし、1864年7月、リンカン案を生ぬるいと批判する共和党過激派は、これらの州の代議士の議会への出席を認めず、より厳しい再建法を議会で通過させた。上院議員のベンジャミン・F・ウェイドと下院議員のヘンリー・ウインター・デーヴィスによって提出されたこの「ウェイド・デーヴィス法」（Wade-Davis Bill）は、離反した南部州それぞれの暫定的な知事を大統領が任命すること、白人男性有権者の過半数が連邦への忠誠を誓ったとき、参戦しなかった人々によって選ばれた代議士が州憲法を制定すること、州憲法で奴隷制を廃止すること、元南部連合軍の士官の選挙権を剥奪することなどを定め、これらが完了したとき、初めて連邦への再加入を認めると規定した。アフリカ系アメリカ人の選挙権についてはリンカン案と同様に各州政府に一任した。リンカンは会期終了直前までこの法案への署名を拒否し、廃案に追い込んだ（pocket veto）。

リンカン政権の2期目が始まった直後の1865年4月14日、全米に衝撃が走った。フォード劇場でリンカンが暗殺されたのである（15日未明に死亡）。夫人と観劇中だったリンカンは、衆人環視の中、南部支持者の俳優ジョン・ウィルクス・ブース（John Wilkes Booth）によって射殺された。ブースは暗殺直後、「暴君は常にかくのごとし」（"Sic semper tyrannis!"）とヴァージニア州のモットー（ラテン語）を叫んだ。南部への忠誠を誓うブースの思惑に反して、この暗殺は南部に負の影響をもたらした。大統領の死は、嘆き悲しむ北部人の南部への敵意をあおり、南部に敵対的な共和党急進派を団結させ、結果的により厳格な再建法成立につながったからである。

リンカンが暗殺されたフォード劇場
出典：アメリカ議会図書館（Library of Congress）

リンカンが凶弾に倒れた後、再建戦略はテネシー州出身の第17代大統領アンドリュー・ジョンソン（Andrew Johnson）に託された。ジョンソンが「復興」（Restoration）と呼んだ南部再建策はリンカン案と同様に、連邦への忠誠を誓った南部人に何らかの恩赦を与えるとしたが、その他はウェイド・デーヴィス法をほぼ踏襲した。元南部連合の諸州は、連邦離脱を無効と宣言し、奴隷制を廃止し、合衆国憲法修正第13条を批准し、すべての戦債を無効とした上で連邦再加入の議会承認を待っていたが、1865年末までに北部の世論は南部に対してさらに敵対的になっていた。なぜなら、南部では復権した保守派による州政府が南北戦争以前の奴隷法（slave codes）を踏襲した人種差別的な「ジム・クロウ法」（Jim Crow Laws：黒人に扮した白人が歌やダンスなどを披露するミンストレルショーの登場人物にちなんだ名称）を次々と成立させていたからである。「黒人法」（black codes）とも呼ばれるこれらの法律は、無職の黒人の逮捕、放浪する黒人への罰金、罰金未納の黒人の収監、罰金納付に代わる黒人囚人（労働者）

の個人雇用主への貸出などを定めていた。中でも、「囚人貸出制」（Convict Leasing System）と呼ばれる法律は、奴隷労働を失ったプランターや事業者によって疑似奴隷制として活用された。この法律は修正第13条（奴隷制廃止）で除外された「囚人」に対する「刑罰」としての強制労働を利用したという点で南部人の報復立法であった（本章コラム参照）。

このような南部の反動に対して議会はさらに踏み込んだ内容の法案を成立させた。「解放黒人局」（Freedmen's Bureau、正式名称は「難民・解放民・放棄地局」Bureau of Refugees, Freedmen, and Abandoned Lands, 1865～1872）の権限を拡大する法案、アフリカ系アメリカ人に白人と平等の市民権を与える法案（Civil Rights Act）、合衆国に出生・帰化した者すべてを合衆国市民および州市民と規定し、市民の生命、自由、財産の権利を保障する修正第14条（Fourteenth Amendment）である。ジョンソン大統領は拒否権で抵抗したが、共和党急進派が牛耳る議会は拒否権を覆して成立させた。さらに議会は、旧南部連合11州に対して連邦加入の条件として第14条の批准を迫った。南部州はこれを渋ったが、1866年の中間選挙で大勝した共和党は南部への攻勢を強めた。1870年までに議会は人種、肌の色、もしくは過去の隷属状態を理由とした投票権の制限を禁じる修正第15条（Fifteenth Amendment）も連邦再加入の条件として追加した（女性の投票権は除く）。これらの条件の下、旧南部連合11州すべてが連邦に復帰した。

この間、南部人大統領と議会の対立は深まり、議会は民主的な法律の成立に異議を唱え続けるジョンソンを排除しようと画策した。1867年から1868年にかけて共和党の急進派議員は、ジョンソンが議会の承認を経ずにスタントン陸軍長官（Secretary of War）を解任したことを問題視し、下院で弾劾手続きを開始した。下院を経て上院に送られたジョンソンの弾劾は政治的駆け引きの末、1868年5月、35対19で否決された。

南北戦争後に成立した3つの修正法は、連邦政府が意図した形で南部再建に生かされず、再建は「失敗」であったという意見もある。しかし、このとき憲法に埋め込まれた民主的精神の種は静かに育ち、約1世紀を経て公民権運動（Civil Rights Movement）で大きく開花する。修正第15条の投票権の対象から除外された女性の参政権をめぐる半世紀の戦いもこの時に始まった。

3. 再建期の南部

カーペットバガー（1872年イラスト）
出典：*Harper's Weekly*

再建時代（1865～1877年）の南部にはこれまでに見られなかったさまざまな政治・社会的変化が起こった。その触媒となったのが北部人の南部への流入であった。アメリカは南北戦争で1860年当時の人口の2%を失う甚大な被害を被ったが、南部は人命だけでなく、産業も失った。戦火に見舞われた南部では荒廃した土地を再開発するための資本も人材も圧倒的に不足していた。この新しい経済的フロンティアに押し寄せたのが北部からの移住者であった。元北軍兵士や企業家、投機家は、新しい土地で一旗揚げようと南部に移り住んだ。彼らのある者は土地を購入し、ある者は土地を賃借し、すぐに金になるといわれる綿花栽培に着手した。さらに、事業や銀行に投資する者、政治家を志す者もいた。物資や資本、人材が不足していた南部諸州は当初、これらの移住者を歓迎した。しかし、保守派が政権を取り戻すと、南部人は彼らを「歓迎されない余所者」とみなすようになった。これら北部からの「渡り政治屋」は、しばしば絨毯（じゅうたん）地で作った古風な旅行かばん１つに全財産を詰め込んで南部にやってきたため、「カーペットバッガー」（carpetbaggers）という蔑称で呼ばれた。

南部では渡り政治屋に協力し、再建法の下で南部再生を目指す人々も現れた。南部人は、北部人や共和党政府に協力した人々を軽蔑して、「役に立たない者」という意味の「スキャラワグ」（scalawags）と呼んだ。連邦離脱を主張した人々、元奴隷主や元南軍兵、知識人や前ホイッグ党員、商人、自作農ら、社会のあらゆる階層にスキャラワグは存在した。彼らは、大規模プランターに独占された戦前の南部社会に戻るのではなく、より先進的な価値観への転換や近代化・産業化などの社会変革を望んだ南部人であった。もちろん日和見主義的な考えのスキャラワグもいたが、動機は何であれ、これらの人々は北部からの移住者や新たに投票権を獲得したアフリカ系アメリカ人と協働し、州議会で再建法を阻む民主党員を抑え込んだ。再建期、スキャラワグは投票人口の2割を占めるまでになった。彼らが果たした政治的役割ゆえに、南部人はスキャラワグを「裏切り者」と呼び、より激しい憎しみを抱いた。

この時期の政治現象として顕著だったのはアフリカ系アメリカ人議員の誕生である。1870年、修正第15条によって投票権を得たアフリカ系アメリカ人は初めて黒人議員を連邦議会に送った。ミシシッピ州上院議員ハイラム・ローデス・レベルズ（Hiram Rhodes Revels）である。1827年、ノースカロライナに生まれたレベルズは床屋としての修業を経た後、教育を受けて牧師となった。アフリカン・メソジスト（AME）教会の牧師として中西部や南部で布教活動に従事した後、ミシシッピ州ナチェズで市議会議員を務め、1869年に上院議員に立候補して当選した。1869～1901年の約30年間に、南部は2人の黒人上院議員と20人の黒人下院議員を議会に送った。

南部ではいくつかの重要な社会変化も起きた。その原動力となったのは1865年に議会によって組織された解放黒人局である。この組織は、約400万人に及ぶ元奴隷のアフリカ系アメリカ人に土地取得、就職、教育、政治参加を援助するための政府機関であった。彼らは困窮する解放奴隷や低所得の南部白人に食料を配給し、労働契約の締結を仲介した。また、初等・中等教育機関や大学を設立してアフリカ系アメリカ人の教育の機会を与えた。フィスク大学、ハンプトン大学、ディラード大学は解放黒人局が設立に尽力した高等教育機関である。首都ワシントンにはオリヴァー・ハワード将軍によってハワード大学も設立された。連邦政府予算によってアフリカ系アメリカ人のための学校が次々に南部に設立されると、南部白人は怒りを露わにした。翌年、南部出身のジョンソン大統領は解放黒人局の存続法に拒否権を発動したが、議会はそれを覆して存続させた。これに対抗する形で、ジョンソン大統領は元南軍兵に恩赦（参政権）を与え、土地所有権を回復させ、アフリカ系アメリカ人に好意的な解放黒人局スタッフを排除した。これにより一旦、解放奴隷に配分された土地のほとんどが元の白人所有者に返還された。一時、南部でのアフリカ系アメリカ人の土地所有率は20％に達したが、その後、ほとんどの解放奴隷が元奴隷主の小作人（sharecroppers）に戻っていった。クロップリエン制（crop-lien system：収穫前の作物を担保にする融資制度）が横行した南部では、小作人の作物は安値で買いたたかれ、利益を上げることは困難だった。さらに、悪天候による不作が続くと簡単に借金地獄に陥った。奴隷制時代のような身体的拘束はなかったが、小作人制度（Share Cropping System）は新しい形の「奴隷制」として彼らを土地に縛り付けた。南部人の圧力によって、1872年に解放黒人局は解体されたが、その後のアフリカ系アメリカ人の社会進出を演出したという点で、この機関が果たした歴史的役割は大きいといえる。解放黒人局に対する賛否は連邦政府が民間人の社会経済活動にどの程度まで介入すべきかという議論を反映している。

保守派が復権した南部は、北部・再建法への逆襲を開始した。黒人の政治的躍進を目の当たりにした南部白人は、政治的主権を回復するために可能なあらゆる手段を用いた。復権した南部白人指導者は、黒人に投票させないための新しい州法を制定し、「合法的に」アフリカ系アメリカ人の参政権を剥奪し始めた。憲法によって人種差別が禁止されていたため、ミシシッピ州は、投票を希望するアフリカ系アメリカ人に識字テスト（literacy test）や憲法条文の朗読を課した。ルイジアナ州は、識字テストや「祖父条項」（grandfather clause、1867年1月1日以前に投票権を持っていた者とその子孫を有権者と定めた）を設け、白人投票者にはテストを免除した。より厳しい投票資格を設定する州や人頭税（poll tax）、投票料（poll fee）を課す州も現れた。経済的な圧力や脅迫によって参政権を奪う郡や州もあった。南部白人は共和党を支持したり、選挙登録したりしたアフリカ系アメリカ人への土地貸与（小作）を拒否し、信用払いを断り、契約や取引を停止し、解雇や不採用を告げた。このような政治的・経済的圧力によって、20世紀になるまでに、南部のほぼ全域でアフリカ系アメリカ人の参政権は剥奪された。投票制限を禁じた修正第24条が成立する1964年まで、南部ではさまざまな投票妨害法が存続した。

4. 白人至上主義者の逆襲

一部の南部人は非合法的な手段によりアフリカ系アメリカ人の声を封じた。その中心となったのは、戦後すぐに南部で組織された数々の白人至上主義団体（white supremacist organizations）である。「クー・クラックス・クラン」（KKK：

Ku Klux Klan、1865年設立)、白椿騎士団 (Knights of the White Camelia、1867年設立)、白人同盟 (White League、1874年設立)、赤シャツ団 (Red Shirts、1875年設立) などの組織が知られている。

中でも南部で急速に拡大し、地元の政財界や重鎮にも影響を及ぼしたのが、白人至上主義組織「クー・クラックス・クラン」(KKK) であった。KKKは1865年、テネシー州パラスキで元南軍士官ネイサン・ベッドフォード・フォレスト (Nathan Bedford Forrest) により結成された社交クラブで、クークラックスとはサークル (円) を意味するギリシャ語 (kyklos) に由来する。1867年の夏、支部を集めて大会を開催すると、再建法への抵抗組織として1870年までに南部全域に広まった。「クランズマン」(clansmen) と呼ばれたKKKの団員は、南部への敵対者を脅迫・威嚇するため、昼間は白い覆面をつけ、十字架を掲げて馬上からアフリカ系アメリカ人を威嚇し、夜間は敵対的な黒人や白人共和党員をリンチし、彼らの家を焼き討ちにした。クランズマンは、農民や労働者だけでなく、プランターや弁護士、企業家、医者、牧師、政治家、警察官といった各自治体の支配層にも存在したため、KKKの犯罪は闇に葬られた。1871年1月には、サウスカロライナ州で覆面をした500人のKKKが連邦政府の刑務所を襲撃し、アフリカ系アメリカ人の囚人8人をリンチする事件も起きた。グラント大統領は、1871年、KKK法 (Ku Klux Klan Act) を成立させ、KKKによる犯罪を取り締まるとともに、連邦軍を派遣して活動を弾圧した。政府の圧力によって、南部でのKKK勢力は1872年までにほぼ収束したが、1915年に映画監督D・W・グリフィス (D. W. Griffith) がトマス・ディクソン (Thomas Dixon) の小説『クランズマン』(*The Clansman*, 1905) をベースにした映画『國民の創生』(*Birth of a Nation*) を大ヒットさせると、「古き良き時代の南部」(Old South) への郷愁から南部でKKKが復活した。KKKの敵意は当時、急増していた移民にも向けられ、カトリック教徒、ユダヤ人、外国人もその標的となった (ユダヤ人への差別は1914年にジョージア州で起きたレオ・フランクによる少女殺人事件によって全米に拡散したが、KKKがリンチしたフランクは無罪であったことが判明している)。1920年代、KKK会員は一時、400万人に達した。1960年代に再び復活した後、盛衰はあるものの、活動は現在に至っている。

これらの白人至上主義者を勢いづかせたのが、一連の南部の人種差別的法律に承認を与えた最高裁判所の「プレッシー対ファーガソン」(*Plessy v. Ferguson*, 1896年5月18日）判決であった（以下、「プレッシー判決」)。南北戦争後、修正第14条、第15条および1875年公民権法によってアフリカ系アメリカ人（男性）の人権や市民権が成文化されたが、1877年に南部再建法が終了して北軍が去り、南部に自治が戻ると南部の州議会は人種差別的なジム・クロウ法を成立させ、これらの法律を根拠に彼らの社会的・政治的権利を奪っていった。1883年、一連の市民権裁判において、人種差別の禁止は私企業や個人には適用されないという判決が下された。この人種差別容認の流れを決定づけたのが1896年のプレッシー判決であった。この悪名高い判決は「分離すれども平等」(Separate but equal）という人種差別的な制度や施設の存続を容認した偏った司法判断として歴史に残っている。

事件は1890年にさかのぼる。この年、ルイジアナ州では鉄道車両を人種分離する法案が可決された。この法律に異議を唱えるため、8分の1黒人（オクトルーン）のホーマー・プレッシー（Homer Plessy）はあえて「白人車両」に乗り、逮捕されることで世間に問題提起しようと考えた。1892年6月、外見的にはほぼ白人に見えるプレッシーは、東ルイジアナ鉄道の白人車両に乗車し、車掌の黒人車両への移動命令を拒否して逮捕された。プレッシーとその支援者は、鉄道会社の人種別車両は憲法修正第14条の「法の平等保護条項」(equal protection cause）に抵触するため、違憲であると裁判所に訴えた。事件を担当した裁判官ジョン・ハワード・ファーガソン（John Howard Ferguson）は、鉄道会社を規制する権限はルイジアナ州にあり、プレッシーの行為は州の人種分離法への違反であるとし、25ドルの罰金を科した。プレッシーは上告したが、ルイジアナ州最高裁もプレッシーは有罪であると裁定した。

その後、プレッシーは連邦最高裁に上告したが、最高裁判事は7対1でプレッシーに有罪判決を下したため、1896年、刑が確定した。ヘンリー・ビリングス・ブラウン判事は、「ルイジアナ州は公的な施策として2つの人種を分離したに過ぎず、憲法違反には当たらない」と述べ、「有色人（黒人）が白人より劣っていると考えるのは有色人がそう解釈するためである」と付け加えた。また、別の判事は、「各州法で定める公共施設での人種分離は合憲であり、問題があるとすればその施設の品質が異なる場合である」と述べたが、実際には、ほぼすべての有色人施設は白人施設より劣っていた。判決への反対意見を述べた判事ジョン・マーシャル・ハーラン（John Marshall Harlan）は、「この判決はドレッド・スコット対サンドフォード裁判に並ぶほどの不名誉な判決として記憶されるだろう」と批判した。プレッシーは違反の罪を認めて罰金を支払ったが、ハーラン判事の予言した通り、この判決は、史上まれにみる「不名誉」な判決として歴史に刻まれている。

しかし、この判決はその後、半世紀以上にわたってアメリカの三権（司法・立法・行政）を支配することになる。この後、「分離すれども平等」主義は北部州にも広がり、公共交通機関や公共施設の人種分離に法的根拠を与えた。車両（座席）、駅待合室、公園、病院から水飲み場に至るまで、あらゆる施設や設備、ルールが人種分離された。参政権を奪われていたアフリカ系アメリカ人に対抗手段はなかった。1954 年のブラウン対教育委員会裁判で最終的に撤回されるまで、この人種分離の原則はアメリカ公共政策の指針として用いられた。時を同じくして、19 世紀末から 20 世紀初頭にかけて南部を中心にリンチが横行し、多数のアフリカ系アメリカ人の血が流れた。南北戦争と南部再建によって前進したアメリカ民主主義はこのとき振り出しに戻ったかに見えたが、水面下では、アフリカ系アメリカ人はさまざまな職業や分野で成功を収め、徐々に社会のメインストリームへと入り込んでいった。また、全米各地のアフリカ系アメリカ人共同体では、教会を拠点として互いに団結し、政治的発言力を養いつつあった。

ディスカッションテーマ

1. 南北戦争の意味と意義
2. 南部再建法の歴史的評価
3. プレッシー判決が与えた影響

南北戦争後の合衆国憲法修正条項

南北戦争後、同胞の大量の血と引き換えに成立した以下の３つのアメリカ合衆国憲法修正条項（条文は一部省略）はアメリカ史におけるマイルストーンである（アメリカンセンターJapanのHPより引用）。

修正第13条（1865年成立）
奴隷制および本人の意に反する苦役は適正な手続を経て有罪とされた当事者に対する刑罰の場合を除き、合衆国内またはその管轄に服するいかなる地においても存在してはならない。

修正第14条（1868年成立）
合衆国内で生まれ、または合衆国に帰化し、かつ、合衆国の管轄に服する者は合衆国の市民であり、かつ、居住する州の市民である。いかなる州も合衆国市民の特権または免除を制約する法律を制定・実施してはならない。いかなる州も法の適正な過程によらずに何人からもその生命、自由、財産を奪ってはならない。いかなる州もその管轄内にある者に対し法の平等な保護を否定してはならない。

修正第15条（1870年成立）
合衆国またはいかなる州も人種、肌の色、前に隷属状態にあったことを理由として合衆国市民の投票権を奪い、または制限してはならない。

これらの法案は歴史的に評価できるとはいえ、厳密にいえば、どの条項も人種問題の根本的な解決策にはならなかった。修正第13条（奴隷制の禁止）では初めて「奴隷制」および「本人の意に反する苦役」の廃止が明記されたが、その後、この条文の条件である「適正な手続を経て有罪とされた当事者に対する刑罰の場合を除き」という文言が法の抜け道として利用された。復権した南部指導者は次々と人種差別的なジム・クロウ法（あるいはBlack Codesと呼ばれる黒人法）を成立させ、元奴隷労働の囲い込みを行った。この法律によると、有罪と宣告された者には「本人の意に反する苦役」を強制できることから、南部諸州は些細な罪で元奴隷のアフリカ系アメリカ人を「囚人」にした。例えば、農業以外の労働に従事した場合は税金を高額にし、延滞すると収監する法律、書面で雇用が確認できない者を放浪者として有罪にする法律、孤児や「不適切な親」の子どもを労働者として派遣する法律などである。州政府はこのような法で「囚人」となった黒人を囚人貸出制によって、労働者不足の企業や農園に無料で派遣したり、派遣料（リース料）を徴収して州政府の財源としたりした。過酷な労働は「囚人」の命を削った。あるデータによると、南部の「囚人」の致死率は25%にも達したという。

修正第14条（市民権、法の適正な過程、平等権）では元奴隷に初めて「合衆国の市民権」（国籍）が付与された。アフリカ系アメリカ人も「州の市民」と規定されたため、下院議員数を決定する州人口に「1人」として算入されることになった。これは悪名高い「5分の3条項」の撤廃を意味した。しかしながら、この条項も問題を生んだ。制定以降、この条文の「法の適正な過程」（due process of law）や「法の平等の保護」（the equal protection of the laws）という曖昧な文言の解釈をめぐる訴訟が絶えない。この曖昧さゆえに、差別やヘイトクライムはなくならず、これらを規制する新たな法律の制定が必要となっている。

修正第15条（選挙権の拡大）も南部諸州では、実質的に無効であった。19世紀末、南部のほぼすべての州政府は「人種、肌の色、前に隷属状態にあったこと」以外の理由で投票を制限した。本章で述べたように、識字テスト、祖父条項、人頭税、恣意的な選挙登録などでアフリカ系アメリカ人の投票権を無効にした。同時にこれらの法律は「プアホワイト」と呼ばれる貧しい白人の投票権も奪った。1904年大統領選挙の投票率は北部では全成人男性の65%であったのに対し、南部ではわずか29%であった。当時、貧困や非識字は政治的無能と同等という認識が知識人や上流階級の人々に共有されていたためである。

第8章

金ぴか時代

――産業資本主義社会への転換

「金ぴか時代」と呼ばれる19世紀後半、アメリカでは産業資本主義の進展とともに社会変革が起きた。当時、アメリカンドリームを成し遂げた富豪は人々の羨望の的であったが、メディアは彼らを「泥棒男爵」と呼び、不当に利益を貪る利己主義者と非難した。搾取された労働者は団結して賃上げや時短を要求したが、労働運動は権力で封じ込まれた。当時、氾濫した疑似科学は人心を惑わせ、政策までも変更させた。産業資本主義の波は鉄道敷設とともに西部に到達し、田園風景を一変させた。

○この章で扱う出来事

1848	ゴールドラッシュ（～1855）
1859	ダーウィン、『種の起源』出版
1862	ホームステッド法制定
1869	労働騎士団結成
1870	スタンダード・オイル設立
1882	中国人排斥法制定
1883	ゴルトン、優生学を提唱
1886	ヘイマーケット事件、アメリカ労働総同盟結成
1890	フロンティア消滅宣言、ウーンデッドニーの虐殺
1924	排日移民法

この章のポイント

1. 19世紀末から20世紀初頭に多くの富豪が生まれたのはなぜか
2. 19～20世紀転換期の労働運動はなぜ成功しなかったのか
3. 疑似科学はアメリカ社会をどのように変えたのか
4. 19世紀末、アメリカ西部ではどのような変化が起きたのか

南北戦争から四半世紀を経た19世紀末、アメリカは世界有数の工業国になった。ある歴史家はこの躍進をイギリスが1世紀かけて成し遂げたことをアメリカはその半分の時間で達成したと表現する。1820年代から1870年代にかけてアメリカで起こった産業革命は、イギリス産業革命の影響を受けた18世紀末の「第1次」革命に続く「第2次」革命ともいわれる。産業革命期のアメリカでは、農業や織物業での機械化や蒸気船、鉄道などの動力革命が起こった。これらの技術は、電話やミシン、レントゲン、電球、熱機関（熱エネルギーを機械エネルギーに変換する装置の総称）といった新しい製品を生み出し、アメリカの社会・経済・文化を変革した。

しかし、この時期の産業発展は一夜にして実現したものではなかった。アメリカには産業革命を可能にするための条件が揃っていた。それは広大な国土から産出される豊富な原材料、無尽蔵の労働力、技術革新を主導する才能、産業を支援する連邦政府、増大する国内需要、そして才気あふれる企業家である。特に19世紀末のアメリカで特徴的だったのが、さまざまな分野で起業し、成功した企業家や金融資本家であった。市場を読み、時機を捉えて時流に乗り、富豪となった企業家、資本家、銀行家はアメリカンドリームの体現者であり、庶民の羨望の的となったが、巨万の富を手にした後も私利私欲を追求したことから、ジャーナリストは彼らをライン川の横断に法外な通行料を課した中世ドイツ貴族に例えて「泥棒男爵」（Robber Barons）と呼んだ。

急速な産業の発展と軽薄な成金趣味に特徴づけられる、南北戦争後から世紀転換期までの好況の時代は、作家マーク・トウェインによる有名な小説『金ぴか時代：現代の物語』（*The Gilded Age: A Tale of Today,* 1873）にちなんで、「金ぴか時代」（Gilded Age）と呼ばれている。産業革命は工場建設や都市部への人口流入を加速させ、大気汚染や水質汚濁といった公害を生み、貧富の差を拡大させたが、効率や豊かさを求める多くの人々には、金メッキの下に隠された深刻な社会問題は見えなかった。

発明王トマス・エジソン
出典：アメリカ議会図書館

1. 泥棒男爵

金ぴか時代に成功を収めた「泥棒男爵」の1人が、「発明王」トマス・エジソン（Thomas Edison）である。アメリカでは1870年から1910年の間に約100万件の特許が登録されたが、中でも最も重要な特許が明かりと動力源としての電気の発明であった。1870年代後半、技術者チャールズ･F･ブラッシュ（Charles F. Brush）によって改良されたブラッシュ式アーク灯が急速に広まり、ガス灯に代わって多くの都市の街灯に採用されたが、それぞれ個別の発電機を必要とするなど、このアーク灯には電気供給に問題があった。欧米の発明家がこぞってブラッシュ式アーク灯の改良に没頭する中、電気事業の商業化に関心を持っていたエジソンは全く異なるアプローチで問題解決に取り組んだ。彼は、蠟燭（ろうそく）やランプに代わる明かりを各家庭に届けるため、電力の集中生産と消費が可能な新たな電気の仕組みを模索していたのである。1881年、彼がたどり着いたのが炭素化させたフィラメントを使った白熱電球であった（世界中で最適なフィラメント素材を探し回ったエジソンは京都・男山周辺の真竹に出会い、セルロースに置き替わるまで真竹のフィラメント電球を製造・販売した）。1881年、エジソンがパリ万博で、白熱灯とそれに電気を供給する発電機を展示すると、この技術は瞬く間に欧米の技術者、企業家、資本家の注目を集め、各国に導入された。いわゆる「電流戦争」（War of Currents）を経て、技術革新が進んだ電気は19世紀末までに鉄道や街灯、オフィスや家庭で当たり前の動力源となった。白熱電球だけでなく蓄音機、拡声器や動画撮

石油王ジョン・D・ロックフェラー
出　典：The Rockefeller Archive Center

影機も考案し、1,000以上の特許を持つエジソンは、1892年、競合会社を合併してジェネラル・エレクトリック社（GE）を設立した。GEは後にアメリカ最大の電機メーカーとなり、家庭用電気器具（家電）だけでなく発電、軍事、医療、航空宇宙関連製品を通してアメリカ経済をけん引していく。

「石油王」と呼ばれたジョン・D・ロックフェラー（John D. Rockefeller）も金ぴか時代に成功を収めた企業家の1人であった。1839年、ニューヨーク州の訪問販売員の息子として生まれたロックフェラーは、少年時代から七面鳥を育てたり、キャンディーを売り歩いたり、近所の御用聞きをしたりしながらお金を稼ぐ勤勉な少年であった。1853年に家族とともにオハイオ州クリーヴランドに移り住み、高校を卒業した後、短期間、専門学校で簿記を習い、穀物や石炭、その他の日用品を扱う商店の事務員として働き始めた。1859年、ペンシルヴェニアで石油が採掘され、石油ビジネスが拡大するのを見た彼は、1863年、クリーヴランド精製所に投資を行う形で石油事業に参入する。2年後、ビジネスパートナーから借金して精製所を手中に収めると、そこをクリーヴランド最大の石油精製所にまで発展させた。蠟燭にかわる石油ランプの普及によってすぐに石油ビジネスは軌道に乗り、莫大な利益を生んだ。1870年、ロックフェラーはスタンダード・オイル社を設立し、各地の石油精製所を買収しながらビジネスを拡大していった。1882年、これらの会社をスタンダード・オイル・トラスト（「トラスト」は企業連合）の名の下に統合した。一時、スタンダード・オイルはアメリカの石油精製所やパイプラインの9割を所有し、アメリカの石油事業を独占した。石油ビジネスは自動車や飛行機の登場によってさらに大きな利益を生んだ。一方、彼のあまりにも巨大すぎる資産は庶民の反感も買った。メディアは、ロックフェラーは鉄道会社から手数料を受け取り、秘密協定で価格を操作し、賄賂を使い、ライバル社にスパイを送り込み、競合を脅迫して傘下に組み込んで事業を拡大したと書き立てた。このような告発は米国議会にも届き、スタンダード・オイルは1890年に成立したシャーマン反トラスト法によって解体された。石油王は、晩年、このようなイメージを払しょくするかのように、熱心な慈善活動家となり、教育・科学・宗教分野に巨額の寄付を行った。シカゴ大学やロックフェラー医学研究所、ニューヨーク近代美術館などを設立したロックフェラーは生涯で500億ドルもの寄付を行っている。

鉄鋼王アンドリュー・カーネギー
出典：アメリカ議会図書館

「鉄鋼王」と呼ばれたアンドリュー・カーネギー（Andrew Carnegie）もまたこの時代の成功者であった。カーネギーは手織り機職人の息子としてスコットランド東部の町で生まれたが、力織機の登場によって仕事を失った父親の決断で12歳の時、一家でアメリカのペンシルヴェニア州に移住した。彼は織物工場で働きながら夜間学校で学び、仕事に必要な知識を身につけた。その後、電報会社で電報配達人として働くが、すぐにペンシルヴェニア鉄道会社の重役トマス・スコットに見出され、彼の秘書兼私設電報配達人となる。1859年にはスコットの後を継いでペンシルヴェニア鉄道のピッツバーグ管区の責任者となり、鉄道収益を向上させた。この間、彼は本業の傍ら、油田や鉄鋼所への投資を続け、30歳で5万ドルの年収を得るまでになった。英国出張の船旅で製鉄業者に会ったとき、その将来性に気づき、1865年に鉄道会社を退職し、鉄鋼ビジネスに本格参入した。1870年代、カーネギー鉄鋼は、イギリスで開発されたベッセマー法を改良して良質で安価な鉄鋼をアメリカ市場に供給して事業を拡大した。鉄鋼産出量でアメリカがイギリスを上回ったのは1890年のことである。1900年にはカーネギー鉄鋼の収益は4,000万ドルに達した。翌年、J・P・モルガン（J. P. Morgan）に売却されたカーネギー鉄鋼は、その後、USスチールとなり、アメリカ鉄鋼業界をリードする企業となる。ビジネスから身を引いたカーネギーは、故郷のスコットランドとニューヨークを拠点に慈善活動と芸術振興に残りの人生を捧げた。スコットランドやアメリカに公共図書館を設立し、数々の大学に寄付を行うとともに工科大学（現在はカーネギーメロン大学の一部となる）も設立した。1891年に彼が建設したカーネギーホール（Carnegie Hall）は、現在でも世界中のアーティストが目指す音楽の殿堂である。

この時代に成功した企業家には、他に「海運・鉄道王」と呼ばれたコーネリアス・ヴァンダービルト（Cornelius Vanderbilt）や自動車製造業で成功を収めた「自動車王」ヘンリー・フォード（Henry Ford）がいる。カーネギー同様、これらの富豪は赤貧から身を興し、事業で成功を収めた後、慈善活動を通して社会に富を還元した。彼らの「立身出世物語」（rags to riches stories）は、日々、低所得にあえぐ庶民にアメリカンドリームのインスピレーションを与えた。

2. 労働者の試練

当初、この時代のアメリカ資本主義の発展に異を唱える者はほとんどいなかった。しかし、ビジネスに成功した企業家、資本家、銀行家による富の独占が進むにつれ、次第に社会の底辺で苦しむ労働者階級が批判の声を上げるようになった。この時代、好景気ともに労働者の生活の質は向上したが、低賃金・長時間労働という労働搾取も続いていた。しかし、労働条件に少しでも不満を漏らすとたちまち職を失った。企業は代わりの労働者に事欠かなかったからである。

19世末から20世紀にかけて、産業が飛躍的に発展したアメリカ北部（東部や中西部）、西部の大都市には国内外から職を求める人々が押し寄せた。新しい労働者には大きく分けて2つのグループがあった。第1のグループは南部に見切りをつけ、より豊かな暮らしを求めて北部や西部へと移住したアフリカ系アメリカ人労働者である。南部からの脱出は南北戦争直後から始まり、20世紀に入って本格化した。「大移動」（Great Migration）といわれるこの現象で、約600万人のアフリカ系アメリカ人が南部を離れたといわれる。北部に着くと、彼らはニューヨーク、シカゴ、フィラデルフィア、デトロイトといった大都市に居住したが、人種差別や非識字を理由に有望な職には就けず、しばしば低賃金での長時間労働を強いられた。

第2の労働者のグループが外国から到着した大量の移民であった。1865年から1915年までに2,500万人の移民がアメリカに入国した。この数は1865年までの50年間の移民の約4倍に相当する。1880年代までの移民（「旧移民」と呼ばれる）のほとんどは西欧・北欧諸国出身のアングロサクソン系であったが、この時期の移民の多くが南欧・東欧出身者であった。「新移民」と呼ばれる彼らの主な出身国はイタリア、ロシア、ポーランド、ギリシアであった（特にポーランド系、イタリア系、ギリシア系、スラヴ系はその頭文字をとってPIGSと呼ばれて差別された）。母国での抑圧や飢饉、貧困から逃れてきた移民を迎えたのがニューヨークのマンハッタンの沖合い、リバティ島に立つ巨大な女神像「自由の女神」（Statue of Liberty）である。1886年に合衆国100周年・米仏友好を記念してフランスから寄贈された女神像の台座には、ユダヤ系アメリカ人エマ・ラザルス（Emma Lazarus）による移民を歓迎する詩（“The New Colossus”）が刻まれている。彼らは成功を夢見てアメリカの土を踏んだが、彼らが経験した現実は過酷なものだった。着の身着のままやってきた新移民は文化や習慣、宗教が異なる人々であったため、アメリカ社会への同化は容易ではなかった。さらに、生活手段を持たなかった彼らは社会の底辺での生活を強いられ、低賃金での長時間労働を受け入れるしかなかった。

アフリカ系アメリカ人の南部から北部への大移動（20世紀前半）出典：ニューヨーク公共図書館

当時、労働搾取に苦しんだのは成人男性ばかりではなかった。より安い労働力を求める企業は、低い賃金で雇用できる女性や子どもを大量に採用した。1900年までに女性は製造業の労働力の20％（500万人以上）を占めた。特に繊維業界（工場）では大量の女性労働者が雇用された。さらに、児童労働の問題も深刻だった。19世紀末には工場や農場で最低でも170万人の児童（16歳以下）

が雇用され、毎日、長時間に及ぶ過酷な労働を強いられていた。19世紀末には38の州で児童労働を取り締まる州法が制定され、1904年には国家児童労働委員会（National Child Labor Committee）も設立されたが、違反する雇用者も多く、政府の取り締まりも進まなかった。

1880年代から1890年代にかけて、搾取に耐えかねた労働者が団結して対抗策を試みるようになった。彼らは一方的な賃金カットや解雇に対抗するために、アメリカ各地で労働組合を組織したり、労働争議に訴えたりし始めた。その先駆けとなったのが「労働騎士団」（Knights of Labor）である。1869年に組織された騎士団は職種の枠を越えて拡大し、1886年までに約70万人の会員を獲得したが、一部の過激派が暴力行為に訴えると、急速に大衆の支持を失っていった。騎士団の失敗を受けて、1886年、職種を限定した労働団体が結成された。熟練工を対象とした「アメリカ労働総同盟」（AFL：American Federation of Labor）である。AFLリーダーのサミュエル・ゴンパース（Samuel Gompers）は、資本家だけでなく労働者にも恩恵が与えられる資本主義の実現をAFLの目的に掲げた。彼が目指したのは昇給、労働時間の削減（8時間労働の実現）、労働環境の改善であった。

その第一歩として、ゴンパースは1886年5月1日までに全国で1日8時間労働の実現を訴え、もしこれが達成できない場合は、その日に全労働者に全国ストライキを行うよう呼びかけた。この日、AFLやそのほかの過激グループによって全国でストライキやデモが決行されたが、中でもシカゴはその騒動の中心地となった。労働運動史における象徴的事件となった「ヘイマーケット事件」（Haymarket Riot もしくは Haymarket Massacre）である。すでにマコーミック収穫機会社でのストライキが進行していたシカゴでは、全国ストライキの後、警察官がストライキ参加者4人を射殺するという事件が起きた。その翌日の5月4日、これに抗議するため、過激派がヘイマーケット広場で労働決起集会を開催した。警察官が広場の群衆を解散させようとしたとき、何者かが投げ入れた爆弾で7人の警察官が死亡し、60数人が負傷するという惨事が起きた。警察官はすぐに発砲し、さらに4人が犠牲者となった。事件に激怒した保守派市民から苦情が殺到したため、警察は爆弾を投げ込んだ犯人を特定できなかったにもかかわらず、「無政府主義者」（anarchists）であった8名を容疑者として逮捕した。不当な裁判を経て死刑を宣告された「犯人」のうち4名が処刑された（1名は自殺、3名は後に恩赦された）。3年後、社会主義インターナショナル（International Socialist Conference）は、偉大な労働争議であるヘイマーケット事件を記念して5月1日（メーデー）を「世界労働者の日」（International Workers' Day）に指定した（これに対抗したアメリカ政府は9月第1月曜日を労働者の祝日に指定）。一方でこの事件は、「労働組合活動＝無政府主義」というステレオタイプを生み出し、長く労働運動に否定的なイメージを与える原因となった。

ヘイマーケット事件（1886年、シカゴ）
出典：*Harper's Weekly*

1890年代には、ホームステッド・ストライキ（1892年）やプルマン・ストライキ（1894年）など、他の業種においても労働者は団結して、労働条件の改善を求めたが、いずれも雇用者や政府、企業が雇った「ストライキ破り」（strikebreaker）によって制圧された。これらの労働争議が不首尾に終わった理由として、職種や人種・エスニシティ（言語や宗教、価値観など文化的特性を共有する人々が持つ帰属意識）による労働者の分断、人種対立、流動的な労働人口、そして州・連邦政府による武力介入が挙げられる。この時代、労働者は資本家の圧倒的な富と権力の前に屈するしかなかった。

3. 疑似科学

19世紀には産業界の技術革新に伴って自然科学が発達したが、一方で世間に「疑似科学」（pseudoscience）も氾濫した。まことしやかに語られるこれらの「科学」理論は、アメリカ人の生活習慣や思想、政策にまで影響を及ぼした。

19世紀半ばに階級を超えてアメリカ人に広まったのが「骨相学」（phrenology）

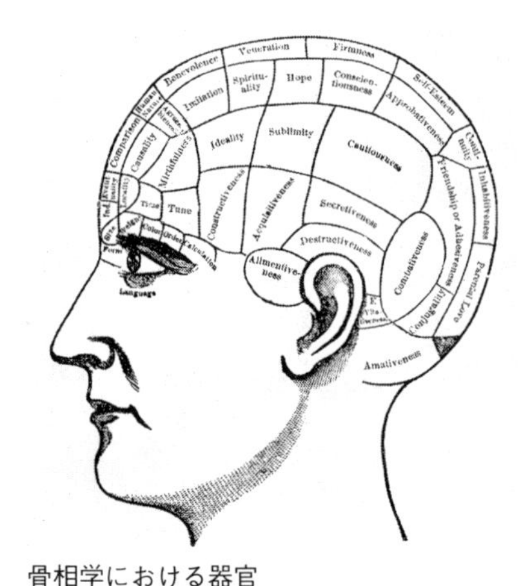

骨相学における器官
出典：Wellcome Collection gallery（CC BY 4.0）

であった。骨相学はドイツの医師フランツ・ジョセフ・ガルによって提唱された説で、ガルは「脳」は心を表す器官であるため、脳の特定部位から知力や性格が診断できると主張した。ガルの理論に基づき、骨相学者は患者の頭蓋を診察して、患者が矯正を希望する知的能力や性格と関連する脳の部位を刺激することを推奨した（筋肉同様、脳も使えば使うほど大きくなるという理論であった）。骨相学は19世紀初頭にイギリスで紹介され、その後、アメリカで広まった。一部には異議を唱える科学者もいたが、理論を否定するに足る科学的な証拠を示すことができなかったため、骨相学は人々に受け入れられた。20世紀に入ると科学的な研究が進み、この理論は誤りであることが証明された。

骨相学以上にアメリカに大きな影響力を及ぼした疑似科学が「社会進化論」（Social Darwinism）である。社会進化論とは、チャールズ・ダーウィン（Charles Darwin）の『種の起源』（*The Origin of Species*, 1859）における進化論を社会関係に適用した理論で、（人間）社会も自然淘汰によって次第に高次へ進化するとした。代表的な社会進化論者は、「適者生存の法則」（the survival of the fittest）という概念を提唱したイギリスの哲学者・科学者ハーバート・スペンサー（Herbert Spencer）、政治学者のウォルター・バジョット（Walter Bagehot）、アメリカの社会学者のウィリアム・サムナー（William Graham Sumner）らである。サムナーは「企業の世界でも弱肉強食や生存競争は発生し、せめぎ合いや自然淘汰の結果としてアメリカの富裕層が生まれた」と述べて、アメリカに社会進化論を広めた。19世紀末、立身出世した富豪は、自らの資本主義的成功を擁護する論理的根拠として社会進化論を利用した。この理論に従うと生活困窮者は人間社会における生存競争の「敗者」であり、貧困は「自己責任」ということになる。資本主義が生み出す社会ヒエラルキー是正のための社会福祉政策の必要性が叫ばれるようになるのは、20世紀に入ってしばらく経ってからのことであった。

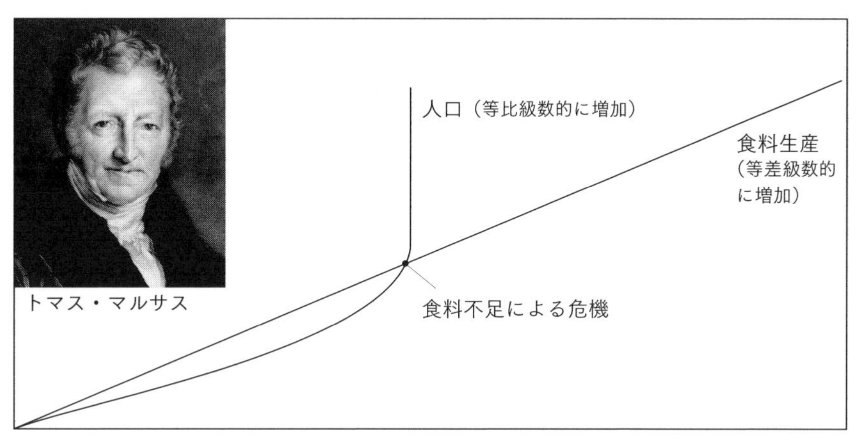

マルサスの人口論

アメリカにおける社会進化論はさらに不合理な「進化」を遂げる。1883年、ダーウィンの従兄でイギリスの遺伝学者フランシス・ゴルトン（Francis Galton）によって提唱されたのが「優生学」（eugenics）であった。優生学とは「人類の遺伝的構成の改善を目指して「劣悪な遺伝形質の淘汰、優良な遺伝形質の保存・増加」について研究する応用生物科学である。優生学のベースとなったのは19世紀初頭に発表された、トマス・マルサス（Thomas Robert Malthus）の『人口論』（*An Essay on the Principle of Population,* 1806）であった。進化論を導く際にダーウィンも参照したといわれるマルサスの人口論は、人間の生存に必要な資源（食料）は直線的にしか増えないが、人間（人口）は指数関数的に増加するため、資源が枯渇して過剰になった人口は淘汰される運命にあると結論づけ、人類の永続的な繁栄のためには適切な人口抑制が必要であると示唆した。「過剰な人口は淘汰される」という理論は、より望ましい遺伝子を選別する「科学」を生んだ。ゴルトンはその著書『遺伝的な天才』（*Hereditary Genius,* 1869）の中で、才能のある男性と財力のある女性が結婚すれば優れた才能を持つ「人種」を産出できると主張した。20世紀初頭、優生学は世界的な広がりを見せた。

優生学には、ゴルトンが主張したように優れた人間を増やそうとする「肯定的優生学」（positive eugenics）と適さない人間を排除する「否定的優生学」（negative eugenics）があるが、アメリカでは後者が政策に採用された。その政策が「不適切な」遺伝子を排除するという「断種法」(sterilization laws) である。1907年、インディアナ州でアメリカ初の断種法が施行され、公権力による不妊手術が政策として実施された。1922年、断種法の法制化を指南する著書『アメリカにおける優生学的断種』(*Eugenical Sterilization in the United States by Harry Laughlin*) が発行されると、他州も断種法の導入を決めた。その1つの州であるヴァージニア州は、断種は市民を守るための公衆衛生の一環であると説明し、専門家は断種によって将来、社会保険料(医療費)が削減できると法律を援護した。アメリカでは、最終的に31の州が優生学的断種を法制化した。断種の対象は「社会的に不適切」とみなされる人々で、「精神薄弱者、犯罪者、結核患者、盲人、障害者」とされたが、実際にはこれに該当しないアフリカ系アメリカ人女性が多数含まれるなど、人種差別的であったことが明らかになっている。1938年までに3万人以上、1960年代までに6〜7万人が(同意の有無にかかわらず)この法律により断種(不妊手術)を強制された。生命の選抜は神の領域(play god)であるという批判も一部にはあったが、著名な科学者が支持する施策は公共福祉という観点からも正当化され続けた。人種差別的な優生思想は1930年代、ドイツのアドルフ・ヒトラーによってユダヤ人虐殺(ホロコースト:Holocaust)の理論として援用された。

このように19世紀末から20世紀にかけて欧米では「科学」、「科学的」といわれる学問や理論、概念、製品、療法が氾濫した。もちろん同時期、生物学、薬学、化学、工学、医学などの分野では画期的な発見や重要な研究がなされ、科学的知見も蓄積された。しかし、当時、人々が目にする「科学」は玉石混交で、一般人にはそれらを見分ける知識も手段もなかった。

4. 変わりゆく西部

アメリカ東部(東北部)で産業資本主義の発展した19世紀後半、西部でもさまざまな変化が起きた。その最大の変化が19世紀後半の急激な人口の増加である。そのきっかけとなったのは1848年から1855年にかけてカリフォルニアで起きた「ゴールドラッシュ」(Gold Rush) であった。それは、1848年1月、カリフォルニアの製材所で働いていた1人の職工長がシェラネヴァダの山裾で

カリフォルニアのゴールドラッシュ、川の砂鉱床で採掘に従事する金採掘者たち（1850年）

金の痕跡を発見した「事件」から始まった。このニュースは国内外に伝わり、一獲千金を狙う人々をカリフォルニアに呼び寄せた。翌年、何万人もの人々が故郷を離れて西部を目指した。「フォーティーナイナーズ」（Forty-niners、「49年組」ともいう）と呼ばれる彼らのほとんど（約95%）は白人男性であったが、中には自由黒人や逃亡奴隷の他、ヨーロッパ、中国、南アメリカ、メキシコからの移民もいた。1852年にピークを迎えるゴールドラッシュの間に採掘された金は34万キログラム以上に達し、約20億ドル相当の価値があったといわれる。金を掘り当てた幸運な者もそうでない者もいたが、彼らの多くが採掘後も西部に留まった。急速に発展したカリフォルニアは1850年に31番目の州として連邦に加入した。カリフォルニアの人口は1860年に30万人に達した。これは1847年の約3倍の人口であった。

さらに、人口流入の呼び水となったのが1862年、南部が離脱していた南北戦争中にリンカン政権下で可決された「ホームステッド法」（Homestead Act）である。これは西部入植を促すため、連邦政府が所有する広大な土地を民間に払い下げた法案で、少額の申請料を払い、5年間居住した者には160エーカーの農地（所有権）を与えると定められた。また、6か月以上居住した者は、希望すれば1エーカー（約4,047㎡）あたり1.25ドルという格安の値段で土地を購入することも可能とした。この制度によって約160万人が土地を取得し、1900年までに8,000万エーカーの土地が移住者に分配された。アメリカ合衆国国勢調査局（US Census Bureau）によって「フロンティア消滅」（Closing of the Frontier）宣言が出された1890年には、西部に移住できる未開の土地はなくなっていた。主に19世紀における西部への大量の人口流入を「西漸運動」（Westward Movement）という。

ゴールドラッシュ以来、西部には多様な背景を持つ人々が移住したが、特に目立ったのが中国系移民であった。ゴールドラッシュを境に中国からの移民は劇的に増加し、1880年までに20万人の中国系移民が西部に移住した。当初、彼らは良心的で、勤勉な労働者として歓迎されたが、成功を収める中国系移民が増えるのを見たアメリカ人は次第に彼らに敵意を抱くようになった。西部の主要産業であった鉱業が衰退すると、失業した中国人労働者は大陸横断鉄道の敷設工事の職を得た。セントラル・パシフィック鉄道の労働者の9割を中国人移民が占めた。彼らは低賃金で雇用され、危険で骨の折れる、長時間労働を強いられた。1865年には、5,000人の中国系労働者が労働時間の短縮を求めてストライキを起こしたが、ストライキ破りの労働者に包囲され、餓死直前で屈服している。1869年に大陸横断鉄道が開通して再び失職すると、彼らは農場で職にありつくか、都市に向かった。その後、サンフランシスコをはじめ西部の都市にはいくつものチャイナタウン（中国人街）が形成され、互いに助け合った。西部のアメリカ人からの不満を受けて成立したのが「中国人排斥法」（Chinese Exclusion Act、正式にはImmigration Act of 1882）である。これは連邦政府が「人種」を限定して移民を制限した初めての法律であった。1882年、この法律によって中国からの移民は以後10年間停止され、すでに入国している中国人への市民権付与も禁止された。1892年、この法案はさらに10年延長され、1902年の再更新を経て1904年に恒久法となった（～1943年）。中国人排斥法から数十年間でアメリカの中国系人口は40%以上減少した。

西部には日本人移民も多かった。日本人のアメリカ移民は1886年に始まり、20世紀初頭、ハワイ（1900年に準州として併合）やカリフォルニアには多くの日系人が住んでいた。当時、カリフォルニアでは公立学校に通う日系人の生徒に対する不満が高まり、人種対立が激化していた。1896年プレッシー判決によって中国系移民は人種別学であったが、日系人は例外とされたため、白人の不満は高まっていた。人種暴動を受けてセオドア・ローズヴェルト大統領は日本政府にカリフォルニア州の学校での人種統合と引き換えに、日本からの労働移民を制限する日米紳士協定を持ちかけた。協定が発効した1908年以降、アメリカへの渡航は原則禁止となった。しかし、人種差別により、日系移民の大半が未婚であったため、政府は移民の家族（父母、妻子）にはパスポート（渡航）が許可されるという規定を利用して問題に対処した。この頃、日本、沖縄、韓国から約2万人の女性が送られた写真のみで結婚を決め、妻として渡米した。これらの女性は、「写真花嫁」（picture brides）と呼ばれる。1910年の日系の男女比は7：1だったが、1920年までに2：1になった。その後、排外主義の高まりを受けて、1924年、連邦政府はさらに厳しい移民法を制定した。東南欧移民（新移民）を制限すると同時にアジア人（日本人）を締め出したこの移民法（Immigration Act of 1924）は「排日移民法」とも呼ばれている。

西部に特徴的なもう1つのグループがヒスパニック系である。何世紀もの間、西部はスペイン帝国の、後にはメキシコ共和国の一部であった。彼らは牛や羊を放牧して生計を立てていた。19世紀半ばの米墨戦争後、約1,000人のアメリカ人がニューメキシコに移住し、臨時政府を樹立したときにもその地には5万人のヒスパニック系住民が住んでいた。正式にアメリカの一部となった後、彼らはアングロ系アメリカ人に圧倒的な力で抑え込まれた。ヒスパニック系／メキシコ系アメリカ人の土地所有者は暴力や詐欺によって土地を失った。1859年に、牧場主フアン・コルティナ（Juan Cortina）に率いられたメキシコ系アメリカ人がテキサス州ブラウンズヴィルの刑務所に押し入り、メキシコ系アメリカ人の囚人を解放するという反乱も起きたが、長期的にはアングロ系アメリカ人の支配に抗うことはできなかった。中国系移民と同様に、ヒスパニックは最下層の労働者としてアメリカ西部の経済に組み込まれていった。

さらに、この時代に西部で深刻な影響を受けたグループがアメリカ先住民である。1850年代、連邦政府は西部開拓の障害となる先住民の処遇に関して新たな政策を導入した。それは政府が選んだ先住民の「代表」と協定を結び、部族ごとに居留地に住まわせ、分断して統治するという政策であった。その後、政府はこのインディアン政策を改め、1867年、「インディアン平和委員会」

（Indian Peace Commission）を設立し、すべての平原インディアン（Plains Indians）をオクラホマとダコタの大規模居留地へ収容する計画を進めた。この時代、平原インディアンの生活を支えてきたバッファロー（アメリカバイソン）は白人狩猟者の乱獲により絶滅の危機に瀕していた。西部の牧場主や鉄道運営会社はそれぞれの経営を阻害するバイソンを「駆除」するためバイソン狩りを行い、連邦政府は先住民の食料を奪うためにバイソン狩りを奨励した。この時代の大規模な狩猟によって、1500年代には北米大陸に約3,000万頭いたと推定されるバイソンは1890年には約1,000頭までに減少した。食料や収入源（貿易品としての皮製品）を失った先住民は、人里離れた居留地に移り、政府の配給で生き延びるしかなかった。居留地では餓死や病気で多くの命が失われた。先住民の最後の抵抗が、サウスダコタ州での「ウーンデッドニーの虐殺」（Wounded Knee Massacre, 1890）であった。アメリカ政府によるこの軍事行動で、数百人の先住民が犠牲になった（本章コラム参照）。

20世紀初頭、西部は急速に変化していった。19世紀半ばのゴールドラッシュに始まった金や銀、銅、亜鉛の採掘は1890年代には下火になり、ヒスパニック系や先住民が去った土地には牧場や農場が建設された。20世紀初頭には、荒野のカウボーイやガンマン、西部劇が東部人のイマジネーションをかき立て、ホテルやショーといった観光産業も栄えた。そして、西部の牧場で育てられた「アメリカンビーフ」や大農経営による大量の農産物は大陸横断鉄道によって東部の大都市に運ばれ、アメリカの食文化を支えた。産業化の波は西部の原風景を消し去り、西部社会・文化のアメリカ化を促進した。

ディスカッションテーマ

1. 金ぴか時代のアメリカ社会
2. 疑似科学が象徴する時代精神
3. 西部が持つロマンスと現実の乖離

ウーンデッドニーの虐殺

1850年代から1880年代にかけて平原インディアン（アメリカ、カナダの平原に住んでいた30部族ほどのアメリカ先住民）は生き残りをかけて最後の抵抗を試みた。1862年にはリトルクロウに率いられたスー族がミネソタで蜂起し、6週間にわたってアメリカ軍と戦ったが、300人が有罪となり、38人が処刑された。1864年、連邦政府が安全だと保障したコロラド州サンドクリークで、150人のシャイアン族とアラパホー族が地元の民兵に虐殺される事件が起きた。1876年には、ワイオミング州で連邦軍のジョージ・カスター将軍の騎兵隊が、スー族の族長シッティングブル（Sitting Bull）とクレイジーホースに率いられた先住民によって壊滅させられるという軍事衝突も起きた。

このころ、平原インディアンの間に急速に広まったのが「ゴーストダンス」（Ghost Dance）であった。パイユート族の予言者ウォヴォカ（Wovoka）が主導したゴーストダンスとは、死者をよみがえらせ、過去の「インディアン」の栄光を取り戻し、白人の侵略と支配を終わらせるための祈りの踊りであり、絶望の踊りであった。疲弊して倒れるまで踊り続ける先住民を見てパニックに陥った白人はゴーストダンスを規制する法律を制定して、踊りを取り締まった。

1890年12月28日、ゴーストダンス運動の指導者の１人であったシッティングブルが当局との衝突で命を落とすと、居留地の先住民に動揺が広がった。ゴーストダンスをきっかけとする先住民の蜂起を警戒した連邦政府軍大佐のジェームズ・フォーサイスは翌日、第７騎兵隊を率いてミネコンジュー・ラコタ族（スー族の１つ）の族長ビッグフット（Big Foot）と350人ほどのラコタ族先住民が滞在するサウスダコタ州ウーンデッドニー近くのキャンプを取り囲んだ。キャンプに着くとフォーサイスは先住民を武装解除させ、すべての武器を差し出すよう命じた。ビッグフットは命令に従い、持っていた武器を放棄したが、フォーサイスはこれに満足せず、キャンプ内を捜索して隠している武器をすべて没収するよう兵士に命じた。その後、兵士の暴力的な扱いに腹を立てた1人の先住民が抗議のゴーストダンスを踊り始めた。連邦軍兵士はダンスをやめるよう命じたが、踊り続け、仲間に加わるよう呼びかけたため、両者の間の緊張は高まった。このとき兵士は1人の先住民に武器を捨てろと命じたが、耳が聞こえなかったブラックコヨーテという先住民はこれに従わなかったため、命令を無視したと考えた連邦軍兵士が発砲した。武器を没収されていた先住民の多くが最初の銃撃で命を落とした。逃げようとした女性や子どもにも銃口は向けられた。

シッティングブル（David F. Barry around 1883）

ウーンデッドニーの虐殺として知られるこの事件で、連邦軍の銃撃によって250人から300人の先住民が殺害された。その半数が女性や子どもであったと推定されている。連邦軍兵士25名も犠牲となったが、そのほとんどが連邦軍の誤射によるものだったと考えられている。

この一件によって北米大陸におけるアメリカ先住民とヨーロッパ系アメリカ人との約300年にわたる争いは終わりを告げた。この事件後、インディアンは組織的な抵抗をすることはなかった。この3年前、連邦政府はインディアン居留地を解体し、各々を孤立させる「ドーズ法」（Dawes Act, 1887）を成立させ、インディアン政策を転換していた。連邦政府にインディアンの文化や伝統、宗教との決別や英語教育を強制された先住民は白人社会への同化の道を歩み始めることになる。

第9章

進歩主義時代
——それぞれの大義

19世紀末、米西戦争で勝利したアメリカは太平洋上に新たなフロンティアを見出した。この戦争で海外領土を獲得したアメリカは以後、新たな外交政策を展開する。19～20世紀転換期のアメリカで顕在化した社会問題は人々を社会改革運動に駆り立てた。改革派大統領のセオドア・ローズヴェルトは、弱者である市民を保護する法律を制定し、寡占合同企業（トラスト）を訴訟によって解体した。また、女性改革者による禁酒運動やセツルメント運動は女性の社会への関わり方に変化をもたらした。

○この章で扱う出来事

1889	ハルハウス設立
1898	米西戦争でグアム、プエルトリコ獲得、フィリピン支配権獲得
1900	ハワイ併合（準州）
1901	マッキンリー暗殺、セオドア・ローズヴェルト大統領就任
1904	ノーザン・セキュリティーズ反トラスト判決
1906	ヘップバーン法成立
1909	全米有色人地位向上協会（NAACP）設立
1919	合衆国憲法修正第18条（禁酒法）成立
1920	合衆国憲法修正第19条（女性参政権）成立
1931	アダムズ、ノーベル平和賞受賞

この章のポイント

1. 米西戦争の勝利はアメリカに何をもたらしたのか
2. セオドア・ローズヴェルトはどのような人物だったのか
3. 禁酒法はなぜこの時代に制定されたのか
4. アダムズのハルハウスはアメリカをどのように変えたのか

19世紀後半から20世紀にかけて、アメリカでは経済構造に変化が起きた。特に顕著だったのが、19世紀の花形産業であった捕鯨産業の衰退である。捕鯨の中心地で「全米一豊かな町」であったマサチューセッツ州ニューベッドフォードは19世紀末には廃墟になった。19世紀後半、捕鯨はアメリカ経済をけん引する主要産業であった。1846年、アメリカは世界最大の640隻の捕鯨船を所有したが、これは他の国々が持つ全捕鯨船の3倍に相当した。鯨油は灯火用の燃料油に、アンバーグリース（腸内の分泌液）は香水に、鯨髭は傘に用いられた。1880年、捕鯨は国内総生産（GDP：Gross Domestic Product）で第5位の産業であり、1万億ドルを稼ぎ出す主要ビジネスであった。しかし、19世紀末までに、捕鯨産業は廃れた。理由として挙げられるのは、乱獲による資源の枯渇と鯨油需要の減少である。1859年、アメリカの年間石油生産量は2,000バレルだったが、40年後には17分ごとに2,000バレルを生産した。これに応じて、燃料は鯨油からより安価な石油へと切り替わった。さらに、アメリカ人労働者の賃金の高騰も理由であった。捕鯨よりも高給で楽な求人が船乗りを陸に誘導した。代わって捕鯨を担ったのは賃金の安いノルウェー人ら外国人漁師である。この一連の現象――労働者の賃金高騰、技術革新、より利益率が高いビジネスへの投資と労働人口の流入――は現代にも通じる、社会経済的変革の普遍的なシナリオであろう。

同時期、ヨーロッパ列強は帝国主義的政策を推し進め、原産地や市場を拡大した。イギリスは歴史的なつながりが強いカナダ、オーストラリア、ニュージーランドに進出し、南アフリカには自治を認める一方、地中海ではジブラルタル、マルタ島、キプロス島、アジアではインド、ビルマ（ミャンマー）、香港、アフリカではエジプト、スーダン、ナイジェリアなどを領有した。フランスもアフリカのアルジェリア、チュニジア、モロッコに進出し、インドシナに植民地を拡大した。1890年にフロンティアが消滅したアメリカも、天然資源や市場を求めてより積極的な外交政策を模索した。アメリカの新しいフロンティアもまた洋上にあった。

1. 米西戦争

1890年に発表されたある著書がアメリカ人に新たな視点を与えることになった。海軍の軍人で歴史家でもあるアルフレッド・セイヤー・マハン（Alfred Thayer Mahan）による『海上権力史論』（*The Influence of Sea Power upon History, 1660-1783*）である。マハンは、歴史は強い海軍を持つ国家の覇権に彩られていると主張した。海軍学校の教科書として執筆されたこの本の主張に応えるかのように艦船の建設に消極的だった政府は海軍増強に舵を切った。そして、アメリカは1898年には世界第5位の、1900年には第3位の海軍力を有するまでに成長した。

アメリカが模索する海洋帝国主義を開花させたのが米西戦争（アメリカ・スペイン）であった。キューバの独立を支援するという大義によって戦われたこのスペインとの戦争は、実際にはアメリカの領土的野心によるものだった。隣人としてキューバとの交易を続けてきたアメリカは、スペインの圧政に対して彼らに同情を寄せてきた。スペインは、スペイン領アメリカでの独立運動により、19世紀半ばまでにキューバとプエルトリコ以外の植民地を失っていた。1868～1878年の第1次独立戦争以来、キューバでは、反植民地主義者が何度か武装蜂起したが、彼らの軍事行動はスペイン正規軍により鎮圧されていた。スペインはキューバ支配を強化するため、1894年、彼らにアメリカの貿易協定を廃止させ、増税と貿易制限を課した。これらの経済的な圧力に対して、ニューヨークに亡命していたキューバ人の詩人・ジャーナリストのホセ・フリアン・マルティや独立運動家のアントニオ・マセオらが独立を呼びかけ、キューバ人は結集し、翌年、キューバ革命軍が島のほとんどを制圧した。1896年、反乱の制圧に失敗した総督に代わって着任したヴァレリアーノ・ワイラーが革命軍の補給線を断つため、民衆を強制収容所に隔離すると形勢は逆転した。何万人ものキューバ人が収容所の中で飢えや病気で命を落とした。1897年、スペインはワイラーを召喚し、キューバに自治の提案を行うとともに、翌年には強制収容の中止を命じた。

1895年の反乱以来、部数獲得合戦をしていたアメリカの新聞各社は、競ってキューバ人に対するスペインの残虐さを記事にし、人道主義的な世論をかき立てていたが、最終的にアメリカをスペインとの戦争に突き動かしたのは1898年2月に起こった2つの事件であったと考えられている。1つが駐米スペイン大使エンリケ・デュプイ・デ・ロームの本国への手紙であり、もう1つがメイン号の爆破であった。前者は、ロームがスペインの外務大臣宛てに書いた手紙の中で、大統領のウィリアム・マッキンリー（William McKinley）について、庶民に迎合する「弱い」大統領であり、好戦的愛国者とうまくやろうとする低俗な政治家であると述べていた。この手紙は途中で盗まれ、2月9日、ウィリアム・ランドルフ・ハースト（William Randolph Hearst）の『ニューヨーク・ジャーナル』（*New York Journal*）紙で掲載された。この屈辱的な手紙は、アメリカ人のスペインへの国民感情を一気に悪化させた。

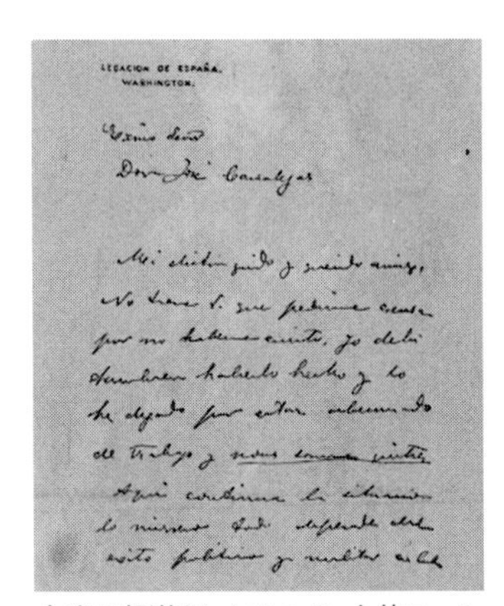
LEGACION DE ESPAÑA.
WASHINGTON.

全米に報道されたスペイン大使ロームが本国に送った手紙。マッキンリー大統領を弱気な「小物政治家」とこき下ろしている

さらに、アメリカは国益を守るため、キューバの暴動に対して海軍の軍艦「メイン」（USS Maine）を派遣していたが、2月15日夜、メイン号はハバナ湾で爆発し、乗員266名が死亡した。後に、事故であったことが判明したが、爆破がスペインの陰謀であるという見方が広まり、世論は開戦を支持した。マッキンリー本人は戦争を避けたいと願ったが、政権内で開戦論が広がり、4月25日、アメリカはキューバ独立を支持するという大義を掲げてスペインとの戦争に突入した。5月1日、フィリピンのマニラ湾では、ジョージ・デューイ准将がスペイン艦隊を破って勝利を収めた。

米西戦争で勝利したアメリカの帝国主義の風刺画（1899年）
出典：Victor Gillam, “A Thing Well Begun Is Half Done,” 1899.（コーネル大学図書館）

キューバでは６月末から７月中旬にかけての３週間でアメリカは主要な戦いに勝利し、南部を占拠した。８月12日にアメリカ軍はプエルトリコも占領した。最小の犠牲（戦闘で460名が死亡、約5,200名が熱帯病の犠牲となった）で最大の戦果を得て、わずか３か月で終了した米西戦争は、「素晴らしい小さい戦争」（“A splendid little war”）と呼ばれた。パリ講和条約で、アメリカはキューバ独立をスペインに承認させ、グアム、プエルトリコを獲得し、フィリピン（1946年独立）の支配権を得た。フィリピンでは、スペイン人に代わって島にやってきたアメリカ人への大規模な抵抗運動が起こり、軍事衝突へと発展したが、アメリカは20万人の兵士を動員して鎮圧した。断続的な武力抵抗も1906年までに収まり、アメリカはフィリピンの支配を確立した。アメリカは、1902年に独立したキューバに対して、事実上、キューバをアメリカの保護領と位置付ける「プラット修正法」（Platt Amendment）を制定した。1934年、この条項は撤廃されたが、アメリカの軍事基地は以後もキューバに存続することになった。1900年に併合したハワイ（1959年まで準州）を太平洋の補給基地として、カリフォルニアからグアム・フィリピンまでの「太平洋の架け橋」を構築したアメリカは、米西戦争を契機に海洋帝国主義という新たな外交政策に転換していく。そして、重要なことにこの戦争はアメリカに新たなタイプのリーダーを誕生させる契機となった。それが後に第25代副大統領および第26代大統領を務めることになるセオドア・ローズヴェルト（Theodore Roosevelt）であった。

2. セオドア・ローズヴェルト

20世紀初頭、急激な産業化や都市化に伴ってアメリカではさまざまな社会問題が起こっていた。農村から大都市への人口の流入が続くにつれて大気汚染や水質汚濁、悪臭などの公害が発生していた。冷蔵設備のない列車で郊外の牧場から都市に運ばれる牛乳は腐敗し、汚染ミルクによる乳児の死亡も問題となった。貧富の差が広がるにつれ、都市部には生活困窮者が暮らすスラムが形成され、コレラ、天然痘、チフス、黄熱病などの疫病による死者が増加した。さらに、低賃金・長時間労働を強いられた労働者は資本家によって搾取され、孤立した移民は疎外感を味わい、アフリカ系アメリカ人は人種差別のために有望な職から排除されていた。そして、女性はほとんどの州で選挙権を持たず、国民の半分の声は国政には届かなかった。

さまざまな社会問題が顕在化する中、このままではアメリカが崩壊するのではないかという危機感が広がり、大量の「改革者」が生まれた。アメリカ社会に改革の機運が高まった、19世紀末から20世紀初頭にかけての時代を「進歩主義時代」（Progressive Era、「革新主義時代」ともいう）と呼ぶ。しかし、後の公民権運動や女性運動にみられるように、この時代の「改革者」全員が同じ方向を向いていたわけではなく、それぞれが目の前の異なる課題に取り組んだ。その対象は格差や搾取、差別や偏見、憎悪や孤立、服飾、美容、禁酒、参政権、死刑制度と幅広い。

進歩主義時代のアメリカをけん引した大統領が、米西戦争の英雄でニューヨークのオランダ系名門出身のセオドア・ローズヴェルトであった。TRとイニシャルで呼ばれるローズヴェルトは、上流階級の出身であるにもかかわらず各地をめぐって国民の声に耳を傾け、弱者の視点に立って社会の巨悪と戦った庶民派大統領であった。幼少時は虚弱体質で、ぜんそくに苦しんだが、父親の

第26代大統領セオドア・ローズヴェルト
出典：アメリカ議会図書館

アドバイスで自己鍛錬を重ね、ハーヴァード大学に入学する頃には健康な体を獲得した。1898年、米西戦争が勃発すると義勇軍（Rough Riders）を率いてキューバに向かい、手柄をあげて国民的ヒーローとなる。その名声を糧にニューヨーク知事に立候補して当選し、改革派知事として辣腕を振るった。1900年、精力的で大胆な改革派として知られるローズヴェルトの大統領就任を恐れた保守派の共和党幹部は彼を副大統領候補に指名することで、その行動力を封じ込めようと考えた。しかし、ローズヴェルト人気によって再選されたマッキンリーが6か月後の1901年9月に暗殺されると、幹部の意向に反して、ローズヴェルトは史上最年少の42歳322日で大統領に就任した（選出された最年少の大統領はケネディで43歳236日）。

若く才気あふれるローズヴェルトは、リンカン以来の行動し決断する大統領となった。改革者としてのローズヴェルトが真っ先に取り組んだのが巨大トラスト問題である。彼は現状のような行き過ぎた搾取と寡占が続けば、人々の暴動や社会不安が起きると感じていた。さらに、企業家たちは傲慢に振舞い、彼らに味方する政府や議会を見下していた。独占を禁じたシャーマン法（Sherman Antitrust Act, 1890）は導入されていたが、法律は形骸化し、政府も最高裁もトラスト寄りの裁定を下していた。例えば、1895年の裁判で最高裁は砂糖精製の国内市場の98％を支配していたアメリカン・シュガー・リファイニング社の寡占に対して解体を命じることはなかった。ローズヴェルトは、いかに裕福で権力があろうが、いかなる個人（企業家）も選挙で選ばれた代議士を支配すべきではないという信念を持っていた。

トラストとの戦いにおける、ローズヴェルトの判断基準は明快だった。それは、もしトラストが市場を独占していたとしても、適正な価格で製品やサービスを提供しているのであれば許容するが、不当な価格によって消費者を搾取しているのであれば解体されるべきであるというものであった。ローズヴェルトの最初の標的は北部有数の資産家で、複数の鉄道会社を所有し、鉄道輸送を独占していたノーザン・セキュリティーズ（Northern Securities Company）のJ・P・モルガンだった。1902年2月、モルガンはローズヴェルトがノーザン・セキュリティーズを反トラスト法違反で訴えたことを知り、激怒した。後日、ホワイトハウスで大統領と対峙したモルガンはこれまでの大統領とは異なり、彼は一切妥協しないと悟った。ローズヴェルトはシャーマン法を補強する立法を進めるとともに、商務省にトラストを調査するための「企業局」（Bureau of Corporations）を設置し、トラストの監視を強化した。1904年、彼はノーザン・セキュリティーズの解体を命じる最高裁判決を勝ち取り、シャーマン法を復活させた。ローズヴェルトは、7年間に40以上もの訴訟によってトラストを解体した「トラスト・バスター」として知られている。

ローズヴェルトはさらに労働争議の調停にも乗り出した。最も有名な案件は、1902年、ジョン・ミッチェル率いる「米国鉱山労働者組合」（United Mine Workers of America）によるペンシルヴェニア州の炭鉱ストライキである。ミッチェルは、ストライキ中断の条件に、炭鉱所有者の代表で弁護士のジョージ・ベアとの協議を求めたが、ベアは一切妥協しないと伝え、会談も拒絶した。話し合いが決裂する中、炭鉱労働者は苛立ち、暴動に発展する可能性があった。ローズヴェルトは、ストライキが冬まで続けば、家庭や学校、病院の暖房を担う無煙炭が不足し、市民生活に被害が及ぶという懸念から介入を決断する。彼はミッチェルとベアをホワイトハウスに呼び、ベアに労働者の要求を受け入れるよう諭したが、ベアは終始、尊大な態度をとり、聞く耳を持たなかった。ローズヴェルトは、ベアに連邦軍を派遣して炭鉱を差し押さえるつもりであること、炭鉱会社の株を市場から引き揚げて投げ売りする用意があることを伝えた。ベアは抵抗していたが、最後にはローズヴェルトの「脅し」に屈し、ささやかな昇給と引き換えにストライキを解除させた。このような形で大統領が労使対立を調停した例は過去にない。しかも、ストライキ破りに軍隊を派遣したヘイズやクリーヴランドと異なり、ローズヴェルトは企業側ではなく労働者側に立って労働争議の解決を図ろうとした。彼にとって、これは単に労使間の「スクエア・ディール（公正な取引）」（Square Deal）のための行動であった。この言葉は彼の選挙スローガンとなり、1904年に彼は圧倒的な支持を得て大統領に再選された。

ローズヴェルトは2期目に入ると、さらに強力なリーダーシップを発揮した。「州際通商委員会」（ICC: Interstate Commerce Commission）を設立し、「ヘップバーン法」（Hepburn Act of 1906）によってその権限を強化した。彼の標的は高騰していた鉄道運賃であった。当時、鉄道会社は競争の激しい都市部では割安な運賃に設定し、競合のない農村部で農民から割高な運賃を徴収して収益を上げていた。しかし、州境を越える鉄道ビジネスに州ごとの規制は困難であったため、ローズヴェルトは連邦政府の機関としてICCを設置して、同一距離同一賃金の原則や積み荷差別を禁止し、公益事業として公平性を担保する責任を企業に課した。ICCは違反すると業務停止の罰則をも適用する権限を持っていた。立法と行政を兼ねる絶大な権力を単独で持つICCは、三権分立への挑戦と非難された。ヘップバーン法を20世紀鉄道史で最も重要な法案とする歴史家もいる。

ローズヴェルトの改革は自然保護の分野にも及んだ。企業の乱開発により自然が失われることを憂慮したローズヴェルトは「森林局」（Forest Service）を設立して全国150の森林地帯を国有林（ナショナル・フォレスト）に指定して私企業の立ち入りを禁止した。1902年には、ローズヴェルトが狩猟に出かけたときに、子熊（a bear cub）を撃つのを拒否したことが話題になり、おもちゃ会社がインスピレーションを得て、大統領のニックネーム「テディ」を用いた子熊のおもちゃを発売した。「テディベア」（Teddy Bear）と名付けられたぬいぐるみは大ヒット商品となった。

ローズヴェルトはペンの力によって社会改革を成し遂げようとした新聞記者やジャーナリストの告発にも耳を傾けた。1906年、「純正食品・医薬品法」（Pure Food and Drug Act）を制定して、劣悪な品質の食品や医薬品から消費者を保護した（本章コラム参照）。パナマ運河の開通や日露戦争の調停に対するノーベル平和賞の受賞も彼の功績として挙げられる。

ローズヴェルトは弱者の視点を持ち合わせる一方で、真っ先に弱者が犠牲となる戦争には賛成した。就任前、彼は友人への手紙で、「どんな戦争であれ私は歓迎する。この国には戦争が必要だと考えるからだ」と書き送っている。代名詞となった「棍棒外交」（"Speak softly, and carry a big stick."）も彼の冷徹さや実利主義的な一面を表している。目的を達成するためには、議会や法律も無視する強権的政治手法は大衆を魅了したが、知識人には不安を与えた。後継のタフトが期待外れだとわかると、ローズヴェルトは3期目を目指して再び立候補したが、当選できなかった。潮流は静かに、だが確実に変化していた。

3. 禁酒法

1919年、アメリカ史上最も論争が多い憲法修正第18条・禁酒法（National Prohibition Act、正式名称は Volstead Act）が成立した。この時期に禁酒法が成立した背景には、飲酒を原因とする失業や暴力などへの（女性やキリスト教徒からの）道徳的な反発に加え、第1次世界大戦の敵国ドイツがビール生産国であったことも影響していたが、実際にはアメリカ禁酒運動（temperance movement）の歴史は国家の歴史と同じくらい古い。

植民地時代、アルコールは必需品であった。ヨーロッパ人は植民地に蒸留・発酵した飲料を持ち込んだ。朝食にはワインと砂糖を、労働者は午前と午後の休憩時間に「ビター」（強いホップの味の効いたビールの一種）を、昼食にはリンゴ酒やビールを、夕食や夜間には「トディ」（ウィスキー・ラム・ブランデーなどに湯、砂糖、レモンなどの香料を加えた飲料）を飲んだ。彼らが飲酒に寛容であったのは、「アルコールは治癒・予防効果のある健康飲料」という共通認識があったからである。人々は鎮痛のため、疲労回復のため、消化不良を解消するため、熱を下げるために飲酒した。また、アルコールは健全な人間関係に欠かせない飲み物でもあった。棟上げ式、トウモロコシの皮むき集会（husking）、軍の入隊式に人々はアルコールを口にした。蒸留酒が農業労働者の賃金の一部として支払われることもあった。客が飲めるようウィスキーの樽を外に置いた店もあった。農民は収穫物からアルコール（ビールやリンゴ酒）を醸造して自宅で飲酒したり、販売して収入を補ったりした。過剰飲酒（泥酔）を取り締まる法律を制定する植民地もあったが、「アルコールは悪」というより、飲酒者の節度が問題とされた。一方でアルコールは当局の貴重な収入源でもあった。関税や従価税（購入した価格に基づいて課税される税）、酒場への免許制度などを導入して、当局はその収益を教育施設や刑務所の修繕、軍備補強に利用した。

17 世紀末から 18 世紀初頭にかけて、強い酒（hard liquor）が大量に出回ると、それまでのゆるやかな飲酒規制は破綻する。まず、三角貿易によってアメリカに入ってきた西インド諸島産の糖蜜を原料とするラム酒が、フランス産ブランデーに取って代わった。大量に製造されたラム酒の値段は下がり続け、摂取量は右肩上がりに増加した。三角貿易が衰退すると、ケンタッキーをはじめ各地にウィスキーの蒸留所が建設された。ウィスキーは重要な貿易品となり、西部開拓ではアメリカ先住民との交易にも利用された。各地で当局による違法なアルコールライセンスの供与も横行した。社会的地位のある人が担っていた宿屋経営に一般大衆が参入するようになると、飲酒量も飲酒の機会も増え、規制は緩んでいった。長老派牧師で神学者のライマン・ビーチャー（Lyman Beecher）は、裁かれることなく、千鳥足で通りを歩く大酒飲みに驚き、我々は変わってしまったと嘆いた。ピューリタンにとって、酩酊（めいてい）は罪深い行為であった。キリスト教指導者は、個人の泥酔は社会的秩序の崩壊につながる前触れであると警告した。

禁酒を訴えたベンジャミン・ラッシュ
出　典：Independence National Historical Park

この時代、後の禁酒運動に最も大きな影響を与える文書が登場した。建国者の１人で、アメリカの精神医学・公衆衛生学の創始者であるベンジャミン・ラッシュ（Benjamin Rush）による医学論文『強い酒が人間の心身に及ぼす影響』（*An Inquiry into the Effects of Ardent Spirits upon the Human Body and Mind,* 1785）である。ラッシュはこの中で飲酒を中毒（addiction）とし、病状を詳細に挙げるとともに、アルコールは人間の道徳観だけでなく、人体をも蝕むと警告した。強い酒による自制心の喪失や強迫観念といった人間性への影響にも言及した。この論文でラッシュが主張したのは、健康やスタミナを得るために人間は酒を必要としないこと、それどころか飲酒は健康を害する飲料であることであった。この論文は 19 世紀初頭に 20 万部印刷され、当時の人々の酒に対する意識を一変させた。

そして、ラッシュが述べた、アルコール依存は（強い酒の）禁酒によって治癒可能であるという主張が後の禁酒運動へとつながっていく。

19世紀初頭、社会改革の機運とともに禁酒運動が活気づいた。1826年には牧師を中心に「アメリカ禁酒同盟」（American Temperance Society）が結成され、各地で禁酒運動が展開された。1833年には全国に5,000支部が設置され、1835年には1,300万人が加入した。しかし、飲酒に対する意識の違いが表面化すると、会員数は減少していった。特に問題となったのは禁酒の対象だった。過激派がすべてのアルコールを禁酒対象としたの対し、穏健派はアルコール度数の低いビールや「最後の審判」で重要な役割を果たしたワインは除外すべきだと主張した。最後には禁酒運動の熱狂が穏健派を駆逐し、1840年までに禁酒（temperance）は絶対禁酒（teetotalism）を意味するようになった。

禁酒法制定の請願はこの時代に始まった。1838年には、6つの州でアルコール飲料を規制する法律が成立した。1851～1855年には、13の州で禁酒法が制定されたが、1863年までに5つの州だけになった。コネティカット州は1855年に制定した禁酒法を2年後に撤回した。マサチューセッツ州では公共の場での飲酒を禁じ、15ガロン単位の販売を制定したが、低所得者はこの禁酒法を金持ちへの優遇法案と非難した。規制の程度や内容も州によってさまざまで、各州は禁酒に関する法律の制定・修正・廃止を繰り返した。

禁酒運動を支えたのは中産階級の女性であった。これらの女性をつき動かしたのが飲酒による家族崩壊、社会崩壊というシナリオであった。酒癖を原因とする家庭内暴力や貧困、精神疾患も顕在化していた。活動家の女性たちは、禁酒は（宗教的）罪悪や不名誉、犯罪、堕落に陥る大量の人々の救世主であると主張し、酒がもたらす悪循環を断ち切ろうとした。飲酒は無責任で怠惰な親を生み、しつけを欠いて育った子どもは酒癖と権力への反抗心を持つようになり、彼らは大人の犯罪者と同様に、他の子どもに無能力を伝染させると述べ、この流れを断ち切るには禁酒を広める必要があると訴えた。

19世紀末に禁酒運動を女性の大義としたのがフランシス・ウィラード（Frances Willard）率いる「キリスト教女性矯風会」（WCTU: Women's Christian Temperance Union）である。1874年に結成されたWCTUは、禁酒以外にも女性参政権、売春規制、刑務所改革、労働運動、保育園創設、禁煙など、さまざ

フランシス・ウィラード
出典：アメリカ議会図書館

THE AMERICAN ISSUE
A Saloonless Nation and a Stainless Flag

U.S. IS VOTED DRY

36th STATE RATIFIES DRY AMENDMENT JAN. 16

Nebraska Noses Out Missouri for Honor of Compieting Job of Writing Dry Act Into the Constitution; Wyoming, Wisconsin andMinnesota Right on Their Heels

JANUARY 16, 1919, MOMENTOUS DAY IN WORLD'S HISTORY

可決された禁酒法が36番目の州の批准で発効したことを知らせる新聞記事（出典：American Issue）

まな社会問題を扱い、幅広い女性層をメンバーに取り込んだ。ウィラードの強力なリーダーシップの下、45の部門で活動したWCTUは女性刑務官の導入や女性婚姻年齢の引き上げ（18歳）などを達成している。禁酒運動に関して、ウィラードは「科学的な」禁酒教育を推進した。その教育によると、アルコールは脳を「梗塞」させ、すぐに「肝臓を黄、緑、黒へと変色」させる、ビール飲用者の大多数は「浮腫で死亡する」というものであったが、このショッキングな「疑似科学理論」は時代を超えて語り継がれた。WCTUの影響によって、1880～1890年、再び州レベルでの禁酒法制定が議論された。4分の3の州で導入が検討されたが、成立したのは6つの州に過ぎなかった。

WCTUや大統領選挙にも関与した「禁酒党」（Prohibition Party）とともにこの時期に禁酒運動を担ったのは1893年にオハイオ州で結成された「反酒場連盟」（ASL: Anti-Saloon League）である。ASLは、禁酒法の熱狂的支持者から成る戦闘的な政治団体で、連邦法改正には州の禁酒法制定が必要であるという信念で草の根運動を展開した。ハワード・H・ラッセルやウェイン・ホイーラーら、何百人ものASL活動家が各地を回り、教会や企業家から資金を募り、禁酒のための啓発書を発行した。禁酒を単一の争点とする彼らの便宜主義や実用主義は政敵を震え上がらせ、ASLは集票マシーンとなった。1906年には3州のみだった禁酒州（dry state）は1916年までに23州に増え、17州が州民による直接投票待ちとなっていた。

ASLにより提案された法律は1917年に議会で可決され、1919年1月に修正法となった。しかし、各州の禁酒法を寄せ集めて作成された「ヴォルステッド法」はさまざまな意味で欠陥法であった。アルコールの醸造・販売・運搬を禁止したこの法は自宅での飲酒は許可したため、政府職員が家庭で大量の酒を発見しても「商品」である証拠がなければ押収できなかった。これは「酔わせる飲料」(intoxicating beverages) を規制する法律であったが、他人に振舞った自家製ワインがこれに含まれるかどうかは議論が分かれた。導入後、蒸留所や酒屋からの賄賂や産業用アルコールの横流しが横行し、取り締まりは骨抜きになった。街には密造・密輸された粗悪な酒が氾濫し、酒の闇取引で巨額の利益をあげた犯罪組織（マフィア）の影響で都市の治安は悪化した。禁酒法支持者は、1920 ～ 1932 年、アメリカでの総飲酒量は（価格上昇によって特に労働者階級で）劇的に減少し、肝硬変での死亡率やアルコール中毒症の罹患率も半分以下になったと主張する。一方、反対派は個人的嗜好への国家権力の介入は越権行為であり、禁酒は犯罪抑止にはつながらなかったと主張する。結局、法案は1933 年に憲法修正第 21 条で撤回された。禁酒法廃止の背景には世界恐慌で激減した国庫収入を補うアルコール（酒税）への期待があった。禁酒法を国の汚点とみる向きもある一方で、アメリカ人のアルコールへのピューリタン的嫌悪感は根強い。現在でも、敬けんなキリスト教徒が多い「バイブルベルト」(Bible Belt) と呼ばれる南部州を中心に禁酒郡 (dry county) は多数存在している。

4. ハルハウス

1889 年、医者を目指していた 1 人の上流階級の女性が医療でなく社会事業によって人々を救う施設をイリノイ州シカゴの貧民街に設立した。後に「社会福祉の母」(Mother of Social Work) と呼ばれるジェーン・アダムズ (Jane Addams) である。アダムズとその友人エレン・ゲイツ・スター (Ellen Gates Starr) が開いた「ハルハウス」(Hull House) は、近隣の貧しい移民や労働者に社会的・教育的・文化的プログラムを提供する「セツルメントハウス」(settlement house) であった。セツルメント（ハウス）とは、比較的貧しい地域に建てられた慈善施設で、住人が近隣住民に宿泊、保育、教育などのサービスやプログラムを提供する民間の社会福祉施設である。ハルハウスでも、施設内に居住する女性や外部ボランティアによってセミナーや講演会、カウンセリングなど、さまざまなサービスやプログラムが寄付に支えられて無料で提供されていた。その施設は、幼稚園・保育所、学校（英語教育、市民教育、料理、裁縫、衛生指導、母親学級や専門教育）から、簡易宿泊所、（共同体）食堂、体育館（ジム）、図書館、劇場、アートギャラリー、職業紹介所、労働組合集会所、クラブに及び、最盛期には13もの建物を所有した。ハルハウスのようなセツルメントはその後全米に広がり、1900年までに100以上、1920年代には500以上の施設が設立された。

アメリカ人女性初のノーベル賞を受賞したジェイン・アダムズ
出典：Smith College Library

ハルハウス誕生物語は、1881年、アダムズがロックフォード女学校を卒業したときに始まる。アダムズはフィラデルフィアの女性医学校に入学するが、父親の死と自身の健康問題を抱えた後に医学の道を諦めた。その後、ヨーロッパ旅行に出かけたり、メリーランドに滞在したりしたが、自身のキャリアを見つけることはできなかった。また、同年代の他の女性のように、結婚にも宗教にも人生の目的を見出せずにいた。1887年、女学校の友人スターとともにヨーロッパ旅行に出かけた際、ロンドンで「トインビー・ホール」（Toynbee Hall）というセツルメントハウスを訪れる機会を得た。トインビー・ホールは1884年に設立されたキリスト教的セツルメントで、若い男性グループが困窮者の中で暮らしながら、彼らに衣食住や教育を提供する施設であった。帰国後、アダムズとスターは同様の施設をアメリカに作ろうと考えて行動を起こす。1889年、調達した資金で古い貴族の屋敷を購入して、シカゴの貧民街にスターとともに「ハルハウス」を設立し、生活に困窮する人々を援助するサービスを提供し始めた。当初、近隣に住んでいたイタリア人、アイルランド人、ドイツ人、ギリシア人、ボヘミア人、ロシア人、ポーランド系ユダヤ人移民は貧困地区に移住してきた場違いな中産階級の高学歴女性に懐疑の目を向けた。しかし、犯罪や腐敗、売春、スウェットショップ（sweatshops：低賃金で長時間労働を強いる工場）に囲まれながらも自分たちを助けようとするアダムズらの決意が明らかになると、ハルハウスに集い、援助を求め始めた。「部外者」でなく、当事者として社会事業を担うハルハウスの名声はシカゴ以外にも広まっていった。

開設以来、アダムズはハルハウスの役割や機能を理論化しながら、プログラム展開を統括した。イギリスのトインビー・ホールを参考にしたものの、アダムズには彼らのような特権階級による慈善という意識はなかった。アダムズ自身、ハルハウスは慈善活動（philanthropy）ではないと強調している。一時的な富の移行である慈善（施し）は貧困や無知、犯罪の根本的な解決にはならないため、アダムズはセツルメント運動を通して人々の社会的向上を援助しようと考えたのである。また、もしアメリカ民主主義が万人に「平等の機会」（equal opportunity）を与えていれば、セツルメントは必要ないだろうと述べ、貧困や無知はアメリカ社会共通の問題だと示唆した。

ハルハウスの理念はアメリカの「プラグマティズム」（pragmatism）の伝統に基づいている。アダムズは、ハルハウスの目的について「進化した理想的なセツルメントで、人間が得た知識の価値を実践や実用を通して評価する」（「社会的セツルメントの機能」、1899）ことと述べている。アダムズのこの考えはジョン・デューイ（John Dewey）の哲学と共鳴する。同時代に生きた2人は、教育や民主主義についての考えを共有し、長い親交を通じて互いに影響を及ぼし合った。シカゴ大学で教鞭をとっていたデューイはしばしばハルハウスを訪問したり、ボランティアで講演を行ったり、アダムズの著書を大学での講義に用いたりした。ハルハウスが法人化された際は取締役にも就任した。アダムズも招かれてシカゴ大学で講義を行ったが、

20 世紀初頭のハルハウス
出典：*The Hull-House Yearbook 1906-1907*, page 7.

教職にと請われても彼女が実践の場を離れることはなかった。同じプラグマティズムを信奉しても2人の道は正反対だった。デューイは思想家としての立場を貫き、アダムズは著作・講演活動を行いながら活動家としてフィールドワークに生涯を捧げた。アダムズのプラグマティズム哲学は『民主主義と社会倫理』(1902)、『ハルハウスでの20年間』(1910) など、11冊の著作に残されている。

アメリカ女性史において、セツルメント運動を主導したアダムズが果たした役割は大きい。まず、ハルハウスは、女性中心で展開された民間の自助・互助的プログラムのモデルとなった。ハルハウスが提供したのは政府による福祉制度の網の目からこぼれ落ちる人々への社会的ケア (social care) であった。ハルハウスの女性は「母親」のように、困窮者に衣食住などの社会福祉サービスだけでなく、就職や就学に必要な読み・書き・算術 (3R's: reading, writing, arithmetic) や家事・育児、衛生管理などの教養教育や生活スキルをも提供した。このため、セツルメント運動は「社会母権主義」(social maternalism) とも呼ばれる。

さらに、ハルハウスは社会改革に関わる優秀な女性の人材を輩出した。児童局長を務めたジュリア・ラスロップ (Julia Lathrop) やグレース・アボット (Grace Abbot)、労働・社会福祉法の制定に貢献した社会活動家で弁護士のフローレンス・ケリー (Florence Kelley)、女性医師のパイオニアとして知られるアリス・ハミルトン (Alice Hamilton) らはハルハウスのレジデントであった。『黄色い壁紙』(*The Yellow Wall-paper*, 1892) の著者シャーロット・パーキンス・ギルマン (Charlotte Perkins Gilman) も短期間、ハルハウスの住人だった。これらの女性は、ハルハウスでの実践から学んだ知識や経験を後のキャリアに生かした。ゆえに、ハルハウスは当時、職業選択が限られていた中産階級女性に活躍の場を与えることで女性の地位向上に貢献したといえる。

最後に、ハルハウスは、福祉制度や法制度の改革の原動力となった。ハルハウスから提案される政策は、机上の空論ではなく、実際に人々を対象に試行錯誤されたもので、理論と実践の相関から導き出された政策であり制度であった。ハルハウスの元住人が主導した社会改革には、少年裁判所の創設、共同住宅 (tenement house) 規制法、女性8時間労働制、工場視察制度、そして、労働者保障などがある。

アダムズ自身、自助では達成できない問題については政治に働きかけた。移民への権利保障や貧困、犯罪、女性参政権、平和といった問題である。1898年には「アメリカ反帝国主義連盟」（American Anti-Imperialist League）のメンバーになり、アメリカのフィリピン併合に抗議した。「全米有色人地位向上協会」（NAACP : National Association for the Advancement of Colored People）や「アメリカ自由人権協会」（ACLU: American Civil Liberties Union）といった組織の創設メンバーとしても名を連ねた。1915年には「全米女性党」（NWP: National Woman's Party）の全国委員長（党首）に選出され、「女性国際平和自由連盟」（WILPF : Women's International League for Peace and Freedom）の会長となり、オランダ・ハーグでの国際女性会議（International Congress of Women）の議長を務めた。この活躍によって彼女の名声はアメリカだけでなく、世界にとどろいた。1931年にニコラス・バトラーとともにノーベル平和賞を受賞したとき、アダムズはアメリカ女性初のノーベル賞受賞者となった。1935年にアダムズがこの世を去ってからも、ハルハウスは時代の変化に合わせて21世紀初頭まで存続し続けた。2012年、活動資金不足のため閉鎖を決めたときも毎年、6万人に里親制度やDV（domestic violence）カウンセリング、職業教育など、50以上のプログラムを提供していた。ハルハウスは123年の歴史に幕を下ろし、アダムズの民主主義的理想は行政へと託された。

ディスカッションテーマ

1. セオドア・ローズヴェルト大統領の人物像
2. 政府による酒・煙草・ドラッグ規制の是非
3. 進歩主義時代の女性改革者の功績

イエロージャーナリズム

19世紀後半から20世紀前半にかけて事実報道よりも扇情的な記事によって売上を伸ばそうとする「イエロージャーナリズム」(Yellow Journalism) が氾濫した。特に有名なのが、ジョゼフ・ピュリッツァー (Joseph Pulitzer) とウィリアム・ランドルフ・ハーストとの競合であろう。1883年、ピュリッツァーがニューヨークの新聞社ワールド紙 (*The World*) 紙を購入して、政治的腐敗や社会的正義を訴えるセンセーショナルな報道で人気を博すと、西部を拠点としていたハーストがニューヨークに進出し、そのライバル社であったジャーナル紙 (*The Journal*) を買収し、ワールド紙の牙城を崩そうとした。ハーストはワールド紙の人気漫画「イエローキッド」(The Yellow Kid) の作者をヘッドハンティングして、ジャーナル紙で連載を開始したが、ワールド紙は別の漫画家を雇い、同漫画を掲載した。このエピソードから、扇情的な報道そのものをイエロージャーナリズムと呼ぶようになった。

19世紀末、ある企画が世間の耳目を集めた。ネリー・ブライ (Nellie Bly) というペンネームのジャーナリスト、エリザベス・ジェーン・コクラン (Elizabeth Jane Cochrane) がフランス人作家ジュール・ヴェルヌの冒険小説『八十日間世界一周』(*Around the World in Eighty Days*, 1873) を念頭に、何日で世界一周できるか実証する体験ルポの企画をワールド紙に持ち込んだ。1889年11月14日、彼女は行く先々でワールド紙に旅行記事を提供するという世界一周の旅に出かけた。ブライは北米から船でヨーロッパに渡り、イギリス、フランス、イタリア、スエズ運河を経て、セイロン (スリランカ)、ペナン (マレーシア)、香港、日本、サンフランシスコ、ニューヨークに戻るルートをとった。この挑戦を知ったコスモポリタン誌 (*The Cosmopolitan*) は女性ジャーナリスト・編集者のエリザベス・

ビスランド（Elizabeth Bisland）を雇い、反対回りで地球を一周する企画で対抗した。列車、蒸気船、人力車、馬やロバで移動しながら世界各地を旅する2人の女性の紀行文はそれぞれのメディアで報道され、人気を博した。2万5000マイルを移動したブライは72日後の1890年1月25日に戻った。それに対して、ビスランドは76日要したため、両者の争いはブライの勝利に終わった。ブライの記録は数か月後に破られ（67日間）、1913年には36日にまで短縮された。

ネリー・ブライというペンネームを持つエリザベス・コクラン
出典：アメリカ議会図書館

当時のイエロージャーナリズムでは、ペンの力によって社会改革に取り組もうとするジャーナリストや作家も活躍した。彼らを「マックレーカー」（muckrakers）という。マック（muck）は「泥、汚物」（スキャンダルや不正、詐欺、悪徳商法など）を、レーカー（raker）は「熊手を使って集める人」（情報収集する人）を指す。彼らは莫大な私財を蓄えた企業家や銀行家、公務員の不正や醜聞を集め、告発・批判する記事や作品を執筆した。1902年、『マックルールズ・マガジン』（*McClure's Magazine*）にイーダ・ターベル（Ida M. Tarbell）による『スタンダード・オイル社の歴史』（*The History of the Standard Oil Company*、1904年に単行本化）などのトラスト批判記事が掲載されると、その後、さまざまな社会問題がマックレーカーにより暴かれた。作家のアプトン・シンクレア（Upton Sinclair）は小説『ジャングル』（*The Jungle*, 1906）で不衛生な食肉業界の実態を暴いた。この小説はローズヴェルト大統領の目に留まり、食肉検査・規制法へと結実する。エドウィン・マーカム（Edwin Markham）は、『囚われの子どもたち』（*Children in Bondage*, 1914）で児童労働の惨状を告発した。彼らは社会改革の必要性を訴えて一時期、世論を喚起したが、その後、ジャンルは衰退した。

第10章

大国への序章
——外交政策の転換

孤立主義を貫いてきたアメリカは反戦世論を抑え込み、民主主義を守るため、第1次世界大戦に参戦した。アメリカは圧倒的な軍事力で連合国軍に勝利をもたらした。ウィルソン大統領は14か条を携えてパリ講和会議に臨んだが、各国の利害対立からこの和平案は国際平和組織の創設案を除き不採用となる。しかし、自ら提案した「国際連盟」にアメリカが加入することはなかった。1920年代、技術革新は諸産業を躍進させ、大量生産・大量消費社会を生み、新しい文化を出現させた。

○この章で扱う出来事

1914	第1次世界大戦勃発
1915	ルシタニア号事件
1916	ウィルソン再選
1917	アメリカ参戦、スパイ活動防止法制定、ロシア革命
1918	ウィルソン「14か条」、パリ講和会議
1919	ヴェルサイユ条約、禁酒法（～1933）
1920	女性参政権成立、国際連盟発足
1924	ジョンソン・リード法（排日移民法）制定
1925	スコープス裁判
1927	リンドバーグ、大西洋無着陸横断飛行に成功

この章のポイント

1. 第1次世界大戦参戦はアメリカに何をもたらしたのか
2. ウィルソンの「14か条」はどのような内容だったのか
3. 女性参政権はどのようにして実現されたのか
4. 1920年代アメリカではどのような社会・経済的変化が起きたのか

19～20世紀転換期の社会改革の機運は、1912年大統領選挙に大きく影響した。アメリカではこの時期、多くの進歩主義者（progressives）が誕生した。進歩主義者は、市民一人ひとりの努力と連邦政府の決断によって社会を改革できるという考えを共有していた。マッキンリー大統領の暗殺後、2期約8年を務めた改革派大統領のローズヴェルトが勇退すると、そのバトンは後継者ウィリアム・H・タフトに引き継がれた。しかし、タフトは就任以来、前任者や市民の期待を裏切り続けた。例えば、改革派議員から提案された保護主義的な関税引き下げ法案について、彼は議会の反対派を説得する意志も努力も見せず、その結果、成立したペイン・オールドリッチ関税法は骨抜き法案となった。さらに、タフトは、自然保護主義者のジェームズ・ガーフィールドに代わって内務長官にリチャード・ボーリンジャーを任命したが、ボーリンジャーは、ローズヴェルトが指定した約100万エーカーの森林保護を無効とし、企業による開発を許可した。タフト不人気に追い打ちをかけたのがこのボーリンジャーの土地取引における不正リベート疑惑である。メディアの告発により就任から2年でボーリンジャーが辞任すると、国民のタフトへの信頼は地に落ちた。

タフトの一連の不作為や不祥事に激怒したローズヴェルトは、「新ナショナリズム」（New Nationalism）を掲げて政界に復帰するが、大統領への立候補までは躊躇（ちゅうちょ）していた。しかし、時流に逆行する政策が続き、共和党内のタフトの対抗馬が脱落すると、ローズヴェルトは進歩党（Progressive Party）を結成して大統領への立候補を表明した。1912年選挙では、共和党員の票をローズヴェルトと現職大統領のタフトが分け合う中、同じ改革路線を打ち出した、元プリンストン大学政治学教授で民主党の大統領候補ウッドロー・ウィルソン（Woodrow Wilson）が地滑り的勝利を収めた。このとき、第1次世界大戦という歴史的大事件を含むこの後8年間のアメリカのゆくえは南部出身の学者政治家に託された。

1. 第1次世界大戦

20世紀転換期の米西戦争以来、アメリカは従来の孤立主義（モンロー主義）を継承しながらより積極的な外交政策を採用していく。ラテンアメリカ諸国では、それぞれのヨーロッパの宗主国をにらみながらアメリカの影響力を拡大させていった。例えば、アメリカにはラテンアメリカ諸国へのヨーロッパの干渉を排除する権限があるとする「ローズヴェルト系論」(Roosevelt Corollary)、中南米の後進国に投資を拡大して経済的にひもづけるタフトの「ドル外交」(Dollar Diplomacy)、民主主義を根付かせるためのウィルソンの「宣教師外交」などである。20世紀初頭、アメリカはドミニカやハイチ、ニカラグアに加え、オランダ領西インド諸島を取得してヴァージン諸島と名付け、支配下に置いた。さらに政変があったメキシコとは領土を争って、戦争直前まで関係が悪化したものの、戦争を回避した。この時、欧州に端を発するより深刻な国際情勢（第1次世界大戦）がアメリカを揺さぶっていたからである。

欧州情勢への不介入という孤立主義に基づき、第1次世界大戦（1914～1918、World War I、もしくは「世界大戦はもう二度と起こらない」という意味で当時はThe Great Warと呼ばれた）で中立を守ってきたアメリカであったが、参戦の可能性は年々、高まっていた。この間、アメリカは中立を理由に交戦中の同盟軍（ドイツ、オーストリア・ハンガリー、ブルガリアなど）とも連合軍（イギリス、フランス、ロシア、日本、イタリアなど）とも交易を行ってきたが、静観できない事件が続いた。1915年5月には、ドイツ軍潜水艦のUボートから発射された魚雷によって英国船ルシタニア号（Lusitania）が沈没する事件が起きた。この攻撃によってアメリカ人128人を含む約1,200人が犠牲となった。イギリス海軍による海上封鎖を破るため、ドイツは発見した船舶すべてに無差別攻撃を行うという暴挙に出たためであった。アメリカはドイツを非難し、各国は商船の武装化を進めたが、ドイツ軍はさらにすべての武装船を攻撃すると警告してきた。1916年にはフランス蒸気船サセックス号がドイツ軍により放火され、再びアメリカ人が犠牲となった。しかし、この船は武装船ではなかったことから、ウィルソンは再びドイツに強く抗議し、違法な攻撃をやめるよう迫った。これらの事件が報道される中、アメリカ国内では参戦するかどうかをめぐって世論が紛糾した。参戦すれば実際に徴用される者の多くは戦争に反対した。大戦中に行われた1916年大統領選挙の結果は拮抗したものの、これまでアメリカ国民を戦争から守ってきた大統領を国民が信任する形でウィルソンは再選を果たした（"He kept us out of war."）。

その直後、ウィルソンは、「戦わない」と約束したはずの戦争へと突き進んでいく。ウィルソンが議会で戦後の「勝利のない平和」を維持する国際的な枠組み（後述の「14か条」）について提案していた頃、停滞した戦況を打破しようと自暴自棄になったドイツ軍指導者が海上での無差別攻撃を始めていた。そのときに起きたのが電報事件であった。同年2月、イギリスはドイツ外相アルトゥール・ツィンメルマン（Arthur Zimmermann）の国際電報を傍受・暗号解読し、その衝撃の内容をアメリカに伝えた。ツィンメルマン電報は、アメリカが参戦した場合、メキシコにドイツへの軍事的な協力を求め、その見返りとして米墨戦争で失った領土（テキサス、ニューメキシコ、アリゾナ）の奪還を約束していた。この電報が報じられるやいなやアメリカ世論は参戦へと傾いていく。1917年4月2日、ウィルソンは議会に宣戦布告を要求した。議会の承認を経て、アメリカは4月6日、正式に同盟国軍に対して宣戦布告を行い、第1次世界大戦に参戦した。

大戦では、アメリカは世界に圧倒的な軍事力を見せつけた。当初、アメリカは戦艦を投入し、ドイツ潜水艦を大量に破壊することで戦争終結を目指したが、それでもドイツは降伏しなかった。派兵できるほどの兵士を持たなかったアメリカは、選択徴兵令（Selective Service Act, 1917）を成立させて500万人を招集し、そのうち200万人をフランスに送った。1918年春、欧州に上陸したアメリカ軍の働きは圧倒的だった。膠着状態に陥っていた戦況はアメリカの参戦で劇的に変化した。各地で退却を強いられ、自国領土の防衛線にまで追い詰められたドイツ軍は1918年11月、降伏した。戦車、火炎放射器、化学（毒ガス）

アメリカ政府の擬人化アンクル・サムによる募兵ポスター（1917年）
出典：アメリカ議会図書館

兵器、爆撃機などの先進的な軍事技術が用いられた史上初の近代戦争は空前の犠牲者を生んだ。ドイツは約200万人、フランスは約170万人、イギリスは約100万人を失った。合計で約900万人が犠牲になったといわれる。アメリカも約11万人を失った（半数がインフルエンザで死亡）。しかし、ヨーロッパに上陸してから約8か月後、アメリカはこの犠牲と引き換えに国際社会におけるリーダーという地位を手にした。

アメリカの参戦は国内外の歴史を変えた。国内では、全米各地で平和を求めるデモが起き、反戦運動は一時、革命レベルに達したが、政府はこれを力で封じた。戦争反対者の中には富豪のカーネギー、社会改革者のアダムズやリリアン・ウォルドら、著名人もいた。ウィルソンは国内のドイツ系アメリカ人に国家への忠誠を誓わせるとともに、1917年6月には反戦的な新聞や雑誌の廃刊、徴兵妨害者への罰金や投獄を可能にする「スパイ活動防止法（防諜法）」（Espionage Act）を、1918年5月には合衆国憲法・政府、軍服や国旗への不忠・不敬を禁じる「扇動防止法」（Sedition Act）を制定して反戦派を封じ込んだ（罰則は最高1万ドルの罰金、最高20年の禁固刑のどちらか、もしくはその両方）。この法律によって、反戦演説やビラ配布、政府批判、徴用拒否も犯罪になった。さらに、国際的に拡大する共産主義を警戒した政府は平和主義者や反戦活動家だけでなく、労働運動家、社会主義者、共産主義者、アナーキストらも取り締まった。社会主義者ユージン・V・デブス（Eugene V. Debs）は反戦演説を行ったという理由で10年間の勾留を命じられて服役した（1921年に恩赦）。デブスは、政府の反共産主義的政策「赤の恐怖」（First Red Scare, 1919～1920）によって弾圧・投獄・国外追放された数千人の1人にすぎない。不当な公権力に抗議するため、デブスは獄中から1920年大統領選挙に立候補し、約90万もの得票を得ている。言論の自由を擁護するアメリカ市民からの支援であった。これらの法律は、その後も改正を経て存続し、アメリカ人の言論の自由を脅かすことになる。

さらに、アメリカの参戦はヨーロッパ情勢を一変させた。ドイツ軍を東西戦線に分断しておきたい英仏の希望もあり、アメリカは参戦に当たり、巨額の援助をちらつかせて、2月革命後のロシア（ニコライ2世退位後の臨時政府）に戦争に留まるように要請した。多大な犠牲者を出し、物資も戦費も枯渇していたロシアはこれに応じて東部前線の防衛を担い、戦争に留まった結果、11月、国内ではレーニンに率いられた社会民主労働党左派（ボルシェヴィキ）による革命が起き、共産主義国家へと変貌した（11月革命後、ドイツと単独で和平条約締結）。同様に、約200万人もの人民を失い、屈辱的な敗北を期したドイツは民族主義や国粋主義を生み、独裁者による支配、第2次世界大戦、ホロコーストへと突き進んでいく。アメリカの参戦がなければ、長く膠着状態だった大戦はそのまま和平締結へと進んだ可能性もあったかもしれないが、ウィルソンは「民主主義を守る」ために参戦を決断した。参戦は新興国アメリカが大国に成長したことを世界に印象づけた一方、この決断はその後の国際情勢を混迷させた。

2. ウィルソンの14か条

大統領としてのウィルソンの評価は時代とともに変遷してきた。ウィルソンは博士号を持つ唯一の大統領であり、ノーベル賞を授与された2人目のアメリカ大統領であったが、第1次世界大戦参戦や任期晩年の政治的混乱や空白、外交重視の理想主義的な政策、人種差別的な言動などから、同時代の国内外の人々の評価は必ずしも高いとはいえなかった。その評価が劇的に変わるのは第2次世界大戦以降である。再び起こった多国間戦争を目の当たりにした国際社会は、ウィルソンの国際平和理念を思い起こした。団結した国際社会が、脱退が相次いで機能不全に陥っていた「国際連盟」（League of Nations, 1920～1946）に代わる新たな国際組織を設立したのは1945年のことであった。

ウィルソン最大の功績といわれるのが、彼が1918年1月8日、連邦議会で行った演説「14か条」（Fourteen Points）である。ウィルソンはこの中で第1次世界大戦後、国際社会が公平で永続的な平和を実現するための基本構想を語っている。彼が目指したのは世界平和であり、そのためにはアメリカ人だけでなく世界中のすべての人がパートナー（partners）でなければならないと述べている。彼が提案した内容は外交理念、国ごとの戦後処理、そして国際平和の３つに分かれる。具体的には、第１条で当時の外交慣例であった密約の廃止を、第２条で公海での航行の自由と安全保障を、第３条で経済障壁・不平等な貿易条件の撤廃を、第４条で軍縮を、第５条で民族自決の原則を求めている。第６条から第13条までは具体的な戦後処理策（主に戦前の領土・主権の回復）を提案している。最後の第14条においてウィルソンは、世界平和のために大国も小国も対等の立場で参加できる国際機関の創設を示唆した。そして、彼は敵対国であるドイツへの寛大な和平案とともに歴史的演説を終えている。ドイツやオーストリア・ハンガリーでも翻訳・配布されたこの文書が、10か月後のドイツによる停戦の決断に寄与したことは明らかである。

しかし、ウィルソンの希望に反して、国際機関の設立案を除いて、14か条が戦後処理に採用されることはなかった。アメリカが提示した14か条によって停戦を決めたドイツは、連合国と和平を結ぶためにパリ講和会議（Paris Peace Conference）に出席したが、1919年６月に採択された「ヴェルサイユ条約」（Treaty of Versailles, 1919）はウィルソン案とは全く異なるものであった。会議を仕切ったのは「ビッグ４」といわれたイギリスのジョージ首相（David Lloyd George）、フランスのクレマンソー首相（Georges Clemenceau）、イタリアのオルランド首相（Vittorio Emanuele Orlando）、そしてアメリカのウィルソンであったが、ウィルソンの14か条は英仏からの強い反対に遭い、ほとんどの項目が廃案となった。14か条はあまりにも理想主義的で現実離れしていたことに加え、英仏伊は戦争末期にす

パリ講和会議（1919～1920年）
出典：アメリカ国立公文書記録管理局

でに個別にさまざまな密約を交わしていたため、戦後処理はほぼ決定していた。歴史的にドイツの領土的野心にさらされてきたフランスは、和平条件に徹底的な非武装化と経済が再生できないほどの多額の賠償金を要求した。海外の全植民地と領土の約10%を失い、非武装化や莫大な額の賠償金（約330億ドルに相当）を約束させられたドイツは、これを条約ではなく「絶対的命令」（diktat）と呼び抵抗したが、最終的に受け入れた。屈辱的な条約の詳細を知らされたドイツ国民もまた裏切られたと感じ、条約に署名した代表者を「11月の犯罪者」（November Criminals）と呼んだ。この過酷すぎる条約がドイツを政情不安にし、右傾化させ、ヒトラーを生み出したことは歴史が証明している。1919年6月28日に署名されたヴェルサイユ条約に採用されたウィルソンの提案は「国際連盟」の創設だけであった。

第28代大統領ウッドロー・ウィルソンと妻イーディス
出典：アメリカ議会図書館

落胆してパリから帰国したウィルソンを待っていたのはキャリア最大の試練であった。ヘンリー・カボット・ロッジに率いられた民主党上院議員は、ヴェルサイユ条約承認への反対を表明した。ロッジは条約の拒絶か、アメリカの外交を制限する国際連盟への不加入を迫った。健康を害していたウィルソンは、国際連盟加入の国内世論を形成するため、全米各地を回り3週間で39の講演会を開催したが、心身の疲労から虚脱状態となり、ワシントンの自宅に戻ると脳卒中で倒れ、左半身を麻痺してしまう。知的能力は失われていなかったが、以後、彼の精神的な安定や判断力が戻ることはなかった。大統領として職務を果たすことは不可能だったが、再婚した妻のイーディス（Edith Bolling Galt Wilson）に支えられて任期を全うした。ヴェルサイユ条約は上院で2回否決された。次期大統領のウォレン・G・ハーディング（Warren Gamaliel Harding）政権下、アメリカはドイツと個別に講和条約を結ぶこととなった。結局、ウィルソンが提案して創設された国際連盟にアメリカが加入することはなかったが、ウィルソンの国際協調の精神は、第2次世界大戦を経て、世界平和･安全保障･文化交流などを目的とする国際機関「国際連合」(United Nations, 1945～、以下「国連」)へと結実する。国連は、機能不全に陥った国際連盟の教訓から大国間の利害を調停するさまざまな対策や制度設計がなされている。

3. 女性参政権

ウィルソン政権下で成立した重要な修正法の1つが1920年、憲法修正第19条の女性参政権の成立である。この法律によって、投票権を持たなかったアメリカ国民の約半分に政治参加の機会が与えられ、制度上、アメリカで普通選挙が実現した。

独立革命への貢献にもかかわらず、アメリカでは女性の政治参加への道は建国時から閉ざされていた。既婚女性に法的権利を認めないイギリス「慣習法」(Common Law)の伝統は建国期のアメリカにも受け継がれた。婚姻によって女性は夫の庇護下に入る、とする慣習法では、妻は法的に隠れた立場(femes covert)にあるため、財産権や裁判権、遺言を執行する権利などの諸権利をもたなかった(coverture)。一方で、未婚女性や寡婦(femes sole)にはこれらの権利は認められていた。国家建設は女性自身に社会的意識の向上を促し、初期には男女平等の法律を求める声もあった。第2代大統領夫人アビゲイル・アダムズ(Abigail Adams)は夫への手紙で「淑女」(Ladies)のことを忘れると(女性は)「反乱」を起こしますよと書き、トマス・ペインは「法によって意志の自由」を奪われた女性について訴え(*An Occasional Letter on the Female Sex*, 1775)、ジュディス・サージェント・マレー(Judith Sargent Murray)は男女同権をテーマとするエッセイ(*On the Equality of the Sexes*, 1790)を発表した。イギリスの過激なフェミニスト作家のメアリ・ウルストンクラフト(Mary Wollstonecraft)による『女性の権利の擁護』(*A Vindication of the Rights of Women*, 1790)はアメリカでも多くの読者を獲得した。これらの主張にもかかわらず、女性の法的地位は本国より「改善」されることはなかったが、アメリカ女性は直接政治には関わらずとも「女性の領域」(women's sphere)である家庭において息子を有徳市民に育てる「共和国の母」(Republican Motherhood)として国家に貢献できるとされた。

アメリカ女性運動の原点は1848年にニューヨークで開かれたある女性集会にある。奴隷制廃止運動に関わる中、自分たちも奴隷と同様に政治的権利が剥奪されていることに気づいた女性たちが自らの権利を求めて立ち上がった。1848年7月20日、アメリカ初の女性の権利集会はニューヨークの田舎町セネカフォールズ(Seneca Falls)で開催された。中心となったのは、ルクレシア・モットやエリザベス・ケイディ・スタントン(Elizabeth Cady Stanton)らで、フェミニスト、奴隷制廃止論者、禁酒運動家など、男女約300人が出席した。参加者は、アメリカ独立宣言を模してスタントンが起草した「所感の宣言」(Declaration of Sentiments)を採択した。この宣言はまず初めに「すべての男女は生まれながらにして平等である」(All men and women are created equal)ということを我々は自明のことと信じると記し、男女ともに「生命、自由、幸福の追求の不可侵の権利を与えられている」が、女性は「政府や家父長制社会」によってそれらが制限されていると主張した。具体的な例として、参政権(選挙権・被選挙権)、財産所有権、教育や雇用など、16の制限を列挙している。そして、女性もアメリカの正当な市民として扱われ、男性と同等の権利や恩恵を受けるべきであると訴えた。女性の権利に関連した12の決議も採択されたが、満場一致とならなかったのは「女性参政権」(women's suffrage)に関する決議だった。発表後、激しい批判を受けたため、多くが署名を取り下げ、最終的に女性68人と奴隷制廃止運動家のフレデリック・ダグラスを含む32人の男性が署名した。「女性の領域」は家庭という時代に、女性が政治に直接関与することは当時のジェンダー規範から逸脱していたため、女性参政権運動への参加をためらう女性も多かった。このため、即時かつ全面的な女性参政権の要求は穏健派の離脱を招いた。

セネカフォールズ以後、女性参政権運動は保守と革新に分裂したが、運動は静かに広がっていた。1872年に黒人男性に投票権を与えた修正第15条をきっかけに女性運動は新たな転換を見せた。「人種、肌の色、奴隷という身分」での投票権制限を禁止したこの修正法案に性別への言及がないことを理由に、女性参政権運動家は市民である女性はすでに投票権を付与されていると主張した。この理論(New Departure)を盾に、1872年11月、女性参政権運動のリーダー、スーザン・B・アンソニー(Susan B. Anthony)は女性14人を引き連れ、ニューヨーク州ロチェスターの投票所に押しかけ、選挙登録をして国政選挙に投票し、警察に逮捕されるという事件が起きた。アンソニーは「女性はアメリカ市民ではないのか」と裁判官に迫り、100ドルの罰金の支払いを拒否した。警察は司法闘争を避ける形でアンソニーを罰金未納のまま解放した。この事件はメディアで全米に報道され、女性参政権への関心を高めた。アンソニーの裁判が全米に報道される中、ミズーリ州でもヴァージニア・マイナー（Virginia Minor）という女性が選挙登録を試み、地区の選挙登録人に拒否された。マイナーはこの選挙登録人を告訴し、女性参政権を法廷の場に持ち込むことに成功した。1875年、マイナー事件は最高裁の判断を仰ぐこととなった。連邦最高裁は、市民権に投票権は含まれないため、女性に投票権はないと裁定した（*Minor v. Happersett*, 1875）。

女性運動のパイオニア、エリザベス・ケイディ・スタントンとスーザン・B・アンソニー（右）
出典：ナショナル・ポートレート・ギャラリー

1890年、州レベルの女性参政権を目指すルーシー・ストーン（Lucy Stone）率いる「アメリカ女性参政権協会」（AWSA: American Woman Suffrage Association）と連邦レベルの選挙権を目指すスタントンとアンソニー率いる「全国女性参政権協会」（NWSA: National Woman Suffrage Association）が合併して「全米女性参政権協会」（NAWSA: National American Woman Suffrage Association）を結成し、組織的なデモやロビー活動を展開した。1893年に約1万3,000人だったNAWSAの会員は1917年には200万人に達した。これらの女性の運動によって、人口の少ない西部の準州を中心に州レベルの選挙での女性参政権が導入された。1869年から1887年までにワイオミング、ユタ、ワシントン、モンタナの準州で女性は投票を認められた。1919年までに32の州で部分的な、15の州でほぼ完全な女性参政権が導入された。アメリカ史上初の女性国会議員のジャネット・ランキン（Jeannette Pickering Rankin）は、国政で女性参政権が認められていない1916年に出馬して当選し、翌年、モンタナ州選出の下院議員（共和党）となった。ランキンはその後の選挙で落選するが、1940年に再び当選して議会に戻った。平和運動に従事したランキンは第1次・第2次世界大戦への米国参戦の両方に反対した唯一の議員としてアメリカ史に記録されている。

州レベルではなく、連邦レベルの女性参政権獲得を求めたアリス・ポール（Alice Paul）やルーシー・バーンズら、全米女性党（National Women's Party）の過激なフェミニストの一団がホワイトハウス前でのピケやハンガーストライキによって権利を要求するようになると、国政での議論も徐々に変化していった。当初、女性参政権に否定的だったウィルソン大統領は、女性参政権を要求した女性グループがホワイトハウスの前でハンガーストライキを続け、餓死を防ごうとする警察官に無理やり食べ物を口に押し込まれている光景に戦慄して賛成に転じたとも伝えられている。上下両院で議決された女性参政権法案は1920年8月、3分の2以上の州で批准され、憲法修正第19条となった。アフリカ系アメリカ人男性に投票権を与えた憲法修正第15条から50年後の1920年、アメリカ女性は正式な有権者となった。

4. 狂騒の1920年代

終戦の翌年、「正常な時代に戻ろう」（Return to Normalcy）という標語を掲げた共和党のウォレン・ハーディングが第29代大統領（1921～1923年）に就任したが、任期途中、心臓発作のため死去すると、副大統領のカルヴィン・クーリッジ（Calvin Coolidge）が大統領に就任した。ハーディング・クーリッジの共和党政権でアメリカは未曽有の経済繁栄を謳歌した。大企業と蜜月の関係となった連邦政府が海外への資本投下や大企業保護政策、減税を進めた結果、大財閥を中心に独占資本主義経済が加速した。新しい技術は諸産業を飛躍的に発展させた。自動車王ヘンリー・フォードにより設計されたガソリン自動車は1908年、比較的安価なモデルTの発売により急速に普及し、この時代の工場での大量生産に伴い、大衆車となった。自動車産業の拡大は、材料の鉄鋼・ゴム・ガラス・機械といった産業だけでなく、石油ビジネスや道路建設をも進展させた。自動車の普及によって郊外での住宅建設も進んだ。1920年代末までにアメリカを走る自動車は3,000万台に達していた。1920年代にはラジオも急速に普及した。アマチュア無線（ham radio）技術も広がり、各人が家庭でアンテナを立てて短波を送受信し、企業も自前のラジオ放送を始める中、1922年8月、ニューヨークのラジオ局WEAFが初めて商業放送を開始した。商業ラジオの将来性への人々の懸念を振り払うように、WEAFの企業広告は、ラジオ放送が「金を生む」ビジネスとなりうることを証明した。さらに、1920年代では主に郵便分野で活用された飛行機は、1927年のチャールズ・リンドバーグ（Charles A. Lindbergh）によるニューヨーク・パリ間の大西洋無着陸横断飛行の成功をきっかけに国際定期便が整備され、1930年代以降、個人の長距離旅行を可能にする乗り物となった。電話機も普及し続け、1930年代末までに約2,500万台、約6人に1台という普及率を達成した。

好調な企業業績を背景に、アメリカは大量生産・大量消費社会へと移行していった。1920年代、アメリカ人は必要性からでなく、便利さや喜びを求めて商品を買うようになった。中産階級となった人々は冷蔵庫や洗濯機、掃除機を買い求め、腕時計を身に着け、喫煙した。女性は化粧品や既製服にお金を費やした。

第1次世界大戦の熱狂、進歩主義（厳しい大企業規制、政府主導の改革・税金徴収）への反動から楽観的で前向きな時代精神が広がり、好景気とともに娯楽産業が栄えた。「いずれにせよ、それは借り物の時代であった、国民の10分の1を占める上流の人達はみな大公の無頓着さとコーラスガールの気軽さを兼ね備えたような生活をしていた」（“Echoes of the Jazz Age”）と1920年代を代表する作家F・スコット・フィッツジェラルド（F. Scott Fitzgerald）はその時代を表現する。この時代は「狂騒（狂乱）の20年代」（Roaring Twenties）、あるいは、当時流行した音楽ジャンルにちなんで「ジャズ・エイジ」（Jazz Age）と呼ばれる。失業者は427万人から200万人へと減少し、国民総生産（GNP：Gross National Product）も1.5倍（1921年594億ドル、1929年872億ドル）となったが、繁栄は中上流階級が独占していた。全体の42％にあたる600万世帯の年収は1,000ドルにも満たなかった。1920年国勢調査によると、人口1億570万人の過半数が都市部に居住していたが、彼らの多くが都市の劣悪な生活環境に甘んじていた。

この時期に登場した新しい娯楽産業が映画である。19世紀末、フランスのリュミエール兄弟が発明した「シネマトグラフ」という娯楽はヨーロッパで人気を博した後、アメリカで「産業」になった。第1次世界大戦で国土が荒廃したヨーロッパ諸国が物資の不足に苦しむ中、戦火を逃れたアメリカでは好調な経済を背景に映画ビジネスが伸長した。当初、映画産業はニューヨークを中心に発展していたが、その後、多くの映画会社が映画の背景となる豊かな自然や多様な地形、スタジオ建設のための広大な土地や労働力、1年中撮影できる少雨で温暖な気候がそろった南カリフォルニアに進出した。1915年までに、ハリウッドは世界の映画産業の中心地になった。1920年代にはチャールズ・チャップリン（Charles Chaplin）人気を背景に年間700本もの映画が制作され、世界中で上映された。当時、フランスで上映された映画の70%、ラテンアメリカで上映された映画の80%、イギリス・カナダで上映された映画の95%がアメリカ映画であったといわれる。1920年代半ば、渡米して間もないイギリス人喜劇役者チャップリンの年収がアメリカ大統領の年収を超えたことは大きなニュースとなった。

ニューヨークのハーレム地区では、新しい世代のアフリカ系アメリカ人の知識人による文化運動「ハーレム・ルネサンス」（Harlem Renaissance）が現出した。ハーレムの詩人、小説家、アーティストによる自らの文化遺産を前面に押し出した作品は人種を問わず、受容された。アフリカ系アメリカ人を主人公とした小説が出版され、クラブではジャズの生演奏が行われ、アフリカ系アメリカ人をモデルとする美術作品（絵画・彫刻）が生まれた。この新しい文化現象は人種を問わず人々を魅了した。ハーレムの作家には、詩人のラングストン・ヒューズ、アラン・ロック、カウンティー・カレン、ジェームズ・ウェルドン・ジョンソン、ゾラ・ニールハーストンらがいる。

1920年代から1930年代の戦間期のアメリカを象徴する文学が「失われた世代」（Lost Generation）と呼ばれる若き作家による作品群である。彼らは世紀末に生まれ、20世紀とともに成長し、第1次世界大戦に出征して喪失感や絶望感を味わい、戦争に加担したエスタブリッシュメントに懐疑の目を向けた。ある者はアメリカ社会の闇を描き、ある者は戦後のアメリカ社会に幻滅してパリに渡り、現代的な芸術理論や表現形式に心酔した。戦争によって日常や人生の目的が失われ、従来の価値観に懐疑的になった彼らは、描く対象を社会から人間（心理）へと変え、小説に新しい形式（意識の流れ：Stream of Consciousness）を吹き込んだ。中でもパリ滞在中に美術・文学分野で伝統主義に対立した新しい表現形式を求める運動であるモダニズムの洗礼を受けたアーネスト・ヘミングウェイ（Ernest Hemingway）は実験的な作品を執筆した。彼は作品を通して「喪失感」を昇華するとともに、生死の境をさまよった戦争体験から逃れるため、生の充実感を文学に求めた。彼は既存の宗教や価値観より自己の感性を重視し、破天荒な人生を送ったが、体力の衰えとともに精神を患って、晩年、猟銃自殺をした。フィッツジェラルドもその代表作『華麗なるギャツビー』（*The Great Gatsby*）においてアメリカンドリームを成し遂げた下層階級出身のジェイ・ギャッツという若者の悲劇を通してアメリカ物質主義を批判した。「失われた世代」の作家には、ヘミングウェイやフィッツジェラルドの他、ノーベル賞を受賞した南部作家ウィリアム・フォークナーや医師で作家のジョン・ドズ・パソス、詩人のE・E・カミングスらがいる。

この時代は、先進的な価値観が生まれる一方で、保守化の動きもあった。プロテスタンティズムが「近代主義者」（modernists）と「原理主義者」（fundamentalists）に二分されたのが1920年代であった。（キリスト教）原理主義者とは、聖書を文字通りに信じることを主張する人々で、特に聖書の創世記の天地創造（creation）に反するチャールズ・ダーウィンの「進化論」（evolution）を否定する。進化論に反対の立場が「創造科学」（creation science）と呼ばれる考え方で、これは聖書を根拠に、万物の創造には神が関与しているとする立場である。主に南部バイブルベルトのキリスト教原理主義者は学校で聖書の天地創造説に反する理論（進化論）を教えることを禁止する法律の制定を画策した。テネシー州で反進化論法が可決されると、テネシー州デイトンの高校教師ジョン・スコープス（John T. Scopes）が授業で進化論を教えたために逮捕されるという事件が起きた。このスコープス事件は、宗教国家アメリカを象徴する事件である。1925年、生徒に進化論を教えたスコープスは有罪となり100ドルの罰金を命じられたが、後に、この罰金の額が適正でないという理由で裁判自体が無効となった。この事件の裁判は「モンキー裁判」（Monkey Trial）とも呼ばれ、全米からメディアが押し寄せ、連日、報道された。「スコープ裁判」は、

スコープス裁判の様子（1925年7月）
出典：アメリカ議会図書館

宗教と科学をめぐる教育裁判として知られている。

リベラル化の中で1967年に廃止されたテネシー州の「創世記法案」は社会の保守化に伴い、1973年に復活した。この法律では、進化論は1つの理論であり、創造論も1つの理論として同じ授業時間を割いて生徒に教えるべきであると定めた。1980年代、同様の法案がカリフォルニアを含む20以上の州議会に提出され、1981年、アーカンソーとルイジアナで成立した（Creationism Act）。2014年ギャラップ社の世論調査によると42%のアメリカ人が人間は1万年前に神によって造られたと答えた。31%は進化論を信じるが、その進化は神によって導かれたと答えている。万物創造や人間の進化に神は無関係と答えたのはわずか19%であった。背景にはアメリカ人の信仰心がある。キリスト教徒として育つ子に親が望む教育が創造科学という形で表現されている。

さらに、KKKが全米に支部を復活させたのも1920年代であった。この動きは、移民の流入によりアメリカ的価値観や生活スタイルが失われるという保守派の懸念を反映する世論と連動していた。1921年移民法では、1910年を基準とする各国別人口の3%以内を上限とする割当制（Emergency Quota Act of 1921）を導入し、移民数の規制に乗り出した。1924年、連邦政府はさらに強力な移民法を可決した。1924年の「ジョンソン・リード法」（Johnson-Reed Act）は、東アジア（中国、朝鮮、日本）からの移民を禁止するとともに、人口基準年を1890年とし、各国の割当も2%までと規制を強化した。基準年の変更は、新移民である南欧・東欧からの移民を排除する狙いがあった。その後も移民抑制政策は続き、移民国家アメリカへの他国からの移住はますます困難になった。

1920 年代、アメリカは経済的繁栄を享受し、市民が一丸となって大国へと上り詰める一方で、底流では保革の分断が進行し、その後、長く続くことになるさまざまな問題を生み出した。この享楽的な保守化の時代は世界恐慌が始まる 1929 年 10 月 29 日に終わりを告げる。

ディスカッションテーマ

1. 第 1 次世界大戦参戦後のアメリカ社会
2. 女性参政権運動における女性の分断
3. 「モンキー裁判」の歴史的意味

ギブソン・ガールとフラッパー

19 ～ 20 世紀転換期、アメリカで富裕な「中産階級」（middle class）が出現すると外見的な「美」に対する社会規範が広がった。アメリカで「中産階級」という語が初めて使われたのは 1908 年のタフトの大統領の指名受諾演説で、その後、1920 年代にかけてメディアに登場するようになった。この時期、髪型、衣服、マナー、メイクなどが階級を示す指標となり、品格や外見的な美は経済力と同一視された。この規範はしばしば「リスペクタビリティ」（respectability）という言葉で表現される。リスペクタビリティとは広義には「尊敬に値すること、立派な態度や行動」を意味するが、狭義には 19 世紀半ば、ヴィクトリア朝イギリスで出現した中産階級によって生まれた社会規範を指し、「信仰、勤勉だけでなく、生活全般にわたる行為、態度、作法、服装、金銭消費」などの行動規範を意味する。

ヘアケア・美容用品、衣類、靴などの広告があふれる、この時期の新聞・雑誌は、当時の読者の外見的関心の高さを示している。アメリカの婦人雑誌として最多部数を誇った、1883 年創刊の『レイディーズ・ホーム・ジャーナル』（*Ladies' Home Journal*）は娯楽・教養だけでなく、着こなしや裁縫技術も発信し、女性の流行に多大な影響を与えた。キャシー・ペイス（Kathy Peiss）によると「堕落した女性」を連想させた化粧やヘアケアはこの頃、一般女性に広まり、「身だしなみ」となった。世界的美容ブランドのエリザベス・アーデンやヘレナ・ルビンスタインなどが起業したのもこの頃である。

この時期、とりわけ女性の生き方や価値観に大きな変化が起きた。19 世紀末、アメリカの高等教育が女性に開かれると中上流階級の女性から大卒の「職業婦人」が現れた。これらの「新しい女」（New Woman）は母親の世代とは異なるジェンダー観を持っていた。これらの女性は、ヴィクトリア朝的な「家庭の天使」（“Angel in the House”）という言葉に象徴される家庭的で従順な女性像に反対し、結婚以外の生き方を模索した。これまで男性の職業であった弁護士、医者、企業家、

一時代の女性像をリードしたギブソン・ガール
（Charles Dana Gibson, circa 1900）

芸術家、ジャーナリスト、作家、パイロットなどに女性が進出し始めたのもこの頃であった。公的領域で過激な活動に身を投じる女性参政権活動家（suffragists）も現れた。先進的な女性像に憧れた若い女性はコルセットを外し、ブルーマー（bloomers）を身につけて自転車に乗り、新しい自由を満喫した。男性の批評家や医師は、政治活動や勉強、運動といった活動は女性の健康を害するだけでなく（高等教育は女性を不妊にすると主張）、女性らしさを奪い、伝統的な家庭生活を崩壊させると批判した。イラストレーターのチャールズ・ダナ・ギブソン（Charles Dana Gibson）はこのような過激な女性に対抗する女性像を作り上げ、人気を博した。長い髪をポンパドゥールにゆるく結い上げて長いドレスを優雅に着こなす「ギブソン・ガール」（Gibson Girls）である。ギブソン・ガールは生の充実感や自立を求める「新しい女」であるが、従来の性別役割を超えない伝統的な価値観を持つ女性であった。

一世を風靡したギブソン・ガールは1920年代、急速にアメリカ女性の支持を失っていく。その後、労働者階級の女性から始まった、短髪に帽子をかぶり、短いスカートやドレスに身を包んだ「フラッパー」（flappers）スタイルは、1920年代末までに中上流階級女性の間でも流行した。女性たちは短髪や丈の短いドレスを自由の象徴として歓迎した。

第11章

アメリカの世紀

──挫折からの再生

株価大暴落で始まった大恐慌は1920年代の繁栄を一瞬で吹き飛ばした。アメリカ経済の再建を目指したフランクリン・D・ローズヴェルト大統領は税金を使って公共事業や雇用促進を進め、税制改革によって富の再分配を図った。ファシズムを信奉する日独伊の同盟国と民主主義を掲げる英仏率いる連合国との間で第2次世界大戦が勃発するとアメリカは一時、中立を守ったが、日本軍による真珠湾攻撃を機に参戦した。圧倒的な軍事力で連合国軍を勝利に導いたアメリカは超大国として戦後の国際社会でリーダーシップを発揮することになる。

○この章で扱う出来事

1929	大恐慌
1933	F・D・ローズヴェルト大統領就任、ニューディール政策
1936	ローズヴェルト、再選される
1939	第2次世界大戦勃発
1940	ローズヴェルト、3選される
1941	真珠湾攻撃によりアメリカ、第2次世界大戦に参戦
1942	マンハッタン計画（～1945）
1944	ローズヴェルト、4選される
1945	ローズヴェルト急逝、トルーマン大統領就任、第2次世界大戦終結

この章のポイント
1. 大恐慌はなぜ起こったのか
2. ニューディールとはどのような政策だったのか
3. 第2次世界大戦はアメリカをどのように変えたのか
4. マンハッタン計画とは何か

1928年の大統領選挙に共和党候補として出馬したハーバート・フーヴァー（Herbert Hoover）はその人道主義的な信念から人々の信任を得て、理想的なリーダーとしてホワイトハウス入りを果たした。幼い頃に両親を失った彼は、母方の親戚に育てられ、その中で自助、勤勉、恵まれない者への道義心を身に着けた。クエーカー教徒だった亡き母の影響で言動や服装、行動も慎み深かった。スタンフォード大学を卒業後、鉱山技師として働く傍ら、商才を発揮し、社会人になってからの20年間で400万ドルもの財産を築いた。第1次世界大戦が勃発すると、フーヴァーは、ベルギー援助委員会（CRB: Commission for Relief in Belgium, 1914～1919）を創設し、ヨーロッパでドイツ軍に蹂躙（じゅうりん）された地域の人々に食料を調達する活動に従事した。飢饉や戦闘で餓死に瀕したベルギーとフランス北部の約900万人を救ったCRBは、アメリカ、フランス、イギリスの事前協定の下に実現した人道主義的な国際組織であった。敵国ドイツさえ、人道主義的観点からフーヴァーの活動に承認を与えていた。赤十字（Red Cross）をモデルにして創設された非政府組織（NGO: non-governmental organization）であり、政府間組織（IGO: inter-governmental organization）であったCRBは、その後、国際的人道支援のモデルとなった。博愛者として国際的名声を得たフーヴァーは、連合国の食糧の備蓄・管理を担ったアメリカ食品局（United States Food Administration）の局長や商務長官として辣腕を振るい、頭角を現した。従来の共和党の保守派とは異なる彼の先進的な政治理念は、1920年代の繁栄をさらに力強いものにすると誰もが期待した。1928年の大統領選挙においてフーヴァーは、「今日、我々は、かつてのどの地域より、人類（男女）の生から貧困や恐怖を根絶させるという理想に近いところにいる」と高らかに勝利を宣言した。この言葉を嘲笑するかのように1年後、史上最悪の不況がアメリカを襲い、貧困と恐怖で国民を翻弄した。日々、悪化する経済指標は、フーヴァーを人道主義の英雄から無策・無能・不作為の大統領へと変えていった。

1. 世界恐慌

1929年10月末、株式市場の大暴落で始まった「大恐慌」(Great Depression、「世界恐慌」ともいう)はアメリカの繁栄の10年間に終止符を打った。やがて世界へと波及するこの大恐慌の原因については諸説ある。その1つがアメリカ経済の特定産業への依存とそれに伴う需要の減少である。1920年代の経済繁栄を支えたのは建設・自動車など一部の産業であったが、これらの国内市場が飽和状態に近づくにつれ、需要が急激に減少していった。1926年に約110億ドルだった建設関連市場は1929年、約90億ドルに減少し、自動車の売上は1929年の最初の9か月で3分の1以上減少した。さらにしばしば指摘されるのが保護関税である。1922年のフォードニー・マッカンバー関税法、1930年のホーリー・スムート関税法によって、ヨーロッパとの国際貿易が封じられた。これらの保護主義的な関税は国内企業によるアメリカ市場の独占を保証したが、輸出産業を弱体化させた。最も大きな被害を被ったのが農産物であった。戦争中の特需によって生産拡大が続いていた農業は輸出先を失い、大きな打撃を受けた。さらに、好景気を受けて、億万長者や投資家だけでなく、一般の人々までが株式に投資し、株価は実体経済を超えて上がり続けていた。株価は1921年から1929年までに4倍以上に跳ね上がっていた。消費減少、過剰在庫、失業率の上昇、干ばつによる不作や食品価格の低下が顕在化し、ゆるやかな景気後退が始まっていたにもかかわらず、1929年8月、株価は史上最高値を記録した。

悲劇はある日、突然やってきた。最初の異変は1929年10月24日の木曜日に訪れた。神経質な投資家が週末前の利益確保のため、高騰しすぎた株を売り始めると市場はこの動きに敏感に反応し、すぐに他の投資家もパニックになって株を売り始めた。その日だけで1億2,900万の株が売買され、株価は急落した。これが「暗黒の木曜日」(Black Thursday)と呼ばれる、世界恐慌の始まりである。先週の衝撃から株式市場を立て直そうとする関係者のあらゆる努力にもかかわらず、5日後、更なる悲劇が市場を襲った。「暗黒の火曜日」（Black Tuesday）と呼ばれる10月29日、一部の投資家が株を売り始めると市場に再びパニックが広がった。その日だけで1,600万株が売られ、株式指標は43ポイント下落した。市場の混乱は続いた。1か月以内に株価は半値になり、その後、数週間、株価が下がり続けると、多くの会社の株券は紙くず同然になった。下落した株価はアメリカ経済を底冷えさせた。

もちろん株価の暴落だけが大恐慌の原因とはいえない。第31代大統領フーヴァーは当時の常識的な政策（政府の支出削減や企業の税率引き下げ、賃金や商品価格の凍結）で景気の回復を図った。銀行への貸付を行う復興金融公庫（Reconstruction Finance Corporation, 1932）も創設したが、景気は一向に改善せず、悪化する不況は実体経済を脅かし始めた。人々の消費意欲が喪失すると企業は投資をやめ、生産を停止し、従業員を解雇した。幸運にも解雇を免れた労働者でも賃金は激減し、アメリカの購買力は失われていった。さらに、1933年までに全米の5分の1の銀行が倒産し、金融不安が広がった。また、アメリカのGDPは1929年から1932年までの3年間で25％減少した（1,040億ドルから764億ドルへ）。

倒産や失業はアメリカ全土に広がり、自殺や餓死が相次いだ。失業者は1930年までに400万人、翌年には600万人に達した。労働者の賃金は42％下落し、失業率は25％を記録し、アメリカの経済成長率は54.7％下落した。特に恐慌は工業地帯の東北部や中西部の雇用を直撃した。失業率はオハイオ州クリーヴランドでは50％、アクロンでは60％、トレドでは80％にも達した。自然災害も状況を悪化させた。1930年代には「ダスト・ボール」（Dust Bowl：砂嵐が吹く中南部の乾燥平原地帯で、オクラホマ州、カンザス州、コロラド州、ニューメキシコ州などの地域を指す）から東部の都市に到達するほどの巨大な砂嵐が吹き荒れた。肥沃な農地だった大平原地帯では、何世代にもわたる農耕によって掘り返された土が干ばつによって乾燥し、強風にあおられて巨大な砂嵐となり、家畜を殺し、作物を壊滅させた。1934年までにおよそ3,500万エーカーの農地が砂に埋まり、耕作不能となった。土地を失った何十万もの家族（多くがオクラホマ州の農民であったためOkiesと呼ばれた）がカリフォルニア州やその他の

スープキッチンに並ぶ人々
出典：アメリカ国立公文書記録管理局

地域に向かい、よりよい生活を求めた。失業者はあるはずのない仕事を求めて毎日、通りを歩き回った。生活に困窮した多くの家族は日々の食べ物を求めて「スープキッチン」（soup kitchen: 貧困者に無料でスープやパンなどを提供する民間の食堂）に向かった。命をつなぐ食べ物を求める人々の長蛇の列は日常の風景になった。

一向に改善しない社会・経済状況は人々を苛立たせ、その怒りの矛先は「無能」な大統領に向けられた。住居を失った破産者や困窮者は板切れで小屋を作って暮らしたが、これらの場所を「フーヴァー村」（Hooverville）と呼び、人々は実行力のない大統領を揶揄した。個人主義（individualism）・自助（self-reliance）を重んじるアメリカでは、それまでイギリスのような公的福祉制度を整備してこなかったため、底なしの不況は人々に想像を絶する苦難を与えた。恐慌は全世界に波及し、日本や欧州でも深刻な経済不況を起こした。1932年、自信を喪失したアメリカ国民は新たなリーダーを求めていた。

2. ニューディール政策

袋小路に陥った大不況に立ち向かうべく、民主党が大統領候補に担ぎ出したのが、ニューヨーク州知事のフランクリン・デラノ・ローズヴェルト（Franklin Delano Roosevelt）であった。在職中もさることながら現在でも歴代大統領として人気の高いローズヴェルトを、アメリカ国民やメディアは親しみを込めてFDRと呼ぶ。ローズヴェルトはオランダ系の名門の出身で、同族のセオドア・ローズヴェルトの姪エレノアと結婚して6児をもうけた。39歳のとき、カナダの避暑地でのボートからの転落事故で手足のしびれが残る「小児麻痺」を発症し、数年間、車椅子生活を続けたが、この間、リハビリに取り組み、歩けるまでに回復した。移動のための車椅子は必要だったが、生涯、公衆の面前では車椅子姿を封印したために、この障害について知る者は少なかった。体の不具合を隠して1928年、ニューヨーク州知事に立候補して選出され、改革派知事として活躍した後、大統領の指名を勝ち取った。1932年大統領選挙では現職のフーヴァーを大差で破り（大統領選挙人472対59）、第32代大統領（1933～1945）に就任した。3選以上を果たした唯一の大統領で、20世紀最大の2つの危機（大恐慌と第2次世界大戦）の12年間、アメリカの指揮を執った（戦時中を理由に4選されたが、就任直後に死亡）。

第32代大統領フランクリン・デラノ・ローズヴェルト
出典：アメリカ議会図書館

初代大統領ワシントン、第18代大統領リンカンと並んで、しばしば最も偉大な大統領3人のうちの1人に数えられるローズヴェルトはオランダ系名門の出身であったが、突出した知性や高慢さがなく優れたバランス感覚を持つ人物であった。ハーヴァード大学では学内日刊紙「クリムゾン」の編集に携わるが、友人からは「知性が薄っぺらで軽量級」という理由で「フェザー」（羽毛）と呼ばれた。しかし、その身軽さや謙虚さゆえに他人の意見に耳を傾けた。就任前、コロンビア大学教授や政治アナリストらを集めて助言を得ながら政策研究を行い、就任後、一流の学者から成る高度な専門家集団「ブレーン・トラスト」（Brain Trust）を組織し、彼らの意見を参考にしながら政権を運営した。大統領を補佐する一流の学者から成る高度な専門家集団を擁する政治スタイルは、後の民主党政権のモデルになった。

ローズヴェルトはシカゴの民主党大会の大統領候補受諾演説で「アメリカの人々に再出発（「新規まき直し」ともいう）をお約束します」（I pledge you, I pledge myself, to a new deal for the American people.）と述べて大統領に当選したために、彼の政策は「ニューディール政策」（New Deal）と呼ばれている。大統領選挙では得票率57.4%を得て圧勝したが、民主党のローズヴェルトを支持したのは従来の民主党支持層とは異なる人々であった。すなわち、労働組合、ブルーカラー労働者、企業家、マイノリティグループ（アフリカ系、イタリア系、アイルランド系)、知識人、南部白人らであった。彼らを「ニューディール連合」(New Deal coalition）という。大企業と癒着した長期共和党政権を経て、フランクリン・ローズヴェルトの登場によって民主党と共和党の支持層が入れ替わる形となった。

ニューディール政策（1933～1939）は、「救済」(relief)、「回復」(recovery)、「改革」(reform）の「3つのR」(three R's）を理念とする社会経済政策であり、それぞれ失業者の「救済」、財政出動や雇用創出による経済の「回復」、そして規制強化や社会福祉政策による資本主義の「改革」によって財政再建、富の再分配を図った。「ニューディール政策」は、いくつかの点でアメリカ政治の定石に挑戦する革新的な政策であった。まず、ローズヴェルトは一連の政策において大統領や議会、連邦政府の権限を最大限に強化した。実際、就任演説で彼は「私たちが恐れなければならないのは恐れそのものである」という信念を述べ、合衆国憲法に定められた三権分立からの離脱を示唆している。大恐慌を終わらせるための彼の大胆な政策は、政敵によって法廷闘争に持ち込まれ、そのいくつかは修正を余儀なくされた。さらに、ニューディール政策は建国当初から論争の火種となっていた政府の在り方の転換を迫った。フェデラリスト（連邦主義）と反フェデラリスト（共和主義）の「大きな政府」(Big Government）と「小さな政府」(Small Government）論争である。「大きな政府」とは公権力が公私にわたり市民の日常に介入しようとする中央集権的（もしくは社会主義的）政治形態である。一方、保守派や自由論者（リバタリアン）が支持する「小さな政府」は個人の自由を尊重し、政府の関与をできるだけ少なくしようとする政治形態である。アメリカは建国後の一時期を除き、伝統的に共和派による「小さな政府」を信奉してきたが、ローズヴェルトは未曽有の経済危機を乗り越えるために政策を転換した。最後に、ニューディール政策はそのスピードで人々を驚かせた。ローズヴェルトは就任した3月から6月までの100日間に18もの法案を通過させた。大量倒産（bankruptcies）や銀行の破綻（bank failures)、食料配給を待つ長蛇の列（breadline）のニュースを報じてきたメディアはローズヴェルトの行動力を「(最初の) 100日間」(The Hundred Days）と呼んで賞賛した。

1933～1934年に実施された政策を第1次ニューディール、1935～1939年に実施された政策を第2次ニューディールという（軍需による経済復興を第3次ニューディールと呼ぶ場合もある）。第1次ニューディールでローズヴェルトが行ったのは銀行・金融再建であった。まず、「緊急銀行法」（Emergency Banking Relief Act）によって全米の銀行を営業停止にし、支払い能力があると判断した銀行のみを再開させた。次に、連邦預金保険公社（FDIC: Federal Deposit Insurance Corporation）を設立して預金を保護（被保険銀行が破綻しても預金を補償）した。この措置により預金が保証され、銀行への信頼が回復した。さらに、株式取引所の証券販売規制、管理通貨制度を導入するとともに、金本位制度（gold standard）を停止し、市民に所有する金とドルとの交換を呼びかけた。一方、今後の財政支出のため、政府の経費を削減するとともに禁酒法を廃止して酒税による国庫の増収を図った（修正第21条）。

ローズヴェルトは失業者対策や労働者保護にも本腰を入れた。全国復興局（NRA: National Recovery Administration）を設立し、「全国産業復興法」（NIRA: National Industrial Recovery Act）によって業界の生産価格統制を認める一方、労働者の団体権、団体交渉権、最低賃金、8時間労働を保障した。市民保全部隊（CCC: Civilian Conservation Corps, 1933～1943）という政府機関を創設し、失業者約300万人を雇用して、彼らに技術を教え、道路建設、山火事予防、土壌改良、植林に従事させた。さらに緊急救済局（Emergency Relief Administration）を創設し、約850万人を雇用した。ニューディール政策の目玉ともいえるのがテネシー川流域開発公社（TVA: Tennessee Valley Authority）であった。政府主導のこの巨大公共事業プロジェクトには賛否の声が寄せられたが、このTVAによって流域の7つの州で運河・道路・橋梁・ダム・発電所などが建設され、インフラ整備が進み、雇用が増大した。

また、農民保護のために、「農業調整法」（AAA: Agricultural Adjustment Act）を制定し、政府自ら農民救済や農作物の価格安定に乗り出した。これらの政策によって1934年末には10.8%の経済成長を果たし、失業率は21.7%まで低下したが、赤字は270億ドルにまで上昇した。

型破りな一連の政策によって経済成長の兆しは見えたものの、依然として失業率は高かったため、ローズヴェルトは第2次ニューディール政策に取りかかった。しかし、彼の前に予期せぬ伏兵が出現する。労働者や困窮層寄りの彼の政策に異議を唱えたのが、ローズヴェルトと同じ階級のビジネスマン、資本家、富裕層で、税制改革による累進課税の直撃を受けた人々であった(所得税最高税率75%、相続税80%)。彼らは課せられた重税に怒り、ローズヴェルトを社会主義者、ファシストと呼んだ。ニューディールの合憲性が法廷で争われた結果、連邦最高裁は1935年には全国産業復興法(NIRA)に、1936年には農業調整法(AAA)に違憲判決を下し、ローズヴェルトは修正を迫られた。NIRAは労働組合保護法である、通称「ワグナー法」(Wagner Act、正式にはNLRA: National Labor Relations Act)に修正されたが、団体交渉権、組合結成、交渉代表者の選出は保証された。第2次ニューディールでは、ローズヴェルトは社会的弱者の保護にも熱心に取り組んだ。「社会保障法」(Social Security Act)を成立させ、高齢者や障害者、子ども、困窮家庭へ給付金を支給した。貧困は自己責任と考える個人主義のアメリカでは画期的な法案であった。

さらに、事業促進局(WPA: Works Progress Administration)を新設して公共事業を拡大した。特にローズヴェルトの文化芸術保護政策は注目に値する。連邦芸術プロジェクト(WPA Federal Arts Project)を通じて、仕事のない作家や歴史家に地方史を編纂させたり、画家に壁画を描かせたり、音楽家や俳優に音楽会や公演を依頼したりした。これらのプロジェクトによって貴重な文献や記録が保存された。芸術家や作家のキャリアや生活を支えるこれらの援助がなければ文化や芸術は断絶していたかもしれない。さらに、全国青年局(NYA: National Youth Administration)を設立して学費の払えない高校生や大学生にアルバイトをあっ旋したり、奨学金を提供したりした。不況が続いていたが、ローズヴェルト人気は依然として高かったため、1936年の選挙で彼は大統領に再選された。

ニューディール政策は続いたが、アメリカ経済が回復することはなかった。1937年2月、回復しない景気に焦燥感を抱いたローズヴェルトは、最高裁判事が70歳を過ぎても退職しない場合には大統領が6人まで判事を追加できるという法案を提出した。三権分立を損ないかねないこの法案には各方面から非難が寄せられ、不成立に終わる。その年の夏、回復傾向にあった景気は再び後退し始め、翌年には失業者も1,000万人を超えた。1938年中間選挙で大幅に議席を減らしたローズヴェルト民主党は苦境に立たされた。

ローズヴェルトの政策は目立った効果を上げなかったが、彼の人気は依然として高かった。その理由の1つが「炉辺談話」(Fireside Chats) と呼ばれる国民向けラジオ番組である。ローズヴェルトは、1933年3月から1944年6月までラジオを通して直接、国民に語りかけた。30回におよぶ談話は銀行政策から失業、ファシズムまで多様なテーマを網羅した。毎回、数百万人のアメリカ人が大統領の声に耳を傾け、国家への安心と自信を深めた。

数々のタブーに挑戦したローズヴェルトのニューディール政策への歴史的評価は芳しいものではない。実際、ローズヴェルトの政策によってアメリカ経済は回復せず、任期中の連邦政府予算の赤字も増大したからである。結局、景気をV字回復させたのは第2次世界大戦参戦による戦争特需であった。ニューディールを実施しなくても、3～5年のうちに経済は自然に回復しただろうと主張する経済学者もいる。しかし、たとえ実効性に乏しかったとしても、象徴的な意味で、ニューディールがその後のアメリカ社会に与えた影響は大きい。まず、労働法制によって労働者や農民が資本家や企業の力に向き合うことが可能となった。次に、株式市場や銀行・金融システムへの連邦政府の介入が強化された。また、この時期に導入された社会的弱者に対する社会保障制度の整備は自助に代わる公助という概念を広めた。さらに、長い間、第2党に甘んじてきた民主党躍進のきっかけになった。しかしながら、ニューディールの最大の功績はアメリカ人の自己尊厳を回復させたことであろう。ローズヴェルトによる市民保護政策によって、人々は、自身が市民として搾取や逆境から守られるべき存在であることを知り、個人の安寧は政府の政策に左右されることを学んだ。このような市民の政府への期待は、この時期、巨額の財政出動を必要とする「大きな政府」への転換を可能にした。建国以来、国家の介入に反対し、自己防衛や自己責任を原則とする「小さな政府」を理想としてきたアメリカ市民にとって歴史的な大転換であった。

国家的試練に見舞われたこの大恐慌時代にアメリカ人の連帯感を高めたのが国歌の制定であった。フーヴァー政権下の1931年3月3日、『星条旗』(The Star-Spangled Banner) がアメリカの国歌 (national anthem) となった。歌詞には1814年9月14日の朝、第2の独立戦争といわれる英米戦争の最中、ボルチモアの戦いでイギリス海軍の砲火を耐え抜いたマクヘンリー砦のアメリカ国旗を見て感動したアメリカ人弁護士フランシス・スコット・キー（Francis Scott Key）によって書かれた「マクヘンリー砦の防衛」（"Defence of Fort M' Henry"）という詩が採用された。旋律（原曲）はイギリスの作曲家ジョン・スタフォード・スミスによる流行歌「天国のアナクレオンへ」（"To Anacreon in Heaven"）である。1931年以前はいくつかの曲（"My Country"や"Tis of Thee"、"America the Beautiful"など）が国歌として歌われていたが、1931年、『星条旗』が正式に国歌に制定された。国歌の制定は、未曾有の国難ともいえる危機の中でのナショナリズム高揚を意図したものといえる。

3. 第2次世界大戦

第1次世界大戦後、孤立主義を重視した議会の反対により、自国の大統領が提案した国際組織・国際連盟への加入が果たせなかったアメリカは、大国として別の形で国際平和に貢献しようとした。その1つが、1921～1922年、第1次大戦後の海軍軍縮と太平洋の安全保障を協議するためにアメリカが招集した国際会議「ワシントン会議」（Washington Conference もしくは Washington Naval Conference）である。会議には第1次世界大戦の戦勝国である欧米列強の他、日本、中華民国の9か国が参加し、国際平和維持のための条約を締結した。この時、米英日仏が合意した4か国条約では、太平洋の島嶼に対する各国の利権の相互尊重、極東での紛争解決としての協議の枠組みが定められた（ワシントン体制）。1928年には、戦間期において最も大規模な和平努力である「ケロッグ・ブリアン協定」（Kellogg-Briand Pact もしくは Pact of Paris）が締結された。当初、ドイツを警戒するフランスの外相ブリアンはアメリカとの二国間協定を希望したが、アメリカの国務長官ケロッグが多国間条約として提案し、他国の同意を得て結ばれた不戦条約である。この条約は、国家政策としての戦争放棄、平和的方法での国際紛争の解決への同意を求めたもので、多くの国が批准した。しかし、この取り組みは合意の順守・執行を監視する手段を決めなかったため、実質的には実効性があるものとはならなかった。実際、これらの努力にもかかわらず、戦間期の20年を経て再び世界は多国間戦争へと突き進んでいく。歴史家の中にはヴェルサイユ条約から第2次世界大戦のカウントダウンが始まったと指摘する者もいる。第2次世界大戦の原因として、多額の賠償金と厳しすぎる制裁がドイツ国内の愛国主義をあおり右傾化させた、不安定な世界経済と大恐慌がファシズムや軍国主義を生んだ、戦争の興奮を味わった世代が再び戦争を求めたと、さまざまな説が提示されているが、最も重要なことは、多大な犠牲を払った諸国が創設した国際機関（国際連盟）が機能不全であったという点であろう。

ヨーロッパでドイツのポーランド侵攻を端緒に第2次世界大戦が勃発した時、アメリカは前回同様、中立を宣言した。軍国主義に支配された日独伊が三国同盟を結び、ヨーロッパや極東で勝利し、1940年6月にフランスが降伏（パリ無血占領）すると、戦況に危機感を抱いたアメリカは国益のためにも、民主主義を守るためにも、参戦の必要性を認識するようになった。1940年にアメリカ大統領に再選されたローズヴェルトは、1941年の年頭教書で4つの自由を掲げた。「言論と表現の自由」、「信教の自由」、「欠乏からの自由」、「恐怖からの自由」こそアメリカが守るべき理念であると宣言した。同年8月、ローズヴェルト大統領はイギリス・チャーチル首相と共同で「大西洋憲章」（Atlantic Charter）を発表し、領土の不拡大、民族自決、貿易と航海の自由、世界平和のための恒久的組織の設立などを謳った（ウィルソンの14か条と類似）。孤立主義の機運が強い国内世論に対してファシズムに反対する連合国の理念を強調しながら、アメリカは艦隊をイギリス輸送船団の護衛にあたらせるなどの支援を強化した。1941年にアメリカは、イギリスの資金不足を救うため、論争の多い「武器貸与法」（Lend-Lease Act）を導入するとともに、天然資源を目的とする日本の侵略から中国や東南アジアを守るため、対日石油禁輸に踏み切った。悪化する日米関係はついに武力衝突に発展する。

20世紀を「アメリカの世紀」（"The American Century"）と呼んだのは、『ライフ』（*Life*）や『タイム』（*Time*）を創刊した雑誌編集者・出版者ヘンリー・ルース（Henry Robinson Luce）であった。1941年2月、彼は『ライフ』誌への論説「アメリカの世紀」の中で、「アメリカは自国の領土を守るためにではなく、世界中の、いわゆる民主主義的原則を擁護・推進・奨励・鼓舞するために戦う」と述べた。ジャーナリズム界の大物として、ルースはアメリカを世界のリーダー

日本軍によるハワイ真珠湾攻撃
出典：アメリカ国立公文書記録管理局

として位置づけ、国家の進むべき道を提案したといえる。

その10か月後の日本軍によるハワイ真珠湾への「奇襲」(12月7日、日本時間8日)は、アメリカが参戦する正当な理由を与えた。政府は「真珠湾攻撃を忘れるな」(“Remember Pearl Harbor”)をスローガンに掲げ、市民は日本への報復という大義で団結した。アメリカは真珠湾攻撃は国際法上許容されない「宣戦布告のない奇襲攻撃」と非難したが、連邦政府は日本からの打電(奇襲前日の12月6日午後3時)と同時に暗号を傍受・解読し、奇襲を事前に察知していたという指摘もある。真偽はともかく、少なくとも日本政府による開戦通告が攻撃前に届くことはなかった。ローズヴェルトが「屈辱の日」(“The Day of Infamy”)と呼んだこの日、アメリカ太平洋艦隊の艦船16隻が大破し、航空機188機が破壊され、2,273人が死亡し、1,119人が負傷した。多大な犠牲は国内にくすぶっていた不戦論を一気に封印した。孤立主義や平和主義を掲げ、参戦に反対して1940年に結成された史上最大の反戦組織「アメリカ第一委員会」(America First Committee)もこの日を境に瓦解した。90%の国民が参戦支持へと動いた。真珠湾攻撃前は共和党議員の90%、民主党議員の50%が反戦だった米国議会は、8日、日本に対する宣戦布告を決議し、3日後、ドイツ、イタリアにも宣戦布告した。ローズヴェルトは「われわれは民主主義の偉大な武器庫でなければならない」(We must be the great arsenal of democracy.)と述べて参戦した。

皮肉にも、戦争はローズヴェルトのニューディール政策を完成させた。戦争勃発以来、ローズヴェルトは連合国であるイギリスや中国への資金援助を拡大しつつ、自国の軍備を増強していた。同盟国を助けるためにも軍需産業を支援したが、戦艦の建設や武器・弾薬の製造はアメリカ経済を復活させた。1940 年春、770 万人を数えた失業者は参戦した 1941 年には 340 万人に、1942 年には 150 万人にまで減少した。政府の戦時局の指導の下、自動車産業、石油産業、化学産業は計画経済に組み込まれ、消費行動は規制され、生活必需品も配給制となった。政府の負債は膨大な額に達したが、戦時体制のもとで不満は一蹴された。経済機能も回復し、皮肉にもローズヴェルトが政権発足以来、目指したニューディールが戦争によってほぼ完全な形で実現された。

女性の労働を呼びかける戦時中のポスター、リベット打ちのロージー
出典：アメリカ国立公文書記録管理局

戦時中の女性やマイノリティの躍進は後の社会変化への布石となる。戦時下、労働力不足を補うために女性やアフリカ系アメリカ人が職を得た。最盛期には女性の 35％以上が労働者として働いた。女性には「不適切」な職種といわれていた航空機や弾丸の製造でも女性が雇用された。南部の小作農として奴隷状態で搾取されていたアフリカ系アメリカ人も北部に移動し、工場での職を得た。第 2 次世界大戦から 1970 年代にかけて約 500 万人が南部から北部に移住したといわれる。女性やマイノリティの職場進出が戦後の男女平等・人種平等を求める政治社会運動につながった。

真珠湾攻撃はアメリカ日系人にとって受難の始まりとなった。翌年 2 月に始まったのが「日系アメリカ人強制収容」(Japanese-American Incarceration) であった。開戦後、敵国となった日本を祖国とする日系人は、証拠がないまま、破壊工作員やスパイの嫌疑をかけられ、逮捕されたり、捕虜仮収容所に送られたりした。日系銀行の支店の口座も凍結された。無実の民間人収容に反対する司法省と日系人収容を支持する陸軍省との間で駆け引きがなされたが、国家安全保障の観点から政策は正当化された。1942 年の収容を命じる大統領令(Excecutive Order 9066) では、ドイツ系やイタリア系も収容されたものの、明らかに日系人が主な対象であった。1942 年から 1945 年にかけて 10 か所の収容所(internment camps）が開設された。この間、約12万人の日系アメリカ人が財産や仕事を奪われ、収容所で緊張や絶望に満ちた日々を送った。収容された3分の2がアメリカ市民である2世であった（1988年、政府は収容者への補償と謝罪を行った）。

第2次世界大戦に参戦したアメリカは、圧倒的な軍事力をもってドイツ社会主義や日本の軍国主義を押さえつけた。1944年6月6日、連合国によるノルマンディ上陸作戦（D-Day）が決行され、ドイツ軍からフランスを解放した。1944年、健康問題がささやかれたものの、ローズヴェルトは戦時下の混乱の中で4選された。翌年2月4日～11日、彼は戦後処理の基本方針を話し合うために、クリミア半島で行われたヤルタ会議（Yalta Conference）に参加した。ローズヴェルト、イギリス首相チャーチル、ロシアのスターリンによるこの会談において、ドイツ問題やソビエト連邦（USSR：Union of Soviet Socialist Republic、以下「ソ連」）の対日参戦など、数々の秘密協定が締結された。第1次世界大戦の講和会議と異なり、この会議では連合国の救世主となったアメリカの存在感は際立っていた。このとき、わずか3年前にルースが予言した「アメリカの世紀」というヴィジョンは現実のものとなっていた。

4. マンハッタン計画

1945年のアメリカによる「原子力爆弾」（atomic bomb、以下「原爆」）投下の正当性をめぐる議論は現在でも続いている。終戦2週間後に行った調査（Gallup）では85％のアメリカ人が原爆投下を支持したが、1991年に行われた意識調査（Detroit Free Press）では63％に減少した。70年後のピューリサーチセンター（Pew Research Center）による調査（2015）では原爆投下支持は56％であった。この調査では世代間、党派間の違いが明らかとなった。65歳以上の10人に7人が原爆使用は正当だったと答えたのに対し、18～29歳の47％が原爆投下は許容できないと答えた。さらに、共和党員の74％が原爆投下を支持したのに対して、民主党員では52％にとどまった。一方、被害者である日本人の原爆使用への支持は一貫して低く、1991年の29％から2015年の14％へと減少した。しかし、アメリカ人にとって、原爆投下反対は必ずしも日本への謝罪を意味しない。1995年のギャラップ社の調査で、半数のアメリカ人がもし選べたら自

20世紀最高の科学者アインシュタイン
出典：ベルン歴史博物館

分は原爆以外の手段で戦争を終結させると答えたが、日本政府への謝罪が必要と答えたアメリカ人はわずか20%であった。このように、戦後75年以上を経て、原爆投下についてアメリカの世論は変わりつつあるが、現在でも共和党を支持する高齢者の多くが「原爆投下は戦争終結を早め、多くのアメリカ人の生命を救った」という見解を共有している。

アメリカによる原爆開発の成功の背景には、皮肉にもヒトラーによるホロコーストがあった。この新しい爆弾は「(ある人種・国民などに対する計画的な) 集団虐殺」(genocide) を逃れて1930年代にアメリカに亡命したユダヤ人科学者が主体となって開発されたからである。自らは開発に関わらなかったが、キーパーソンとなったのがアルバート・アインシュタイン (Albert Einstein) であった。このノーベル賞物理学者は自身が生み出した公式 ($E = mc^2$) から1920年には原爆の可能性に気づいていたが、開発を放棄していた。核分裂を莫大なエネルギーに変換するこの技術には道義的な葛藤を感じていたからであった。それでも、あえてその可能性を残していたアインシュタインは、アメリカに亡命後、しばらくして、オットー・ハーン、ユダヤ人のリーゼ・マイトナー (スウェーデンに亡命) やオットー・ロベルト・フリッシュ (イギリスに亡命) らによりこの技術が可能であると証明されたことを知った。ハンガリー生まれの物理学者レオ・シラード (Leo Szilard) は、世界的に高名なアインシュタインを説得して、原爆開発を提案するアメリカ政府への手紙にアインシュタインの署名を得ると、その手紙を受け取ったローズヴェルト大統領はこの技術に関する国家プロジェクトを承認した。アインシュタインをはじめ、開発に関わった学者は後悔の念から、戦後、原子力の平和利用を呼びかけたが、この技術はその後、さらに強力な破壊力を持つ「水素爆弾」(hydrogen bomb、以下「水爆」) の開発へとつながった。

1940年にはドイツでも原爆研究がなされているという情報がもたらされたため、参戦後、アメリカは原爆開発・製造プロジェクを本格的に始動させた。エンリコ・フェルミ（Enrico Fermi）やハンス・ベーテ（Hans Bethe）ら亡命科学者が中心となったこの極秘プロジェクトは主要な開発を担ったコロンビア大学の所在地にちなんで「マンハッタン計画」（Manhattan Project）と命名された。史上初の未知のプロジェクトによって、巨大なウラン濃縮工場がテネシー州に、プルトニウム生産用の原子炉と分離工場がワシントン州に建設された。以来、約11万5,000人の科学者、技術者、役人と約20億ドルの資金がつぎ込まれた計画は開始からわずか3年で成果を出した。1944年秋から翌年春にかけて原爆の原料となる高濃縮ウランやプルトニウムの生産を開始した。1945年7月16日にはニューメキシコ州で最初の実験に成功し、科学者らはその驚異的な破壊力を目の当たりにした。当時、異常な地面の振動に気づいたマスコミには緘口令が敷かれたため、実戦で使用されるまでアメリカ市民に原爆開発の事実が知らされることはなかった。科学者は翌月には2個の原爆を完成させた。

その後、原爆は思わぬ人物の手に託された。ローズヴェルトの急逝（1945年4月12日）を受けて第33代大統領に就任したハリー・トルーマン（Harry S. Truman）であった。就任直後、トルーマンは初めてこの極秘プロジェクトについて知らされるとともに、実戦で使用するかどうかの決断を迫られた。5月に原爆開発の競争相手国であったドイツが降伏すると、原爆は日本への切り札へと変わった。英米仏をはじめとする連合国のリーダーは7月にポツダムに集まり、日本に対して無条件降伏を求める「ポツダム宣言」（Potsdam Declaration）を採択したが、日本政府からこれに対する返答がなかったため、原爆投下という選択肢が現実のものとなった。人間に対する原爆使用について、一部の科学者から強い反対はあったものの、トルーマン大統領の最終決定に基づいて、1945年8月6日、広島に高濃縮ウランを用いた原爆リトルボーイ（Little boy）が、その3日後の8月9日、長崎にプルトニウムを用いた原爆ファットマン（Fat Man）が投下された。原爆は一瞬にして2つの都市を灰燼に変え、約21万人の命を奪い、抵抗を続けていた日本軍の歩みを止めた。新型爆弾の被害を知らされた日本政府は8月14日、ポツダム宣言の受諾を発表し、翌日、天皇の玉音放送とともに戦争は終結した。全世界で 5,000 〜 8,500 万人の命を奪った史上最悪の国際戦争の終戦を知ったアメリカ人は狂喜乱舞したという。

アメリカ人が原爆の威力とこの兵器の本当の意味を知ったのは、広島・長崎の惨状がメディアで報道されたときであった。当時、アメリカメディアは原爆を「人類最大の功績の 1 つ」（"One of Man's Greatest Achievements"）と呼んだが、その死の灰の下で起きた悲劇をアメリカ人が知るまでに時間はかからなかった。このとき、人類はこの恐ろしい科学技術を今後、いかに制御すべきかという命題に直面した。第 2 次世界大戦後、核開発は進み、核はアメリカが独占する切り札ではなくなった。1949 年にはソ連が、1952 年にはイギリスが、1960 年にはフランスが、1964 年には中国が核実験に成功して核保有国となった。核が拡散するにつれ、核戦争によって人類だけでなく地球という惑星そのものが死滅する可能性も高まっている。1947 年、開発の一端を担ったシカゴ大学の原子力科学者らは、核の平和利用を推進する一方で、警告や反省を込めて「世界終末時計」（Doomsday Clock）を考案し、毎年、世界終末（真夜中）までの時間を表示している。核が拡散し続ける中、禁断の科学技術「プロメテウスの火」を手にした人類の叡智が試されている。

ディスカッションテーマ

1. ニューディール政策とその歴史的意味
2. 第 2 次世界大戦の教訓
3. 原子力技術の未来

コラム11

行動するファーストレディ

フランクリン・デラノ・ローズヴェルト大統領夫人のアナ・エレノア・ローズヴェルト（Anna Eleanor Roosevelt）はファーストレディ（正式な役職名はFirst Lady of the United Statesで、FLOTUSと略される）の役割を大きく変えた人物である。ファーストレディの役割については法的な規定も公的な定義もないが、通常は大統領の配偶者が、任期中、大統領を補佐する公的な活動を行うとされている（女性大統領は前例がないためその配偶者の呼称はLadyとなっている）。大統領が未婚もしくは寡夫の場合は親戚が務める（例えばブキャナン大統領は姪が務めた）。歴代のファーストレディの中で政治的な活動に従事した女性はほとんどいなかったが、エレノアがこのファーストレディの在り方に一石を投じることになった。

ローズヴェルト政権下、ファーストレディのエレノアは権力を持たない者（マイノリティ、女性、困窮者などの社会的弱者）の視点に立って彼らのために献身的に活動した。政治活動の動機は彼女の人生経験に求めることができる。エレノアはニューヨークの裕福な家庭に生まれたが、若くして社会奉仕活動に携わり、セツルメントの教師を務めた後、1905年に縁戚のフランクリン・ローズヴェルトと結婚した（第26代大統領セオドア・ローズヴェルトは伯父）。ローズヴェルトとの間には6人の子どもが生まれたが、1人は幼時に死亡している。1916年頃、夫と秘書ルーシー・マーサー（のちラザフォード、Lucy Mercer Rutherford）との情事を知り、離婚を申し出るが、夫の政治的キャリアを守るため、義母の圧力に屈して婚姻を続けた。この経験がエレノアの人生を180度変えた。1921年にローズヴェルトがポリオにかかって以来、夫を援助しながら自身も政治活動に

エレノア・ローズヴェルト
出典：アメリカ議会図書館

のめり込んでいった。ニューヨーク州知事を経て夫が大統領に当選すると、エレノアは大恐慌に沈んだ各地を訪問して回り、その窮状を夫に報告するとともに、女性やマイノリティの権利、児童福祉、住宅政策などについても助言した。彼女は大統領夫人として初めて定期的に記者会見を行い、各紙に配信されるコラム（My Day）を書き、ラジオ解説番組に出演し、講演旅行を行い、政治集会で演説した。1939年、愛国女性団体「アメリカ革命の娘たち」（DAR: Daughters of the American Revolution）がアフリカ系アメリカ人のオペラ歌手マリアン・アンダーソン（Marian Anderson）の公演を彼女の人種（黒人であること）を理由に断ったとき、エレノアはDARを脱退して抗議するとともに、アンダーソンにリンカン・メモリアル（Lincoln Memorial）で歌うことを提案した。7万5,000人の聴衆を集めたアンダーソンのコンサートは全米に中継された。このカラーライン（人種ライン）を破る歴史的な舞台のお膳立てをした人物こそエレノアであった。

　ローズヴェルトの死後、トルーマン大統領はエレノアを国連代表に任命した。彼女は国連人権委員会の委員長を務め、世界人権宣言の草案作成と採択に主導的な役割を果たした。1961年にはジョン・F・ケネディ大統領によって「女性の地位に関する大統領委員会」委員長に任命され、翌年、死去するまで務めた。トルーマン大統領は敬意を込めて彼女を「世界のファーストレディ」と呼んだが、ファーストレディとしてのエレノアの行動を批判する者もいた。新しいファーストレディ像を提示したエレノアは、ファーストレディが持つ潜在的な影響力を証明したといえる。

第12章

内憂外患
——迷走する大国

戦後、ドミノ理論を信奉するアメリカは自由主義陣営のリーダーとして共産主義を掲げるソ連との対立を尖鋭化させていった。米ソ冷戦はドイツ、朝鮮半島、ヴェトナムを巻き込み、鉄のカーテンで世界を分断した。この時代、アメリカは内憂外患という困難に直面した。国内では軍事費の増大やヴェトナム戦死者の増加により政権批判は高まり、海外では度重なる軍事作戦の失敗でアメリカは大国の威厳を失いつつあった。その後の大統領による政治スキャンダルはアメリカをさらに迷走させた。

○この章で扱う出来事

1947	トルーマン・ドクトリン
1948	ベルリン大空輸（～ 1949)、マーシャルプラン（～ 1951)
1949	北大西洋条約機構（NATO）成立、ソ連、原爆実験に成功
1950	NSC68、朝鮮戦争、ローゼンバーグ事件
1951	サンフランシスコ平和条約
1953	朝鮮戦争休戦条約
1954	ヴェトナム戦争（～ 1973)
1957	スプートニクショック
1962	キューバ危機
1972	ウォーターゲート事件（～ 1974)

この章のポイント
1. 冷戦はどのようにして始まったのか
2. キューバ危機とは何だったのか
3. ヴェトナム戦争はアメリカをどのように変えたのか
4. ウォーターゲート事件とはどのような事件だったのか

第2次世界大戦が終戦を迎える前に行われたある話し合いが戦後体制の在り方を大きく左右することになった。1945年2月に黒海沿岸の都市で行われたヤルタ会談である。会談に出席したアメリカ大統領のローズヴェルト、イギリス首相のウィンストン・チャーチル（Winston Churchill）、ソ連共産党書記長のヨシフ・スターリン（Joseph Stalin）は、ソ連の太平洋戦争参戦、新たな国際平和維持組織の創設については合意したものの、ポーランド、ドイツの戦後処理に関しては意見が分かれた。英米はソ連が侵攻していたポーランドの解放と民主主義的な政府の樹立を求めたのに対して、スターリンは民主主義的選挙の実施や親英米ポーランド人の政権への起用を約束した。ソ連はドイツに対して、重い賠償負担と永久的な国家分断を主張したが、話し合いの結果、英米仏露4か国による分割統治、将来的なドイツの統一で合意した。ソ連の管轄区内にあった首都ベルリンに関しては、その重要性から同様に4か国による分割統治が決定した。さらに、中欧・東欧諸国の戦後処理については、民主主義的国家建設や主権在民といった曖昧な合意のみがなされた。さらに、会談では朝鮮の英米露中4か国による分割統治に関する決定もなされたが、その後の処理に関しての明確な方向性は示されなかった。

その後、ソ連はヤルタ合意を無視するかのように軍事行動を続け、米ソの対立は鮮明になっていく。ポーランドに共産主義政権を樹立させたソ連は中欧、東欧にも親ソの共産主義国家を樹立させた。太平洋戦争を戦うアメリカに欧州派兵の余裕はなく、欧州での共産勢力拡大を見守るしかなかった。ヤルタ会談から約2か月後、大統領に就任したトルーマンはソ連への対決姿勢を明確にした。以降、世界はアメリカを中心とする自由主義陣営とソ連を中心とする共産主義陣営の2つに分断された。英国首相のチャーチルはこれを「鉄のカーテン」（Iron Curtain）で世界は分断されていると表現した。ヤルタ会談から始まった冷戦（Cold War）はマルタ会談まで（"From Yalta to Malta"）まで約半世紀にわたって続くことになる。

1. 冷戦の始まり

1940年代後半はアメリカが孤立主義から国際協調・軍事介入へと外交戦略を大きく転換させた時期であった。これは冷戦という世界情勢を見据えた転換であったが、同時にこの選択はアメリカが世界の超大国としての責任を受諾することを意味していた。その意志の表明が、1945年10月24日に設立された国連への加入であった。国際連盟とは異なり、議会の圧倒的支持を得て加入した国連で、アメリカは英仏露中とともに拒否権を持つ常任理事国の地位に就いた。その後、軍事力も経済力も突出したアメリカは、ソ連に対抗しうる唯一の超大国として国際平和維持の責任を担うことになる。2度の世界大戦を踏まえ、国連憲章では、その設立目的を「国際の平和と安全を維持すること」とし、国際的紛争に至る可能性のある事態は加盟国の協調による「平和的手段」で「国際法の原則に従って」解決すると記している。その後、幾度となく訪れた冷戦での危機的状況に際して、国連の存在が最終戦争への心理的歯止めとなったことは確かであろう。

超大国としてのアメリカのもう1つの意思表示が、自由主義陣営への経済・軍事援助である。1947年3月、トルーマン大統領はイギリスが撤退を表明したギリシア・トルコへの経済的援助を議会に求めた。困窮する両国は政治的に不安定な状態にあり、もし革命分子が政権を握れば、ソ連が後ろ盾となる共産主義国家が誕生することは明らかだった。トルーマンは援助の理由として、アメリカの安全保障は西半球の政治経済的安定と一体であるという考えを挙げた。この考えを「トルーマン・ドクトリン」（Truman Doctrine, 1947）という。翌年には、戦後不況で疲弊した西欧諸国の共産化を防ぐための経済援助「マーシャルプラン」（Marshall Plan）も始まった。この援助を提案した国務長官ジョージ・

C・マーシャル（George C. Marshall）は、ヨーロッパ経済の再生はアメリカ経済や国際貿易のためにも必要であると主張した（マーシャルは後にノーベル平和賞を受賞）。東欧諸国も援助対象としたが、警戒したソ連がこれを認めず、対象は西側諸国のみとなった。120億ドル以上に及ぶ米国マネーは、西ヨーロッパの経済を復活させた。

1949年に蜂起した愛国的革命軍に蔣介石が追放され、中国本土に共産主義国家・中華人民共和国（People's Republic of China）が成立すると、アメリカにとって共産主義の拡大は現実的な脅威となった。アメリカは自由主義諸国を共産主義から防衛するため、共産主義の「封じ込め」（containment）という外交政策を決断した。この戦略は外交官でソ連研究者であったジョージ・ケナン（George F. Kennan）が提唱した戦略である。Xという筆名で『フォーリン・アフェアーズ』誌に投稿した論文でケナンは、アメリカはソ連の拡張主義を封じ込める（contain）必要があること、共産主義を抑え込むため武力を使用したり、武力で威嚇したりすべきではないことを提案している。「封じ込め」理論は、トルーマン政権下、国家安全保障会議（NSC: National Security Council）による第68号文書「NSC68」によって政策へと具現化された。1950年に発行されたNSC68は、西欧諸国に軍事力の分担を求める一方で、世界各地で繰り広げられる共産主義との戦いにおいてアメリカがリーダーシップをとる決意を表明している。さらに、そのための軍拡が必要であるとし、軍事予算を4倍にすることを求めている。ロシアの言語、文化、歴史に精通するケナンは「封じ込め」戦略をとる一方で、ロシア共産主義に対して断固とした態度で臨み、ロシアに対して高圧的に出たり、国内問題に介入したりすべきではないと主張した。ロシア研究者であったケナンはソ連は外部からの圧力ではなく、経済や社会システムの自己矛盾のためにやがて崩壊するだろうと予想している（1991年にソ連は内部崩壊し、解体された）。

この時期、冷戦を背景とした軍事衝突の危険性が高まった場所がドイツと朝鮮半島であった。1948年初頭、アメリカ、イギリス、フランスは、マーシャルプランの恩恵で経済復興したドイツ分割統治領3ゾーンの統一と新国家の建設を画策した。この動きを察知したソ連は反発し、4か国で続けてきたドイツ占領管理組織から脱退した。6月、ソ連に通知することなく、英米が西ドイツと

図 12-1　アメリカ、イギリス、フランス、ソ連によって分割統治されたドイツ、ソ連領にある首都ベルリンも4か国で分割統治された
出典：板橋拓己『アデナウアー』中公新書、2014年、59頁

西ベルリンに「ドイツマルク」(Deutschmark) という通貨の導入を決定すると、ソ連は西ベルリンに続く道路・線路・水路を封鎖して市民を孤立させるという暴挙に出た。西ベルリンを守るのか、諦めるのかという2択を迫られた英米は思案した後、冷戦の戦略的重要拠点である西ベルリンを守る決断をした。かくして各国が協調して、陸の孤島となった西ベルリン市民に航空機で必要物資を運ぶ「ベルリン大空輸」(Berlin Airlift, 1948～1949) が始まった。もしソ連が空輸機を撃墜した場合は人道的支援への暴挙ということになり、開戦は避けられなかった。アメリカは原爆を搭載できるB-29をイギリスに配備し、西欧諸国は空輸作戦を開始した。ソ連はドイツマルク通貨を撤回するのであれば封鎖を解くと通告してきた。その後、ベルリンの緊張は頂点に達する。1948年9月、ドイツ社会主義統一党とドイツ共産党は西ベルリンに向かい、ベルリン市議会の延期を求めたとき、空輸の停止とソ連への割譲を恐れた西ベルリン市民30万人が議会に殺到し、ソ連の支配に対して反対の声を上げた。西ベルリン市民の声を受けて空輸は翌年春まで続けられ、欧米諸国は連帯感で強く結ばれた。反対に、連合軍の対抗封鎖で物流が滞っていた東ドイツでは政治的転覆が懸念されたこともあり、1949年5月11日、ソ連は封鎖を解除した。解除後、西側は民主主義国家「西ドイツ」(West Germany) として、東側は共産主義国家「東ドイツ」(East Germany) として独立した。その後、分断されたベルリンでは東西の経済格差が広がり、自由主義経済の西

ベルリンへ逃れる人々が相次いだことから、東ベルリン当局はブランデンブルク門前に壁を構築し、東西境界線を封鎖した。この「ベルリンの壁」(Berlin Wall, 1961 ～ 1989) は米ソ冷戦の象徴となった。ベルリン封鎖を通じて軍事協定の必要性を痛感した欧米諸国は「北大西洋条約機構」(NATO: North Atlantic Treaty Organization、, 1949 ～) を結成して、共産主義勢力拡大に対抗することになる。

朝鮮半島も米ソ冷戦の舞台となった。米ソは朝鮮半島から日本軍を追い払うために共闘したが、双方とも半島を放棄するつもりはなかった。1945年8月15日、日本の植民地支配から解放された朝鮮の人々は独立国家「朝鮮人民共和国」を樹立しようとしたが、朝鮮半島の分割を目論んだ米ソがそれを阻んだ。8月24日、ソ連は満州から国境を越えて平城に入った。慌てたアメリカは、地図上でたまたま目にした北緯38度線での分割占領をソ連に提案した。1945年、米英ソ三か国外相会議で再調整し、米ソは5年間の信託統治で合意した。しかし、期限を待たずに、1948年8月15日、アメリカが南に「大韓民国」(初代大統領は李承晩、以下、「韓国」) を成立させると、9月9日、ソ連もこれに対抗して北に「朝鮮民主主義人民共和国」(初代首相・書記長は金日成、以下、「北朝鮮」) を樹立した。1949年10月、中国に社会主義国家が成立すると、金日成は社会主義による朝鮮半島統一を実現しようと、1950年6月25日、突如、北緯38度線を越えて南下し、「朝鮮戦争」(Korean War) が勃発した。中ソが侵略を命じたわけではなかったが、両国が北朝鮮の軍事行動を阻止することもなかった。アメリカはすぐに国連に提訴し、アメリカを中心とする国連軍が組織された。日本占

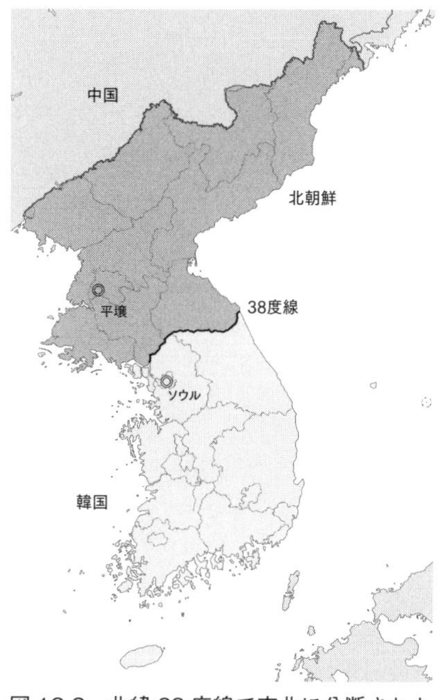

図12-2　北緯38度線で南北に分断された朝鮮半島

領軍の総帥を務めたダグラス・マッカーサー（Douglass MacArthur）率いる国連軍が参戦すると、韓国は再び北緯38度線まで領土を回復した。トルーマンはさらに北上する許可を与えた。平城が陥落し、勝利を目前にした国連軍は突如、参戦してきた大量の中国軍に退却を余儀なくされ、数週間のうちに北緯38度線まで撤退させられた。中国の介入を想定していなかったトルーマンは、この衝突が米中戦争に発展することを恐れた。マッカーサーは大統領に中国侵攻と原爆使用を迫ったが、トルーマンは躊躇（ちゅうちょ）した後、撤退を命じた。その後、和平交渉は続けられたが、戦争は終わらなかった。1953年に交わされた協定には、「最終的な平和的解決が成立するまで朝鮮における戦争行為とあらゆる武力行使の完全な停止を保証する」と記された。以後、休戦が続いている。

冷戦のイデオロギー対立は、1950年代の国内情勢にも影響した。1950年2月、ウィスコンシン州の共和党上院議員ジョセフ・マッカーシー（Joseph McCarthy）が政府内に多数の「共産分子」（ソ連のスパイ）がいると爆弾発言をすると、アメリカ中にパニックが広がった。戦後のアメリカを一種のヒステリー状態に陥らせたこの「赤狩り」（革命旗の赤色から赤は共産主義を表す）は、マッカーシーの名にちなんで「マッカーシズム」（McCarthyism）とも呼ばれる。マッカーシーは側近の弁護士ロイ・コーン（Roy Cohn）とともに偽証や事実の歪曲、自白や密告の強要などによって、無実の人々を共産主義者として告発し、社会的に抹殺していった。

赤狩りが最高潮に達したのがローゼンバーグ事件であった。1949年のソ連による原爆実験成功に衝撃を受けたアメリカ人にさらなる衝撃を与えたのは翌年のことであった。アメリカの核兵器開発に関する機密情報をソ連へ漏えいした容疑で、共産党員のジュリアス・ローゼンバーグ（Julius Rosenberg）とその妻エセル（Ethel）が逮捕されたのである。マンハッタン計画に関わっていたエセルの弟デービッド・グリーングラスが原爆の機密情報を盗み、ローゼンバーグ夫妻に渡し、夫妻がその情報をスイス生まれの密使ゴールドに託し、ゴールドが在ニューヨークのソ連副領事に伝えたという。エセルはコードネームを持っていなかった（スパイではなかった）が、夫との共謀罪で有罪となり死刑判決を受けた。知識人やメディアは夫妻が裁かれた1917年スパイ活動防止法の合憲性について疑問を投げかけたり、最高裁判事の偏った判断を批判したりしたが、ローゼンバーグ夫妻が裁判での証言を拒否したために、2人の死刑が確定した（告発したグリーングラスは司法取引で無罪となった）。トルーマン、アイゼンハワーの2人の大統領が恩赦を拒否した後、1953年6月、2人は電気椅子で処刑された。夫妻はスパイ活動防止法によって処刑された初めての民間人となった。ローゼンバーグ事件は、アメリカ国内の反共ヒステリーを象徴する事件であるとともに、冷戦下、各国によって日々繰り広げられていた諜報活動の一端を示唆する出来事である。

スパイ罪で処刑されたローゼンバーグ夫妻（1953年）

2. ケネディとキューバ危機

トルーマン、アイゼンハワーだけでなく、ジョン・フィッツジェラルド・ケネディ（John Fitzgerald Kennedy, JFKと略される）もまた冷戦に翻弄された大統領であった。無名だったケネディは1960年大統領選挙で一躍歴史の表舞台に登場した。WASP（アングロサクソン系白人プロテスタント）が政治を動かすアメリカで、アイルランド系カトリック教徒であるケネディの当選は不可能に近い所業といわれたが、反共の戦士として人気のあった現職の副大統領リチャード・M・ニクソン（Richard Milhous Nixon）を12万票という僅差で破り、第35代大統領に就任した。キリスト教プロテスタント原理主義者が多い南部の聖書地帯（バイブルベルト）の支持を得るために、テキサス出身のリンドン・B・ジョンソン（Lyndon Baines Johnson）を副大統領候補に据えたことも奏功したが、なによりケネディ人気を押し上げたのが史上初のテレビ討論であった。よどみなく雄弁に政策を語る若き政治家と慎重に言葉を選ぶ「初老の」現職副大統領は人々に対照的に映った。実際、ニクソンは当時40代後半で、40代前半のケネディとほぼ同世代であったが、当時のモノクロテレビはニクソンの「伸びかけた夕方の髭」（five-o'clock shadow）を目立たせ、年齢より老けた印象を

第35代大統領ジョン・F・ケネディ
出 典：John F. Kennedy Presidential Library and Museum

与えたといわれる。このテレビ討論を機に形勢は逆転し、若きリーダーへの期待が高まった。史上最年少の43歳236日で就任したケネディは1,000日足らずで暗殺されたが、彼の理想や理念は後進に受け継がれ、その業績は歴史に刻まれている。

時にアメリカの「貴族」ともいわれるアイルランド系ケネディ家の歴史は19世紀半ばにさかのぼる。故郷アイルランドが深刻な飢饉に襲われた1840年代、ケネディ家はアメリカへの移住を決断する。ボストンで酒場を経営し､蓄財した祖父パトリック･ジョセフ・ケネディ（Patrick Joseph Kennedy）はそのお金を息子ジョセフ（Joseph Patrick Kennedy, Sr.）の教育につぎ込んだ。ハーヴァード大学卒業後、ジョセフは25歳で銀行の頭取となり、実業家として成功すると市長の娘（同じアイルランド系）と結婚した。ケネディは1917年、9人兄弟の2番目の子どもとして生まれた。父ジョセフは献金によって有力な政治家に近づいた。親しくしていたフランクリン・デラノ・ローズヴェルトが大統領に当選すると、証券取引委員会委員長やイギリス大使などの要職を歴任した。長男ジョセフが第2次世界大戦中に死亡したため、父親の政治的野望は次男ジョンに託された。大使時代にジョセフはジョンを大使秘書として同伴し､イギリスの要人に紹介した。ヨーロッパ視察旅行での経験はハーヴァード大学での卒業論文「なぜイギリスは油断したか」に結実した。これはヨーロッパでヒトラーの横暴を認めた1938年の「ミュンヘンの譲歩」に注目して英国外交を分析したものである。大学卒業後、海軍より太平洋戦争に出征してケネディは魚雷艇の艦長として活躍した。1943年、彼の魚雷艇が日本軍の駆逐艦に沈められた際、以前から持病を抱えていた背中に重傷を負ったが、生存していた部下を救出した功績に対して海軍と海兵隊から勲章を授与された。戦後はジャーナリストになる夢を諦め、父親の望み通りに政界入りし、1946年に民主党からボストン選出の下院議員となり（3期）、1952年より上院議員を2期を務めた後、1960年、大統領候補に指名された。

大統領選挙の結果を踏まえて、ケネディは超党派の政権を組織するとともに、知識人や学者を要職に就けた。共和党の重鎮ディロンを財務長官に、ロックフェラー財団理事長のラスクを国務長官に、民主党内の政敵スティーヴンソンを国連大使に任命して挙国一致体制を実現し、母校ハーヴァード大学から「最高の頭脳」（The Best and the Brightest）といわれるアーサー・シュレジンジャー・ジュニア（大統領特別補佐官）、マクジョージ・バンディ（国家安全保障問題担当特別補佐官）やハーヴァード・ビジネス・スクールで教鞭をとっていたロバート・マクナマラ（国防長官）、弟のロバート・ケネディ（司法長官）らを起用した。

ケネディの理想主義的理念は随所に見ることができる。就任演説では、「君たちが国家に何を望むかではなく、君たちが国家に何ができるかを問う」と訴えてカリスマ性を発揮した。また、「ニューフロンティア」（New Frontier）と銘打った政策で、連邦政府の権限拡大、経済の発展、産業基盤の確立、科学技術の進歩などを掲げた。民主党的なリベラルな政策は、フランクリン・デラノ・ローズヴェルトのケネディ版ともいえるが、共和党と南部の民主党保守派に牛耳られた議会は、彼の「革新的な」政策のほとんどを葬り去った。例えば、彼が提案した乱開発から自然を守る法案、公立の小中学校に連邦予算を配分する法案、高齢者に必要な医療を施す健康保険法などは議会によって拒否されたが、暗殺後、その遺志はジョンソン大統領に引き継がれ、実現することとなる。1961年、ケネディが創設した「平和部隊」（Peace Corps）は現在も存続する政府主導の民間人ボランティア・プログラムである。人的交流を通じて世界平和を実現する「部隊」は、発展途上国の経済発展や地位向上に寄与し、異文化理解を促進してきた。創設以来、22万人以上のアメリカ人が138の国や地域に派遣されている。

ケネディは就任早々、冷戦の洗礼を受けることになる。ピッグス湾事件（Bay of Pigs Invasion）である。前年、ソ連の支援を受けたフィデル・カストロ（Fidel Castro）は革命を起こし、キューバに社会主義国家を樹立していた。同盟関係にあったキューバの共産化に焦りを抱いたアメリカ政府はキューバの政権転覆を画策した。1960年3月、「中央情報局」（CIA: Central Intelligence Agency）はキューバからの亡命者約1,500人を集めて武装訓練し、奇襲作戦によるカストロ政権転覆を立案した。アイゼンハワー政権から作戦を引き継いだケネディは、求められるままに作戦命令を出した。1961年4月、武装した亡命キューバ人部隊がコチノス湾（スペイン語でpigsの意味）から上陸し、政権転覆を試みたものの惨敗に終わり、3日で撤退した。自ら立案した作戦ではなかったが、命令を下したケネディは、キューバとの関係悪化を招いた責任を痛感した。

その後、ケネディはピッグス湾事件での失点を取り戻すべく、行動を起こした。1961年6月3日、4日に、オーストリアのウィーンでソ連第1書記長のニキータ・S・フルシチョフと会談し、世界を驚かせた。ケネディ＝フルシチョフ会談（Kennedy-Khrushchev Conference）をきっかけに、米ソの関係改善が期待されたが、両国の懸念だった核実験、核軍縮、ドイツやベルリン分割などの問題は進展せず、会談は「折衝を継続する」合意のみで終了した。

歴史上、世界が人類を滅亡させる最終戦争（Armageddon）に最も近づいたのは1962年10月のことであった。この「キューバ（ミサイル）危機」（Cuban Missile Crisis）として知られる13日間の攻防は冷戦時代の米ソ直接対決のクライマックスともいえる事件である。1962年10月14日、ソ連がキューバにミサイル基地を建設中であることを示す空中写真をアメリカの偵察機U-2が入手した。ピッグス湾事件以来、アメリカのさらなるキューバ侵攻を警戒したソ連は、密かにキューバを軍事拠点化させていたのである。この写真を見たケネディは政権の最高幹部を招集し、NSCでこの問題について協議した。10月17日、CIA長官ジョン・マコーンはケネディに3案を示した。「何もしないで基地建設を許す」、「宣戦布告による開戦につながる海上封鎖をして基地建設を阻止する」、「軍事行動」（軍事施設の空爆から全面的キューバ侵攻までのさまざまな軍事作戦を提示）の3つである。ケネディは、ソ連の即時報復および西ベルリン侵攻を招く恐れのある「軍事行動」を排除した。彼はCIAが示した第2案を選んだが、提案と決定的に異なるのは「宣戦布告をしない」という決断であった。10月22日、ケネディは全米テレビ放送で、ソ連によるキューバのミサイル基地建設はアメリカのみならず、西半球に対する核攻撃を意図するものであると非難し、基地建設を阻止するためキューバを「海上隔離」（naval quarantine）すると宣言した。この時、ケネディはこの作戦は国際法上、戦闘行為とみなされる「封鎖」（blockade）ではなく、人道的見地から必要物資の搬入出を妨げない「隔離」（quarantine）であると説明した。同時に、米軍の爆撃機約1,500機、大陸間弾道ミサイルをはじめとする100基以上の核ミサイルの発射準備を整え、水爆を搭載した66機のB-52を24時間体制で待機させた（開戦直前段階のDEFCON 2）。核兵器の性能・数ともにアメリカがソ連を上回っていたことから、ケネディはソ連が話し合いに応じると考えていた（当時、米ソのミサイルギャップは逆転し、アメリカが優勢だった）。10月26日、フルシチョフから「アメリカがカストロ政権を容認し、二度とキューバに侵攻しないと約束するのであればミサイルを撤去する」という書簡が届いたが、翌日、フルシチョフはモスクワ放送を通じてトルコにあるNATO基地のミサイル撤去をキューバのミサイル基地撤去の条件とすると要求を高めてきた。さらに、ソ連は米国のU-2偵察機1機をキューバ上空で撃墜した（パイロット1名死亡）。ケネディは即時開戦を主張する強硬論者を説得して、ソ連への報復を1日だけ延期した。

最大の危機は翌日10月27日、海上で起こった。それまで4隻のソ連潜水艦B-59がアメリカ海軍によって検知され、3隻はすでに退却していたが、残る1隻が潜水を続けていた。このB-59は通信が断絶していたために、開戦直前にまで緊張が高まっていることを知らなかった。B-59は核魚雷を搭載していたが、発射には3人の士官全員の同意が必要であった。アメリカ海軍による威嚇爆撃が行われる中、すでに開戦したと考えたサビツスキー艦長とマスレニコフ政治将校は魚雷の発射を主張したが、もう1人の士官であった副艦長ヴァシーリィ・アルヒーポフ（Vasili Alexandrovich Arkhipov）はモスクワと交信して状況を確認する必要があると主張した。議論の末、3人は発射を思い留まった。アメリカ海軍の戦艦のまっただ中に浮上した潜水艦はそのまま帰投した。こうして、広島に投下された原爆の3分の2に当たる10キロトンの核魚雷の発射と米ソ核戦争は回避された。

ケネディはこの間、弟のロバート・ケネディ司法長官を密使として駐米ソ連大使ドブルイニンと交渉させ、トルコ＝キューバの交換武装解除という密約を結んだ。大使からの電話を受けたフルシチョフは翌日10月28日日曜日の朝、キューバからミサイル基地を撤去すると宣言した。世界が核戦争の危機から解放された瞬間であった。

キューバ危機以降、米ソ関係は改善した。クレムリンとホワイトハウスを結ぶホットラインが開設され、米ソは不測の事態に備える体制を整え、核実験禁止条約を締結した。同時に、キューバ危機でアメリカに屈服せざるを得なかったソ連はミサイルギャップを克服するために3倍の核軍拡を行い、ケネディもまた大統領が数分以内に核攻撃を開始できる「核のフットボール」(nuclear "football":大統領が軍司令部に核攻撃の許可を出すことができる機材が入ったブリーフケースで「核のボタン」ともいう)の創設を命じた。

3. ヴェトナム戦争

ヴェトナム戦争(Vietnam War, 1954〜1973)は、冷戦時代の米ソ代理戦争といえる。この戦争によって死亡した約300万人の半分が民間ヴェトナム人であった。約5万8,000人の米兵も犠牲となった。生き残った兵士も異国での血生臭い地上戦の記憶から「(ポスト) ヴェトナム症候群」と呼ばれる心的外傷後ストレス障害(PTSD: Post-Traumatic Stress Disorder)に苦しんだ。ヴェトナムに派兵された約55万人のアメリカ人の平均年齢はわずか19歳であった。ヴェトナム戦争は米国史上初の「敗北した対外戦争」である。アメリカは、最先端の軍事技術と軍隊をもってヴェトナムの共産主義勢力を制圧しようとしたが、中ソから提供される豊富な資金や兵力、兵器を手にした愛国的なゲリラ兵に屈した。国内では、最大規模の反戦運動や街頭デモが行われ、学生や芸術家、作家や兵士が反戦を訴えた。トルーマン、アイゼンハワー、ケネディ、ジョンソン、ニクソンら歴代政権によるヴェトナム介入の表向きの理由はアジア諸国の共産化連鎖を防ぐ「ドミノ理論」(Domino Theory)であったが、背後には東南アジアの豊富な天然資源(ゴム、スズ、石油など)という国益もあった。1954年の国務省覚書には「もし(ヴェトナム宗主国の)フランスが撤退を決断するなら、この地域を引き継ぐかどうか、我が国は極めて真剣に検討しなければならない」との文言がある。

ヴェトナム戦争の起源は第2次世界大戦前にさかのぼる。戦前、ヴェトナムを支配していたのはフランスであったが、大戦が始まると日本がヴェトナムを占領した。1930年にインドシナ共産党を立ち上げ、共産主義国家の建設を模索していたホー・チ・ミン（Ho Chi Minh）は中国亡命後、大戦末期に帰国してヴェトナム独立同盟「ヴェトミン」（Vietminh）を組織し、アメリカの協力を得てゲリラ戦によって日本軍の排除に成功していた。1945年、敗戦した日本が撤退すると、共産主義者のホーに率いられたヴェトナム人が北ヴェトナムの都市ハノイで独立を宣言し、通りにあふれた100万人が解放と独立を祝った。しかし、すぐに連合軍の取り決めに従って、蔣介石の軍隊が北ヴェトナムに、植民地支配を復活させるためにフランスが南ヴェトナムに進軍した。ホーは、フランスに中国軍を撤退させ、その後、交渉によってヴェトナムの統一と独立を目指すことを決意したが、フランスは外交ルートによって中国軍を排除した後、ヴェトナムの独立を断固として拒否した。1946年12月、両者は戦闘に突入した（第1次インドシナ戦争）。この間、イギリスとアメリカはフランスによるヴェトナム支配を回復させようと軍事支援を続けた。特に、アメリカは戦費10億ドルとともに大量の武器をフランスに供与したが、1953年末までにほとんどの国土がヴェトミンの支配下に置かれた。フランスは1954年、ヴェトナム北部からの撤退を決断した。南北ヴェトナム、カンボジア、ラオス、中国、フランス、イギリス、アメリカ、ソ連による和平会議で合意した「ジュネーヴ協定」（Geneva Accords, 1954）では、北緯17度線によってヴェトナムを南北に分割すること、1956年に行われる選挙によってヴェトナム人自らが国政を選ぶことが定められた。これは、直前に国土の4分の3を制圧していたヴェトミンにとっては大きな譲歩であった。

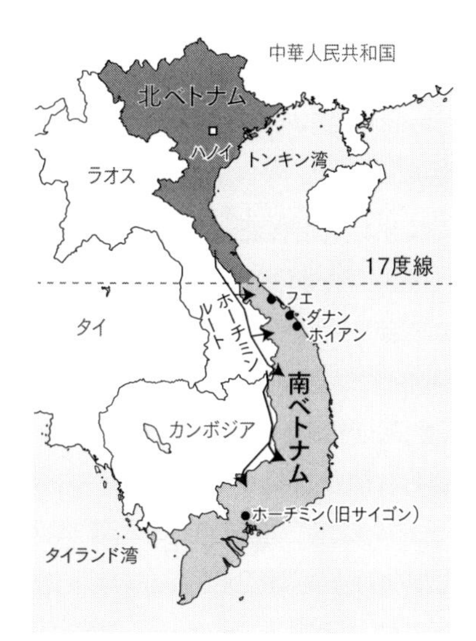

図12-3　北緯17度線で分断されたヴェトナム

その後すぐに、アメリカは南ヴェトナムにゴ・ディン・ディエム（Ngo Dinh Diem）を首相とする民主主義を掲げた傀儡政権を樹立した。ディエムは協定を破り、選挙を実施しなかった。1958年頃からヴェトコン（Viet Cong：南ヴェトナム解放民族戦線の俗称で、この民兵組織やそのゲリラ兵を指す）によるゲリラ攻撃が始まると南ヴェトナムは弱体化していった。汚職が横行したディエム政権から人心は離れていたが、アイゼンハワーとケネディは資金・武器の拠出や軍事アドバイザーの派遣を通して、南ヴェトナムの支援を続けた。1950年代には800人前後だった駐留米軍は1962年半ばまでに9,000人に達していた。

1963年、ヴェトコンにディエムが処刑され、南の劣勢が明らかになると、翌年8月、ジョンソン大統領はアメリカ海軍の艦船がトンキン湾で魚雷攻撃を受けたと発表した。このトンキン湾事件への報復としてジョンソンはヴェトナム北部への空爆を行った。ヴェトナムを視察したマクナマラ国防長官は追加派兵を進言し、ジョンソンは即座に10万人の派兵を決め、1966年までにさらに10万人の派兵を決定した。密林から現れるゲリラ兵による夜間攻撃に苦しんだアメリカ軍は1966年から1967年にかけて、南ヴェトナム全土に数万ガロンもの枯れ葉剤（Agent Orange）の散布を行った。この有毒な化学物質は戦後、長期間にわたってヴェトナム人に深刻な健康被害を与えることとなった。

増え続ける犠牲者と軍事支出にアメリカ市民の怒りと不満が高まり、1967年頃には全米で大規模な反戦運動が起こるようになった。政府は、戦争はすぐに終わると説明していたが、20万の増兵要求が報道されたとき、アメリカの劣勢は国民の知るところとなった。国内では20万人以上が徴兵忌避罪に問われ、8,000人が有罪となった（後の大統領によって恩赦された）。すでに55万人の米兵をヴェトナムに送り込んでいたジョンソンは追加派兵を断念した。1968年1月、ヴェトナムの旧正月（テト）に行われたヴェトコンによる一斉攻撃（Tet Offensive）で米軍は多大な犠牲を被り、戦況はさらに悪化した。

ニクソンはアメリカ社会に暗い影を落としていたヴェトナムからの撤退を表明して当選したが、実際には終戦まで前政権と同じ5年の歳月を要した。実際、ニクソン政権下でヴェトナム戦争犠牲者の3分の1が死亡している。民族自決を趣旨とする「ヴェトナム化」（Vietnamization）政策の立場で、ニクソンはヴェトナムからの部分撤退を発表すると、異国で大義のない戦争を戦っていた米兵の士気はさらに下がった。軍には麻薬の乱用や人種差別、手りゅう弾による仲間の殺害や脱走が蔓延し、米兵によるミライ村での数百人のヴェトナム人虐殺（My Lai Massacre）も明らかとなった。ニクソンは南ヴェトナム人兵士への訓

ワシントンD.C.でのヴェトナム反戦デモ（Tommy Japan 79, CC BY 2.0）

練や最新武器の提供を進め、北ヴェトナムの都市部を空爆した。「名誉ある和平」（Peace with Honor）を模索する一方で、和平会談が停滞すると1972年12月26日、北ヴェトナム（ハノイ）への大規模な空爆を行い、病院や住宅を破壊した。この「クリスマス爆撃」は国際的非難を浴び、米国議会はヴェトナム撤退決議を行った。最も問題視されるニクソンのヴェトナム政策はヴェトコンの補給路を断つため、中立を保っていたカンボジア・ラオスを空爆したことである。この事実が明るみに出ると、反戦世論は一気に高まった。1971年6月、政権内の漏洩者（plumbers）によって歴代政権のヴェトナム政策に関する最高機密文書「ペンタゴン・ペーパーズ」（Pentagon Papers）が報道され、政府の秘密工作や虚言が明らかになると、全米の大学で学生による反政府・反戦デモが決行された。校舎に立てこもったケント州立大学の学生4人が州兵の銃撃で死亡する事件も起きた（ニクソンは機密文書を報道した新聞社を告訴したが、敗訴した）。1973年1月、ニクソン大統領はパリ和平協定に署名して、5年越しの公約「名誉ある撤退」（“an honorable end to the war in Vietnam”）を果たした。1976年6月、ヴェトナム社会主義共和国が樹立され、南北ヴェトナムは統一国家となった。米軍の空爆によって政情不安になったカンボジアではポル・ポト率いる共産主義テロ組織「クメール・ルージュ」（Khmer Rouge）が勢力を拡大し、その後、約200万人ものカンボジア人が過酷な労働、処刑、飢餓の犠牲となった。ラオスもまた共産主義の独裁国家となった。反共ドミノ理論によってインドシナに軍事介入したアメリカは、自ら共産ドミノを倒し、敗戦という深い傷を負うこととなった。

4. ウォーターゲート事件

この時代に、ヴェトナム戦争と並んで大国アメリカの国際的威信を傷つけた事件が第37代大統領ニクソンによるウォーターゲート事件（Watergate Scandal）である。この事件が発覚するまで大統領としての彼の歴史的評価は決して低いものではなかった。外交面ではヴェトナム戦争終結、中ソとの和解など、第2次世界大戦後の世界再編に関わる成果を上げたが、内政面では反戦運動や社会運動の弾圧、保守派の最高裁判事任命をめぐる議会との対立、経済政策の不備やヴェトナム戦争収拾の不手際など失敗の連続で、最後に大統領辞任という米国史上初めての汚点を残してホワイトハウスを後にした。

1913年、カリフォルニア州のクエーカー教徒の家に生まれたニクソンは、父親の経営するガソリンスタンドで働きながら学校に通った。成績優秀でハーヴァード大学から入学の勧誘があったが、両親の不和や経済的理由から地元を離れることができず、ウィッティ大学に入学後、デューク大学大学院に進み、法律を学んで弁護士になった。優等で卒業したものの、「家柄」のせいで東部の著名な法律事務所への就職はできず、郷里に戻り、教師だったパットと結婚した。第2次世界大戦で海軍士官として従軍した後、自分を冷遇した東部エリートへのリベンジを誓い、政治的野望を抱いた。

「太平洋戦争の英雄」として立候補した1946年、強力な民主党の地盤から下院議員に当選を果たした若いニクソンは、共和党幹部から注目を集めた。「下院反米活動委員会」（HUAC: House Un-American Activities Committee）の委員に選出されると、彼はテレビ中継で異端分子（共産主義者）を追い詰め、一躍、時の人となった。特に、東部名門の家柄で元国務省高官のアルジャー・ヒスのスパイ行為の証拠を集めて偽証罪で告発・糾弾した聴聞会でニクソン人気は急上昇した。「共産主義の魔の手からアメリカを守る英雄」となった若手議員ニクソンは1950年に上院議員に、1952年大統領選挙では老練なドワイト・アイゼンハワー大統領とのバランスをとる形で副大統領候補になった。若手のホープで「反共のチャンピオン」のニクソンは、弱冠39歳で副大統領としてホワイトハウス入りを果たしたが、現職の副大統領として挑んだ1960年大統領選挙でケネディに惜敗した。このときのマスコミのケネディ贔屓を目の当たりにしたニクソンは徹底したマスコミ嫌いになった。1962年、カリフォルニア州知事選に落選後、挫折をまとめた『6つの危機』（*Six Crises*）を著したが、意外にもこれがベストセラーになった。「法と秩序の回復」をキャッチフレーズに、再び1968年大統領選挙に立候補した。ニクソンは党派を超えた穏健派や保守層を抱き込む「草の根」ネットワークで資金を調達して大統領に当選した。就任早々に行ったことは、政府とホワイトハウスから「東部知識人」を排除することであった。彼は側近にアイヴィーリーグ出身者を一切採用してはならないと指示した。

大統領としてのニクソンはアメリカ外交政策の中核をなしていたイデオロギー主義を転換し、現実主義的外交政策を進めたという点で評価できる。アジア・太平洋地域における軍事防衛について、関係各国による責任分担を求めた1969年のグアムでの「ニクソン・ドクトリン」（Nixon Doctrine、もしくはGuam Doctrine）、1972年2月の電撃訪中と国交正常化交渉、5月のソ連との第1次戦略兵器制限条約（SALT I）調印に端を発する冷戦の「デタント」（緊張緩和）への動きは脱イデオロギー外交の一環といえる。再選を果たした1973年には和平協定に調印し、ヴェトナム戦争を終結させた。ニクソン外交のキーパーソンとなったのがユダヤ系ドイツ人でハーヴァード大学出身の国際政治学者ヘンリー・A・キッシンジャー（Henry Alfred Kissinger）であった。ニクソンは戦略的な学者として注目されていたキッシンジャーを国家安全保障問題担当補佐官（後、国務長官）として起用し、中ソとの関係改善に当たらせた。外交面での成果はニクソンの不人気を払拭し、再選に貢献した。マッカーシズム吹き荒れる時代に反共の戦士であったニクソンにとって、中ソへの接近は180度の方向転換であった。

しかし、外交で評価されたニクソンを政治的に葬り去ったのがウォーターゲート事件であった。ウォーターゲート事件とは1972年6月、民主党全国委員会本部があったウォーターゲートビルへの不法侵入事件に始まり、1974年8月、大統領辞任に終わった一連の政治スキャンダルである。不法侵入事件への自らの関与を隠蔽しようとして行った司法妨害、権力濫用、憲法違反によってニクソンは下院弾劾裁判を受けて辞任を決意した。事件は政治不信につながり、権力監視の必要性を喚起した。

この世紀の政治スキャンダルは、1つの小さな事件から始まった。1972年6月、大統領選挙の予備選挙の最中、何者かが首都ワシントンD.C.の民主党本部ウォーターゲートビルに侵入する事件があり、侵入犯5人が逮捕された。後に逮捕された2人を加えて彼らは「ウォーターゲートセブン」と呼ばれる。侵入犯がWHと書かれたメモを持っていたことから、政府（White House）関与を疑う者がいたが、ニクソンは事件への関与を否定した。1972年11月、大統領選挙でニクソンは再選された。翌年1月、侵入事件の裁判で被告7人のうち5人が罪を認めて裁判を回避し、2人が有罪となった。ホワイトハウスの関与を確信したワシントン・ポスト紙の記者ボブ・ウッドワード（Bob Woodward）とカール・バーンスタイン（Carl Bernstein）は大統領関与の記事を書き続けた。記事の中で彼らは情報提供者の政府高官を「ディープ・スロート」（Deep Throat）と呼んだため、この語は流行語となった。

世論の圧力を受けて、ニクソンは1973年4月、特別検察官にアーチボルト・コックスを任命し、事件を調査するための上院特別委員会を設置した。公聴会で追及された法律顧問ジョン・ディーンは、大統領再選委員会責任者のジョン・ミッチェルが侵入を命令したこと、ホワイトハウスが事件のもみ消し工作を図ったこと、ニクソンが侵入犯に口止め料を払ったことを暴露した。7月、特別委員会で補佐官アレクサンダー・バターフィールドはホワイトハウスの執務室での会話を記録したテープで大統領の事件への関与を証明できると証言した。テープの提出を要求されたニクソンはこれを拒否した。10月20日土曜日、ニクソンは突如、司法長官にコックスの解任を命令したが、司法長官も司法次官も解任を拒否し、自ら抗議の辞任をした。ニクソンは自らコックスを解任し、自分に非協力的な政府高官5人も同時に解雇した。ニクソンによるこの一連の越権行為は「土曜日の大虐殺」（Saturday Night Massacre）と呼ばれ、後に訴追対象となる。1974年7月、最高裁はニクソンにテープの提出を命令した。その後、公開されたテープには品位を欠く彼の肉声が残されていたが、核心部分の17分間が削除されていた。下院で大統領弾劾決議が可決され、上院での弾劾が確実になった8月8日、ニクソンは罷免を避けるために、大統領を辞任した。1974年8月9日、彼はスピーチを行った後、ホワイトハウスを去った。

首都ワシントンのウォーターゲイトビル
出典：Allen Lew from Berkeley（CC BY 2.0）

1974年9月、ニクソンは新大統領のジェラルド・フォード（Gerald Ford）により恩赦され、一切の罪から免除された。フォードは、前の副大統領スピロ・アグニュー（Spiro T. Agnew）の汚職による辞任に伴い、1973年12月、大統領指名と上下両院の承認を得て副大統領に就任したばかりだった（副大統領の辞任・交代は史上初）。ニクソンを有罪とする世論が圧倒的であったが、フォードは大統領になる見返りとして恩赦したという見方が広まると、新大統領は1日にして国民の支持を失った。ニクソンはアメリカ史上唯一の「任期途中で辞任した」大統領になり、1994年81歳で死亡した。通常、大統領経験者に対して執り行われる国葬もなかった。現職大統領として臨んだ1976年の大統領選挙で落選したフォードは、アメリカ史上唯一の「選挙で選ばれなかった大統領」になった。ウォーターゲート事件は国内では政治不信を生み、国外ではアメリカの威信を失墜させた。

ディスカッションテーマ

1. ケネディ暗殺の真相
2. ヴェトナム戦争の教訓
3. ウォーターゲート事件の背景

冷戦時代の米ソ宇宙開発競争

1957年10月4日、アメリカはソ連による人類初の人工衛星「スプートニク」(Sputnik、ロシア語でtravelerを意味する語)の打ち上げ成功のニュースに衝撃を受けた。1955年に宇宙計画を発表していたアメリカは、同様の周回衛星を開発中であったからである。「人類初」をソ連に奪われたアメリカの科学技術に対する自信は砕け散った。この「スプートニク・ショック」(Sputnik Shock)は、アメリカの防衛・教育・産業分野の再編の契機となり、米ソ宇宙開発競争の始まりとなった。冷戦下、宇宙技術は核ミサイルやスパイ衛星に転用できる軍事技術であったため、両国は国家の威信をかけて宇宙開発に邁進した。

「ヴァンガード」(Vanguard)の打ち上げに失敗した翌年、人工衛星「エクスプロア1号」(Explorer I)の打ち上げを成功させ、面目を保ったアイゼンハワー大統領は1958年、「アメリカ航空宇宙局」(NASA:National Aeronautics and Space Administration)を創設した。このとき、アイゼンハワーは安全保障に関する2つのプログラムを始動させた。軍事目的の宇宙開発を進めるアメリカ空軍による宇宙部隊創設とCIAが主導したCorona(コロナ)と呼ばれる航空写真偵察システムである。極秘国家プロジェクトであったCoronaは冷戦時代、ソ連や共産主義諸国の情報を地球を周回する人工衛星によって収集し続けた。

有人宇宙飛行でもアメリカはソ連に敗北した。1961年4月、ソ連は宇宙船「ボストーク1号」で宇宙飛行士のユーリ・ガガーリンを宇宙に送り、人類初の有人宇宙飛行(宇宙遊泳)を成功させた。地球を一周したガガーリンは「地球は青かった」という言葉を残して、108分後に地球に帰還した。有人宇宙飛行の「マーキュリー計画」を進めていたアメリカもすでにチンパンジーを乗せた宇宙船を打ち上げる最終テストを行っていたが、この競争でも「人類初」を奪われた。

人工衛星でも有人宇宙飛行でもアメリカはソ連の後塵を拝したが、宇宙開発分野でのリードを画策するケネディ大統領は、就任直後、今後10年以内に人間を月面に着陸させる「アポロ計画」（Apollo Project）を発表した。その後、NASAの予算は5倍に増え、40万人もの職員・研究者がアポロ計画に携わった。数々の試行錯誤と痛ましい犠牲を経て、ケネディの公約は果たされた。1969年7月20日、アポロ11号で月に向かったアメリカ人宇宙飛行士ニール・アームストロング（Neil Armstrong）は月面に立った最初の人間となった。彼は地上から見守る500万人の視聴者に向かって「これは一人の人間にとっては小さな一歩だが、人類にとっては大きな一歩である」（"That's one small step for a man, one giant leap for mankind."）と語った。アームストロングは月で探索を行った後、平和のメッセージを書いたアメリカ国旗を残して月面を後にした。

月面着陸は宇宙開発競争でアメリカがソ連に初めて「勝利」したミッションであった。ソ連は1959年、探査機ルナ1号を月面に着陸させようとしたが、失敗した。この探査機は月の周回軌道に入り、現在も月を周回している。その後、1969年から1972年まで、有人での月面着陸に挑戦したが、成功することはなかった。アメリカも1970年のアポロ13号ミッションは不首尾に終わった。打ち上げ後、13号は動力源の酸素タンク爆発で航行不能となり、月面着陸を諦めたが、3人の宇宙飛行士とNASAとの連携によって3人は奇跡的な生還を果たした。アメリカは1972年までに計6回のミッションで12人の宇宙飛行士を月面に着陸させている。

1970年代、米ソは莫大な資金を要する宇宙開発分野での協働を画策した。努力が結実したのが、アメリカ・アポロ宇宙船とソ連・ソユーズ宇宙船のドッキングである。1975年7月17日、両者は大西洋上の地球軌道高度222キロメートル上空でドッキングに成功し、互いの宇宙船に乗り込んで共同実験を行った。これは冷戦時代の米ソ宇宙開発競争の終焉を告げる象徴的なミッションとなった。

第13章

対抗文化の時代

――マイノリティの異議申し立て

1950年代から1960年代の対抗文化の時代、アメリカではさまざまなグループが既存の社会政治体制に対して異議申し立てを行った。中でも奴隷制廃止後も構造的な人種差別に苦しんできたアフリカ系アメリカ人は大規模な反人種差別プロパガンダである公民権運動を起こし、イデオロギー対立を利用して国際世論に訴えた。公民権運動は社会に人種統合の必要性を突き付け、政府に改革を迫った。ジェンダー差別に直面してきた女性も触発され、公的領域での自由・平等を求めて女性解放運動を組織した。

○この章で扱う出来事

1954	ブラウン判決
1955	エメット・ティル事件、バス・ボイコット運動
1957	リトルロック高校事件
1961	フリーダム・ライド
1963	フリーダン『女らしさの神話』出版、ワシントン大行進
1964	公民権法、フリーダム・サマー
1965	血の日曜日事件、投票権法
1966	全米女性機構（NOW）設立
1972	男女平等修正条項（ERA）成立（1982年廃案）
1973	ロー対ウェイド判決

この章のポイント

1. ブラウン判決はどのような裁定だったのか
2. バス・ボイコット運動はどのようにして始まったのか
3. 公民権運動はなぜ起こったのか
4. 第２波フェミニズム運動は何を目指したのか

1950 年代～ 1960 年代は、多くのアメリカ人が既存の社会政治体制や価値観に挑戦した対抗文化運動（counterculture）の時代であった。この時代、学生、性的マイノリティ、ヒッピー（反体制者）、女性、ヒスパニックなどのグループがエスタブリッシュメント（既存体制、特に支配階級）に対して異議申し立てを行った。中でも、社会的影響や規模で突出しているのがアフリカ系アメリカ人による「公民権運動」（Civil Rights Movement）である。公民権運動は 20 世紀アメリカ史における最も重要な社会政治運動であるといえる。

公民権運動とは、人種差別的な社会構造の改革を目的とした、アフリカ系アメリカ人による大規模な政治運動である。この戦いは奴隷制の廃止以降、彼らが長年、耐え忍んできた人種差別への異議申し立てであった。南北戦争後の混乱の中でアフリカ系アメリカ人を再び疑似奴隷制ともいえる人種的ヒエラルキーに組み込んだのが 1896 年のプレッシー判決であった。連邦最高裁が人種差別的政策を正当と定めたプレッシー判決から 5 年以内に、ほとんどの南部州は、識字テスト、財産要項、人頭税、白人専用予備選挙などを導入してアフリカ系アメリカ人の投票権を合法的に剥奪した。ルイジアナ州では、1896 年に約 13 万人だったアフリカ系アメリカ人の登録有権者は 1904 年に 100 分の 1（1,342 人）にまで激減した。他の南部州でも同様に黒人有権者は激減した。

20 世紀半ばに公民権運動が起こったことは偶然ではない。自由と平等を掲げて独立したアメリカにとって人種問題は建国以来のスティグマであった。奴隷制廃止後も人種差別法は存続した。潮目が変わったのは冷戦期だった。冷戦下、米ソは資本主義と共産主義のどちらが人間をより幸福にする社会経済システムかを競う中、ソ連はアメリカの人種対立は資本主義の欠陥の証拠であると主張した。アフリカ系アメリカ人に対する暴力を報じた映像に対して世界中から抗議が殺到する中、アメリカ政府は人種問題への本格的な対応を迫られた。国際世論に押される形で世論が変わり始め、政府の人種政策も変化し始めた。公民権運動のリーダーはこの変化の兆しを見逃さなかった。

1. ブラウン判決

公民権運動の起爆剤となったのが、1954年の「ブラウン対教育委員会」(*Brown v. Board of Education of Topeka, Kansas*)の最高裁判決（以下、「ブラウン裁判」）であった。ブラウン判決とは、公教育における人種分離の原則（1896年のプレッシー判決）を違憲とした連邦最高裁判決である。全米有色人地位向上協会（NAACP）は1930年代より公教育での人種差別撤廃運動を展開してきたが、成果を上げることはできなかった。1950年、NAACPはこの問題を広く社会に問うため、各地の支部を通じてアフリカ系アメリカ人の親に近隣の白人小学校に子どもの転入希望を出してほしいと依頼した。これに応じた親の1人がカンザス州トピカに住むオリヴァー・ブラウンだった。当時、小学校3年生だった娘のリンダ(Linda Brown)は近隣にある白人のサムナー小学校に通えず、毎日線路を横切って3.2キロメートル歩き、そこでバスに乗って、遠くの黒人小学校に通っていた。NAACPの支援を受けたオリヴァーはサムナー小学校に転校を申し入れたが、断られていた。1952年、NAACPは拒絶された親たちを原告としてカンザス州、サウスカロライナ州、デラウェア州、ヴァージニア州、ワシントンD.C.の5つの学区で各教育委員会を相手取って公教育での人種統合を求める裁判を起こした。これら一連の裁判が最高裁で争われた時にアルファベット順にした最初の名前の原告がブラウンだったことから、この裁判は「ブラウン判決」と呼ばれるようになった。著名な弁護士や法律家、歴史家の協力により、1952年12月の口頭弁論で国民的議論となり、1954年5月17日、9人の判事が全員一致で「人種分離教育は本質的に等しいとはいえないため、憲法修正第14条に反する」との結論に達した。この判決によって、1896年のプレッシー判決が無効となり、学校をはじめとするあらゆる公的施設での人種差別は違憲となった。

ブラウン判決は画期的な判決であったが、その後も実質的に公教育での人種統合は進まなかった。1955年、連邦最高裁は第2次ブラウン判決（*Brown v. Board of Education of Topeka, Kansas II*）を発出して各地域の教育行政に責任を委譲し、「可及的速やかに」（with all deliberate speed）人種統合教育制度を実現するよう指示した。しかし、判決で明確な期限や方策が示されなかったため、人種統合は各教育委員会の裁量に任され、実質的に進まなかった。その後もNAACPは数百もの学区で人種統合を求める裁判を起こしている。

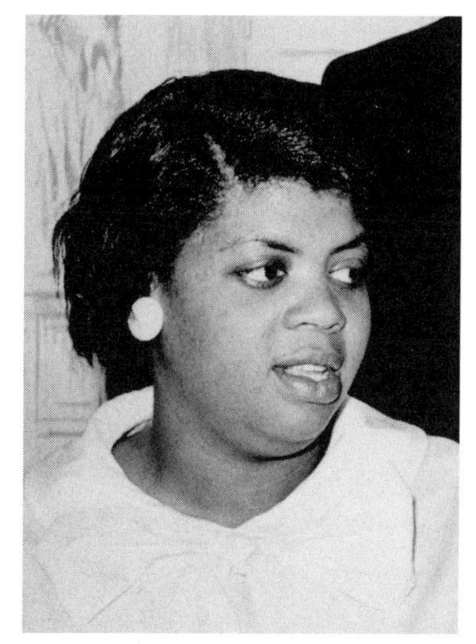
リンダ・ブラウン（1964年当時）
出典：アメリカ議会図書館

1957年のリトルロック高校事件はブラウン判決の最も初期の試金石となった。NAACPの要請を受けて、アーカンソー州リトルロックの教育委員会でも段階的な人種統合案が採択され、最初の人種統合は1957年9月に予定されていた。NAACPは心身ともに差別や圧力、困難に耐えうるアフリカ系アメリカ人少年少女9人を選び、白人学校であったリトルロック中央高校（Little Rock Central High School）に入学を申請した。歴史的な役割を果たすことになる「リトルロック・ナイン」（Little Rock Nine）と呼ばれる9人である。入学に際して、NAACPは9人を招集し、今後、予想される事態やその対応について説明し、指示を与えた。

入学2日前、フォーバス知事は、他の生徒を保護するため、州兵を動員してこの9人の学校入構を阻止すると発表し、高校の保護者団体もこれに賛同した。入学日の9月4日、他の8人とは別に到着した15歳のエリザベス・エクフォード（Elizabeth Eckford）は、数百人の敵対的な群衆の怒号を受けながら学校に入ろうとしたが、知事の命令を受けた州兵に阻まれた。エクフォードは途中で1人の女性から唾を吐きかけられたと語っている。事件はメディアで大きく報じられ、全米がこの高校生9人の動向に注目した。アイゼンハワー大統領は知事を説得しようとしたが、聞き入れられなかったため連邦軍を派遣した。9月23日、9人は再び登校するが、学校前に1,000人以上の群衆が抗議に殺到したため、治安維持という理由で、警察により帰宅させられた。9人が初めて全日、授業を受けることができたのはその2日後のことであった。入学後も9人は白人の生徒からの日々の嫌がらせや暴力に苦しんだ。後ろから足を踏まれたり、階段から突き落とされたり、薬品を顔にかけられたりしたこともあったという。激怒して白人に報復して退学になった1人を除く8人がこれらのハラスメントを耐え抜き、中央高校でその年の課程を終えた。この時、最上級生だったアーネスト・グリーン（Ernest Green）が卒業した。1958年5月の卒業式に出席したマーティン・ルーサー・キング・ジュニア牧師（Martin Luther King, Jr.）はグリーンの卒業を祝い、彼らの功績を称えた。

人種統合の戦いは高等教育機関でも繰り広げられた。1952年、アラバマ大学はオザリン・ルーシー（Autherine Lucy）を合格させたが、彼女がアフリカ系アメリカ人（黒人）であると判明すると、州法により入学は無効であると通告してきた。ルーシーは大学への入学を求めて、裁判に訴えた。ブラウン裁判で勝訴した弁護士サーグッド・マーシャルがこの事件を担当した結果、1955年、最高裁は大学に対して、ルーシーに入学許可を出すよう命じた。1956年、ルーシーは入学したが、彼女の入学を知った白人暴徒が大学に押し寄せ、彼女を侮辱して殺害すると脅迫した。マーシャルは大学が暴徒を援助し、彼女への保護を与えなかったとして再び裁判を起こしたが、大学はこの主張は虚偽であると述べてルーシーの入学を取り消し、ルーシーは退学となった（後に、ルーシーは大学と和解してアラバマ大学を卒業し、大学はルーシーの名前の奨学金を創設した）。

1976年には私立学校における人種差別に対しても最高裁の違憲判決（*Runyon v. McCrary*）が出されたが、教育分野における人種統合を求める戦いは現在も続いている。2008年、バラク・オバマ（Barak Obama）上院議員（当時）は「ブラウン判決から50年後の現在も人種隔離された学校は劣った教育しか提供できず、白人と黒人の学生の学力格差の原因となっている」と述べた。それでも、この歴史的なブラウン判決は全米の公民権運動家を覚醒させ、その後、教育以外の分野での人種差別の撤廃につながっていく。

2. バス・ボイコット運動

ブラウン判決が倒した公民権運動の次のドミノが 1955 ～ 1956 年のバス・ボイコット運動であった。アラバマ州モンゴメリーの NAACP 支部が放った「刺客」が、後に「公民権運動の母」と呼ばれるローザ・パークス（Rosa Parks）であった。モンゴメリー市では、人種差別的なバス乗車規定を撤廃する試みが 1940 年代から始まっていた。モンゴメリーの規定では、バスの前半分を白人席、後半分を黒人席とし、白人席に空きがないとき、（運転手の命令に応じて）黒人の乗客は白人の乗客に席を譲らなければならないと定めていた。さらに、黒人乗客は車掌に運賃を支払った後、いったん降りて後部入口から乗車すると定められていたが、そのままドアを閉めて走り去る悪質な運転手もいた。同じ運賃であるにもかかわらず、アフリカ系アメリカ人乗客は数々の屈辱的な規定の遵守を強いられてきた。1949 年、無人バスに乗車した際、車掌の「後部座席に行け」という命令に背いた罪で逮捕されたジョー・アン・ロビンソン（Jo Anne Robinson）は、「女性政治カウンシル」（Women's Political Council, WPC）を結成し、バスの人種差別規定の撤廃運動を展開した。1954 年には市長に対して 3 分の 2 に当たるアフリカ系アメリカ人乗客による乗車拒否の可能性も示唆して改善を求めた。1955 年、連邦政府の州際通商委員会（ICC）が州際列車・バスの人種差別規定を廃止したとき、ロビンソンは市バス乗車の差別的ルールの撤廃は時間の問題だと感じたという。

1955 年 12 月 1 日、車掌の「席を譲れ」という命令に反抗したとき、パークスは自分が担うことになる歴史的役割を意識していた。その日、百貨店での裁縫師の仕事を終えたパークスは帰宅するためにバスに乗り、空いていた黒人席の最前列に座った。ほどなくしてバスは混雑し始め、立つ乗客が増え始めた。白人の乗客が立っているのを見た運転手はバスを止めて、黒人席の最前列に座る 4 人に席を譲るように命じた。3 人は従ったが、パークスは断り、座り続けた。運転手はすぐに通報し、パークスは逮捕された。後に彼女は座り続けた理由を、「（白人に）屈服することに疲れていたから」（tired of giving in）と説明している。NAACP の秘書としての経歴を持つ 42 歳のパークスは公民権運動の戦いを熟知し、自らも学校やバスの人種差別撤廃のために闘ってきた。抗議活動の象徴として（逮捕者の中から）パークスが選ばれたのは、彼女が人々から尊敬されている模範的市民であり、メディアによる追及や圧力、敵意にも耐えうる精神力を持っていると指導者らが判断したからである。

パークス逮捕の報は瞬く間にモンゴメリーのアフリカ系アメリカ人共同体に伝わった。NAACPの指導者や公民権活動家が集まり、協議した結果、「機は熟した」とモンゴメリー全市でのバス乗車ボイコットを計画した。彼らは長期的なボイコットに対処するため、「モンゴメリー向上協会」（MIC: Montgomery Improvement Association）を設立し、そのリーダーに当時26歳だったキング牧師を選出した。4日後のパークスの裁判の日に合わせてバスのボイコット計画のチラシを作成して人々に協力を求めた。12月5日、裁判で有罪となったパークスは罰金刑（14ドル）となり、バスのボイコットが始まった。乗客の7割以上を占めるアフリカ系アメリカ人はモンゴメリー市が差別を撤回するまで戦い抜いた。自家用車を持つ者はボランティアで相乗り（carpool）を引き受け、タクシー運転手はバス料金の10セントで乗客を運んだ。ほとんどの者が毎日、徒歩で通勤・通学した。黒人地区から職場である白人地区まで毎日、20マイル（約37キロメートル）歩いた者もいた。日々の困難にもかかわらず、彼らは一切、妥協しなかった。徹底的な乗車拒否に遭い、無人のバスを走らせ続けるバス会社は倒産の危機に直面した。

バスのボイコットと並行して、公民権運動のリーダーは司法の判断を求めた。1956年2月1日、NAACPやMICは地方裁判所にバス規定の違法性を問う裁判を起こし、6月に勝訴した。モンゴメリー市の上告により訴訟は最高裁に持ち込まれたが、11月には最高裁でもバス規定は、すべての市民に州法・連邦法下での「平等の保護」を定めた憲法修正第14条に反するという判決を勝ちとった。かつてない規模の抗議運動は国内だけでなく、国外メディアの関心も集め、モンゴメリーのニュースは連日、世界を駆けめぐった。1956年12月20日、最高裁の違憲判決を受けて、市当局は差別規定を撤廃し、381日間続いたバス・ボイコット運動は終了した。1956年12月21日、モンゴメリーでは、バス乗客全員が好きな席に座れることになった。

バス・ボイコット運動は成功を収めたが、その後も運動中に白人による抵抗や嫌がらせ、暴力が頻発した。ボイコット中にはNAACP支部長のニクソンやキングといった指導者の自宅やアフリカ系アメリカ人教会が爆破されたり、ボイコットに協力したという理由で多くのアフリカ系アメリカ人が解雇されたりした。ボイコット後にはアフリカ系アメリカ人の乗客に向けた発砲事件も発生した。人種分離されたままの停留所を狙った暴行事件も発生した。ボイコットで象徴的な役割を演じたローザ・パークスとその夫レイモンドにも憎悪が向けられた。夫婦ともに解雇され、日々の誹謗・中傷が相次ぎ、一家はアラバマ州モンゴメリーからミシガン州デトロイトへの転居を余儀なくされた。その後、パークスはジョン・コンヤーズ（John Conyers）下院議員の秘書として働く傍ら、自伝2冊を出版した。1987年には、ローザ&レイモンド・パークス自己開発教育センターを設立し、デトロイトの若者を支援する活動を始めた。その後、パークスには大統領自由勲章や議会名誉黄金勲章が贈られた。2005年、パークスは92歳で逝去した。当時の大統領、ジョージ・W・ブッシュは、公民権運動のパイオニアであるパークスに敬意を称して、彼女の葬式の日、すべての公官庁の米国旗を半旗にするよう命じた。モンゴメリーのバス・ボイコット運動は全米の公民権運動家に勇気を与えた。この運動で名を上げたキング牧師は国民的ヒーローとなり、彼が主張する非暴力（nonviolence）は公民権運動の運動指針となった。

3. 公民権運動の広がり

1955年8月28日、ミシシッピ州マネーで後に全米に衝撃を与える殺人事件が起こった。犠牲者はエメット・ティル（Emmett Till）というイリノイ州出身の14歳のアフリカ系アメリカ人少年であった。シカゴのサウスサイドで暮らしていたティルは、南部に住む大叔父に会うため、ミシシッピ州を訪問していた。8月24日、ティルは従弟にシカゴでは白人のガールフレンドがいると自慢したが、従弟は信じず、もしそれが本当なら地元の店のカウンターに座っている白人女性をデートに誘ってみろとけしかけた。ティルはその店でキャンディーを買った後、女性に「バーイ、ベイビー」と言いながら出ていった（当日のティルの行動については、口笛を吹いた、女性の手を握ったなど諸説ある）。女性以外に目撃者はいなかった。数日後、キャロリン・ブライアントは出張から帰っ

南部でリンチされた14歳のシカゴの少年エメット・ティル（ynet, CC BY-SA 4.0）

た夫ロイ（Roy Bryant）にこの出来事を話した。8月28日早朝、激怒した夫は義理の兄弟ミラム（J. W. Milam）を伴い、ティルが滞在していた大叔父宅に向かい、少年を引き渡すよう迫った。拒む大叔父を押しのけ、2人は無理やり少年を車にのせ、川原で服を脱がせた。そして、棍棒で顔を殴りつけ、銃で頭を打ち抜き、有刺鉄線で綿繰り機の羽にティルの首を結びつけて、川に沈めた。

発見された遺体を現地で埋葬しようとした当局に対して、ティルの母親マミー・ティル・ブラッドリー（Mamie Till-Bradley）は遺体の返還を要求した。息子の遺体と対面したブラッドリーは、判別できないほど変わり果てた息子の姿に衝撃を受けた。打撲で膨れ上がり、大きくゆがんだティルの顔には歯は1本も残っていなかった。母親は遺体を公開することで、犯罪の醜悪さや息子の無念を伝えようとした。報道されると、ティルの痛ましい遺体に全米が涙した。撲殺された少年の遺体の写真は生前の写真とともに世界中に拡散され、アメリカの人種憎悪の異常さを見せつけた。母親はブライアントとミラムを殺人罪で告訴したが、地元の白人陪審員は1時間ほどで無罪と裁定し、釈放した。この事件は多くのアメリカ人の心を動かした。バス・ボイコット運動の象徴となったパークスも、ティルのリンチ（lynching）に衝撃を受けて行動した1人であった。

エメット・ティル事件は20世紀後半においてもリンチという手段が南部での人種問題の解決法として共有されていたことを物語っている。リンチとは裁判を経ることなく正義を施すことを口実として、個人や集団が「違反者」（offender）に拷問や暴力によって生命を奪う不法行為である。リンチは、19世紀後半から20世紀前半にかけて南部を中心に増加した。20世紀転換期の地元新聞にはリンチの事前告知やリンチのために学校や商店を休業した町で多数の見物人が集まったという記事もある。1882年から1968年までにアフリカ系アメリカ人を中心に少なくとも4,742名がリンチの犠牲者となった。反リンチ運

人種分離された駅の黒人専用の待合室
出典：アメリカ議会図書館

動は1892年、アイダ・B・ウェルズ（Ida B. Wells）による国際キャンペーンから始まった。2度渡英したウェルズは各地で講演を行い、アメリカの残酷なリンチ（mob rule）の真相を語った。南部白人は、リンチは白人女性をレイプした黒人男性への制裁として必要であると主張したが、犠牲者のほとんどが性犯罪に関与していないことは明らかだった。リンチ事件を調査したウェルズは、白人女性と目を合わせた、反抗的な態度をとった、羽振りがよくなったなど、あらゆる理由でアフリカ系アメリカ人はリンチの犠牲になったと述べている。NAACPが中心となり、1918年から1922年にかけて反リンチ運動を行ったが、リンチを連邦法上の犯罪（federal crime）とする法案「ダイアー反リンチ法」（Dyer Anti-Lynching Bill）は、激しい議論の末、議会で廃案となった。20世紀前半、約200もの反リンチ法案が提出されたが、成立することはなかった（約100年後の2022年に成立）。

公民権運動は、アフリカ系アメリカ人に好意的だったケネディ・ジョンソンの民主党政権時代に前進した。ケネディ時代の成果の1つが、1961年の「フリーダム・ライダーズ」（Freedom Riders）である。1961年5月4日、多様な人種的背景を持つ若者のグループが州境を越える公共交通機関や公共施設での人種差別撤廃を求めて深南部をめぐる旅に出発した。「自由を求める乗員」（フリーダム・ライダーズ）と銘打った若者の一行は到着する南部の町々で白人至上主義者の暴行に遭った。中には重傷を負った若者もいた。最終目的地アラバマ州モンゴメリーでは到着した彼らを1,000人以上の暴徒が待ち受け、両者は一触即発の状態となった。この危機にケネディ大統領と弟のロバート・ケネディ司法長官は600人の州兵を派遣して、彼らの安全を確保した。その後、ケネディはICCに空港、鉄道施設を含む全州の交通ターミナルにおける人種差別撤廃を要求した。1961年末までに「白人専用」、「黒人専用」の標識は取り除かれ、人種にかかわらずすべてのアメリカ市民が平等に公共交通機関を利用できるようになった。

1962年のメレディス事件（Ole Miss Riot of 1962）でもケネディはアフリカ系アメリカ人の大義を支援した。全米一貧しい州といわれるミシシッピ州のアフリカ系アメリカ人ジェームズ・メレディスがミシシッピ大学への入学を訴え、最高裁で入学を勝ち取ったが、リトルロック高校事件と同様に、州知事は裁判所の命令を無視して州兵を動員し、彼の大学への入構を阻んだ。ケネディは大統領行政命令によって州兵を連邦軍に編入してメレディスの入学を支援した。1962年9月30日、彼は同大学の最初の黒人学生となった。

これらの事件を受けてケネディは、あらゆる分野における人種差別を取り締まることが可能な強力な公民権法制定の必要性を訴えた。1963年6月、彼はテレビ演説で奴隷解放から100年経った現在においてもアフリカ系アメリカ人は不公平のくびきからも経済的圧力からも解放されていないと述べ、「希望や誇りを求めるなら、すべての市民が自由になるまで国家は完全に自由になることはないだろう」と人々に公民権法への支持を呼びかけた。

1963年のいくつかの事件がケネディの主張の正当性を裏付けた。4月には、キング牧師とアフリカ系アメリカ人のグループは、アラバマ州バーミンガム市で公共施設での人種統合を求める抗議運動「バーミンガム運動」（Birmingham Campaign）を展開した。運動には多くの市民が参加し、連日、座り込みの抗議（sit-ins）やデモ、ボイコットによって市の人種差別法に抗議した。運動を鎮圧するため、当局は警察を動員し、高圧消防ホースや警察犬を使って平和的なデモ参加者を攻撃した。無力な市民が警察の暴力の犠牲になる映像はすぐに全世界に拡散し、視聴者の心を揺さぶった。

8月には公民権運動の象徴となった「ワシントン大行進」（March on Washington for Jobs and Freedom）が行われた。1963年8月28日、首都ワシントンD.C.のリンカン・メモリアル前の広場で行われたこの行進はもともと労働運動家で公民権運動家のA・フィリップ・ランドルフ（A. Philip Randolph）

が雇用における人種差別への抗議のため、20年前に計画したものだった。首都での数千人規模のデモ計画は当時の大統領フランクリン・デラノ・ローズヴェルトに政府組織「公正雇用実行委員会」（FEPC: Fair Employment Practices Committee）を設立させた。その後、FEPC廃止に伴い、彼は再び雇用分野での人種差別撤廃を訴えるデモ行進を計画していた。当時、議会における公民権法審議の停滞を憂慮していたキング牧師もまた世論にアピールする機会を模索していた。2人は公民権運動を訴える大規模なデモ行進を共催することで合意した。ケネディ大統領は当初、行進が暴動に発展することを恐れたが、2人の説得によって行進の開催を許可した。

ワシントン大行進には当時、公民権運動を推進する6つの強力な団体（BSCP, NAACP, SCLC, CORE, SNCC, NUL）のリーダーとそのメンバーが参加した。全米各地から25万人以上が集まり、報道関係者は3,000人を数えた。リンカン・メモリアルではアフリカ系アメリカ人指導者による一連の講演とオペラ歌手、ゴスペル歌手、ポップス歌手による音楽パフォーマンスが行われた。最後を飾ったのがキング牧師の「私には夢がある」（I have a dream）スピーチである。4分の予定だったスピーチは16分にも及んだ。スピーチの途中、登壇者の1人が発した「あなたの夢を語って！」という呼びかけに、キングは準備していた原稿を置き、静かに語り始めた。「私には夢がある。それは、いつの日か、ジョージアの赤土の丘の上で、かつての奴隷の息子たちと、かつての奴隷所有者の息子たちが、兄弟として同じテーブルにつくことである」。アメリカ中、世界中に放映されたこのスピーチは、多くの人々にとって最も印象的な公民権運動のメッセージとなった。

公民権運動時代のもう1つの痛ましい事件がワシントン大行進の約2週間後に起きた「16番通りバプティスト教会爆破事件」（16th Street Baptist Church bombing）である。アラバマ州バーミンガムで、9月15日午前11時前、日曜礼拝のために集まっていた人々は突然の爆発音に騒然となった。この爆発で地下室にいた11～14歳のアフリカ系アメリカ人の少女4人が犠牲となった。当時、教会用の晴れ着に身を包んだ少女らは、初めて参加する礼拝前の束の間のおしゃべりを楽しんでいた。事件はケネディを含む多くのアメリカ人に衝撃を与えた。この教会はアフリカ系アメリカ人共同体の公民権運動の拠点であったことから、白人至上主義者の標的になったと考えられている。犠牲となった少女4人の葬式に約8,000人が参列し、少女らの早すぎる死を悼んだ。この2か月後、凶弾に倒れたケネディの後を引き継いだジョンソンは、公民権法成立への決意を新たにした。

ジョンソン政権で成立した1964年公民権法（Civil Rights Act）は再建期以降に成立した、最も重要なアメリカの法律の1つである。この法律は、人種、肌の色、宗教、性別、出生地に基づく差別を禁じた（2020年、最高裁判決で性的志向に基づく差別も禁止した）。具体的には公共施設や公共機関・労働組合・学校・職場での人種差別の禁止、投票登録制限の禁止の他、連邦政府予算が配分されたプログラムでの種々の差別を禁止している。議会でのさまざまな反対や妨害を乗り越えて、1964年7月2日、公民権法は成立した。この法律によって「ジム・クロウ法」（人種差別法）は違憲となった。

しかし、公民権法の成立後も、選挙制度における人種差別は続いた。投票権（参政権）は個人が政府の意思決定に影響力を及ぼすために必要な最も重要な人権の1つであるが、南部諸州は有権者登録に識字テストや人頭税を課したり、有権者登録をした者を解雇したり、リンチや暴力で脅迫したりしてアフリカ系アメリカ人を有権者名簿から排除し、投票を阻んでいた。1950年代、黒人投票率は人口の20%であったが、南部ではわずか約2%であった。1964年6～8月には、「フリーダム・サマー」（Freedom Summer）と呼ばれる、ミシシッピ州でのアフリカ系アメリカ人の有権者登録キャンペーンが行われたが、北部学生を中心とする公民権運動ボランティアに対する暴行や強迫が相次ぎ、リンチ事件も起こった。

投票権剥奪に抗議するため、1965年3月7日、キング牧師とアフリカ系アメリカ人の学生団体「学生非暴力調整委員会」（SNCC: Student Nonviolent Coordinating Committee）600人はアラバマ州のセルマからモンゴメリーへの行進を行ったが、彼らをアラバマ州軍と警察が阻止した。中止・撤退命令に従わなかった非暴力のデモ参加者に対して、州兵や警察は暴力でねじ伏せ、50人に重軽傷を負わせた。当局が無抵抗のデモ参加者を棍棒で打ち付け、彼らに催涙ガスを浴びせ、鞭で攻撃する衝撃的な映像は世界中にテレビ中継された。この事件を「血の日曜日」事件という。事件の国際的なダメージを憂慮したジョンソンは、8 月 5 日、より強力な投票権法を成立させた。この法律は憲法修正 15 条で保障した投票権の厳格な執行を求めるとともに、有権者登録に課す「識字テスト」や「人頭税」を無効とした。さらに、非白人の投票率が 50％以下の地区での連邦政府による監督指導を義務づけた。政府の監視下でアフリカ系アメリカ人の有権者登録は急増した。1965 年、黒人議員は下院に 6 人のみだったが、1971 年までに下院 13 人、上院 1 名のアフリカ系アメリカ人議員が誕生した。建国当時、人口の 6％にあたる土地所有者の白人男性しか投票できなかったが、参政権は 1870 年に黒人男性に、1920 年に女性に拡大された。制度的にはこのとき 20 歳以上の全市民が参政権を得た。しかし、アメリカで実質的な普通選挙が導入されたのは、1965 年のこの投票権法以降であろう。1971 年にはヴェトナムに派兵される 18 歳への参政権の必要性が議論され、憲法修正第 26 条の成立を経て、18 歳以上の全アメリカ市民に投票権が与えられた。

キング牧師暗殺の数か月後、メキシコでアメリカ公民権運動を象徴する事件が起きた。1968 年 10 月 16 日、メキシコシティオリンピックの男子 200m 走の表彰台で金メダルのトミー・スミス（Tommie Smith）と銅メダルのジョン・カルロス（John Carlos）は、アメリカ国内での人種差別や人権侵害に抗議するため、握り拳で片手を高く掲げるポーズ「ブラック・パワー・サリュート」（black power salute）を行った。アメリカ国歌が流れる中、2 人のアフリカ系アメリカ人アスリートは目を閉じて頭を下げ、黒い手袋をした握り拳を高く掲げた（手袋を忘れた 1 人に片方を貸したため、両者は異なる手を掲げた）。黒い手袋はアフリカ系アメリカ人に対する暴力を、首に巻いた黒いスカーフは人種的プライドを、ビーズはリンチを、靴を脱いだ足は貧困を、スミスが手に持った箱は平和を象徴し、握り拳は人種差別への抵抗とそのための団結を意味していた。スミスとカルロスだけでなく、銀メダルを獲得したオーストラリアの選手ピーター・ノーマン（Peter Norman）も人権擁護団体（Olympic Project for Human Rights）のバッジを胸につけていたために、激しい非難にさらされた。スポーツに政治を持ち込み、オリンピック精神を傷つけたという理由で 3 人は帰国後も国内外から脅迫やバッシングを受け続け、アスリートとしてのキャリアを失った。しかし、歴史的には、彼らの行動は人種差別に苦しむ人々を勇気づけ、自由と人権の重要性を全世界にアピールした。

4. 第2波フェミニズム

この時期、公民権運動に触発されたアメリカ女性は、ジェンダー差別の解消に向けて行動を起こした。19世紀から20世紀初頭にかけて起きた女性参政権運動を中心とする第1波フェミニズム（First-Wave Feminism）に対して、1960年代から1980年代にかけて、教育や雇用といった分野での男女の社会政治的平等を求めた運動を第2波フェミニズム（Second-Wave Feminism）という。アメリカで始まった女性解放運動はその後、アジアやヨーロッパに拡散した。

第2波フェミニズムの起源は、戦後のアメリカでの女性を取り巻く社会状況に求めることができる。1945～1960年にアメリカは好景気に沸いた。アメリカのGNPは250％の伸びを記録し、国民1人当たりの収入は35％増加した。戦時中、軍需・民需合わせて800万人の女性が雇用され、1950年代末、女性就業率は40％に達したが、終戦とともに1,200万人の男性兵士が帰国すると、女性労働者は大量に解雇された。退役軍人は復員援護法（G.I. Bill）による奨学金を得て就学し、卒業後、相応の職を得た一方で、「職業婦人」であった女性は家庭に送り返された。

男性を復職させるため、アメリカ社会も女性の家庭回帰を促した。戦後、連邦政府が帰還兵にマイホーム取得資金を低利で貸し出すと、郊外には新築住宅が次々に建設された。1959年にソビエトを訪問した副大統領ニクソンとソ連書記長のフルシチョフの間で交わされた「台所論争」（Kitchen Debate）にみられるように、イデオロギー論争の陰の主役は「主婦」（housewife）であった。当時の理想の家族は、郊外の広い住宅に住み、最新家電（冷蔵庫、洗濯機、乾燥機、ミシンなど）に囲まれた夫婦（妻は専業主婦）と子どもの核家族であった。政府の奨学金を得た男子学生が増える中、1920年に47％だった女子大生の比率は1958年には35％にまで下がった。1950年代、女性は結婚相手を見つけるために大学に通った。1955年には女子大生の6割が結婚のため、もしくは学問は結婚の邪魔になるために退学した。

1950年代、アメリカ社会が作り上げたジェンダーステレオタイプに女性は絡めとられた。早婚や主婦を賛美する広告、テレビ、新聞、映画、小説や家庭的な女性を賛美する専門家や学者などが登場する中、戦後の若い女性、特に中産階級の高学歴女性は「エリート男性と結婚して郊外の高級住宅地の専業主婦になること」を理想とするようになる。ある女性誌は、主婦業は「管理と創造の仕事」であり、「家庭を作り、子どもを作り、家族を養育するよい環境を作る女性こそ文明、文化、美徳を絶えず作り直す人」であると主婦を賛美した（*Ladies Home Journal,* 1947）。「支配人、計理士、コック、看護師、運転手、ドレスメーカー、室内装飾家、秘書、慈善家」であることを求められた主婦は、時間があれば家事をした。買い物、子どもの送迎、パン作り、ミシンがけ、シーツ交換、庭の手入れ、ワックスがけ、子どもの宿題の手伝いなど、家事や育児に忙殺される主婦は次第に精神を病んでいく。郊外のあるメンタルクリニックによると、28 人の主婦患者のうち 16 人は心理療法を受け、18 人は精神安定剤を常用し、4 ～ 5 人が自殺を試みたという。

後に第 2 波フェミニズムのリーダーとなるベティ・フリーダン（Betty Friedan）もまた主婦信仰に取りつかれた女性の 1 人であった。1942 年、東部名門女子大（Seven Sisters）の 1 つであるスミス・カレッジを優等で卒業したフリーダンは、奨学金を得て、カリフォルニア大学バークレー校の心理学特別研究員として E・エリクソンの下で学んだが、その後、ニューヨークでフリージャーナリストとなり、1947 年、カール・フリーダンと結婚して 3 児の母親になった。1957 年、母校から同窓生の追跡調査を頼まれてインタビューをする中で、彼女らが自分と同じような空虚感に苛まれていることを知った。フリーダンは、郊外に住む中産階級の主婦の多くに共通する問題を「名前のない問題」（"the problem that has no name"）と名付けて調査を続け、その成果を 1963 年、『女らしさの神話』（*The Feminine Mystique*）というタイトルで出版した（邦題名は『新しい女性の創造』）。著書の中で、フリーダンは「女性は夫や子どもを通して自己実現することはできないし、毎日の家事からも自分を見出すことはできない」と述べ、女性も結婚と職業を両立させる生活を設計し、能力を発

ベティ・フリーダン著
『女性らしさの神話』

揮して社会に貢献すべきであると主張した。さらに、「変えなければならないのは、男性からも女性からも人間らしい生を奪い去り、いがみ合うことなしに愛し合うことを不可能にさせてしまっている、時代遅れの男女の性別役割（分業）である」と述べた。この本は出版されるやいなや、たちまちベストセラーとなり、フリーダンのもとには読者からの共感の声が寄せられた。「20世紀で最も影響力のあったノンフィクション」ともいわれる。

その後、この本は、アメリカ第2波フェミニズムの起爆剤となった。1966年、フリーダンと同志の女性300人は女性の社会進出と自己実現を目指す組織「全米女性連盟」（NOW: National Organization for Women, 1966～）を設立した。NOWは、両性の法的平等と性別に基づく差別を禁じる男女平等修正条項（ERA: Equal Rights Amendment）の実現を主な目標とし、就職・賃金・昇進における男女差別の解消と妊娠中絶の自由化などを求めた。NOW設立目的の第1条には「名実ともに男性と平等のパートナーとなり、そのための特権と責任を行使して、女性もアメリカ社会の本流に参加できるよう我々は行動を起こすものである」と記されている。NOWは、男女平等の追求が男女対立を招かないよう、両性共通の社会的枠組みづくりを目指す穏健なフェミニズムを展開したことから、幅広い層の賛同者を集めた。NOWの活動は1970年代の日本のウーマンリブ運動にも影響した。

「女性にも男性並みの待遇を」と訴えたフリーダンの穏健派フェミニズムに対して、ジャーメイン・グリア、グロリア・スタイナム（Gloria Steinem）などの若手フェミニストはより過激な目標や手法を提案した。急進派フェミニストは、性差別（sexism）は女性の社会参画の促進などで解消できるような単純なものではなく、既存制度を破壊して新たな制度を構築しなければ解消できないと主張した。エマ・ゴールドマンは抑圧的な社会構造は資本主義に由来すると述べ、社会主義を擁護した。彼女によると、弱肉強食の資本主義は男性中心社会を作り、家父長制（patriarchy）は女性の性別役割や性関係、中絶、衣服、身体イメージなどのあらゆる側面を規定し、女性を縛り付けているという。

女性解放のパイオニアからも、フリーダンへの批判がなされた。フランス人作家シモーヌ・ド・ボーヴォワール（Simone de Beauvoir）は、『第二の性』（*The Second Sex*, 1949）において「人は女に生まれない、女になる」と述べ、女性は男性を主体とする文明によって「他者」、二次的な存在にされると主張した。彼女は原始社会から現代に至るまで、男性に支配されてきた女性の歴史をたどり、文学に描かれた「母性」、「処女性」、「永遠の女性」は父権制が作り上げた神話であると主張した。また、女性たちの率直な証言をもとに、いかにして人は幼年期から女にされるか、結婚生活で抑圧されるかを明らかにした。ボーヴォワールは「フリーダンはフェミニズムの母といわれながら、私が苦労して作り上げた畑を踏みにじった」と批判した。アメリカのフェミニスト、ケイト・ミレット（Kate Millett）も、『性の政治学』（*Sexual Politics,* 1971）で、性（sex）はすべての政治的問題のベースに存在すると述べ、フリーダンの穏健的な主張や手法を批判し、より根源的な社会構造改革を訴えた。ミレットは「歴史上の他の文明と同じように、私たちの社会には家父長制があり、……すべての権力が男性の手中にある。家父長的な政治機構を用いて男性は人口の半分を占める女性を管理しているが、ここには男性が女性を管理すると同時に、老人男性が若い男性を管理する、二重の支配構造がある」と述べている。

「個人的な問題は政治的である」（“The Personal is Political”）というスローガンが示すように、1960 年代、1970 年代のフェミニストが掲げた目標は性差別的な社会構造そのものの改革であった。スローガンの生みの親とされるキャロル・ハニッシュ（Carol Hanisch）は、同名のエッセイで次のように述べている。「こうした問題において我々が最初に発見したことの 1 つは個人的な問題は政治的な問題だということである。そこでは個人的な解決というものは存在しない。集団的な解決に向けた集団的な行動しかない」（“The Personal is Political,” 1970）。フェミニストは、個人的経験は女性の政治的地位や性差間の不平等に根ざしていると主張し、政治的な構造改革なしに性差別問題は解決できないと訴えた。

1 冊の著作で一躍フェミニズムの旗手となり、ジェンダー差別を社会問題にしたフリーダンだが、現在、彼女の歴史的評価は高いとはいえない。1970 年代、1980 年代の急激な社会変化の中でフリーダンの考えは時代遅れとなり、根源的な問題に取り組むことなく目の前の問題の解決を目指す彼女の姿勢はさまざまな方面から批判を受けた。人種、階級、戦争や労働問題に沈黙する視野の狭さも攻撃にさらされた。しかし、フリーダンの古典的な手法は 1960 年代の対抗文化運動の 1 つの潮流を作り、過激派フェミニズムにしり込みする多くの女性をフェミニズムに駆り立てたことも事実であった。

マーガレット・サンガー（Margaret Sanger）が20世紀初頭に提唱した産児制限（Birth Control：避妊を含む女性の生殖権）がこの時期に認められたのも第2波フェミニズムの功績であった。避妊をめぐっては中絶に反対する「生命尊重派」（pro-life: 中絶反対派で「プロライフ」と呼ばれる）と、女性のプロダクティヴ・ヘルス／ライツ（性と生殖に関する健康と権利）の自己決定（選択）を支持する「選択尊重派」（pro-choice: 中絶容認派で「プロチョイス」と呼ばれる）との対立が続いてきたが、1960年の避妊薬の登場に続き、1973年には連邦最高裁判所によってロー対ウェイド判決（*Roe v. Wade*）が出され、中絶を禁止する州法の違憲性が認められた。

フリーダンが結成したNOWが目標としていたジェンダー平等の憲法修正条項（ERA）をめぐる攻防は現在も続いている。ERAは1923年に初めて議会に提出された。その後、ERAは約40年の時を経て1960年代に復活し、ニューヨーク州下院議員のベラ・アブザグ（Bella Savitzky Abzug）、フリーダンやスタイナムらの活動によって1971年10月に下院を通過した。1972年3月、上院で可決され、州の批准に付された。憲法修正には50州の4分の3に当たる38州の批准が必要であった。1977年までに35州が批准し、3州を残すのみとなった。1978年、議会は批准期限を1979年3月から1982年6月に延長したが、その後、批准州はなく、1982年、ERAは廃案になった。ERAの可決から45年後の2017年にネヴァダ、2018年にイリノイ、2020年にヴァージニアが批准州となり、規定の38州に達したが、ERA成立には議会で「1982年の期限」を無効とする法の可決が必要となる。2016年調査（ERA Coalition）によると、回答者の94%がERAに賛成であったという。

ディスカッションテーマ

1. 公民権運動の広がりと米ソ冷戦
2. フェミニズムのスローガン「個人的な問題は政治的である」
3. アメリカ人のERAへの賛否

ロー対ウェイド判決と中絶論争

アメリカには人工妊娠中絶（堕胎）をめぐる歴史的な議論がある。中絶反対派（プロライフ）と中絶容認派（プロチョイス）との中絶論争は現在もアメリカの世論を二分している。プロライフ派は生命尊重の立場から中絶は「殺人」であると主張し、プロチョイス派は妊娠・出産は女性自身が選択権を持つべきであると反論する。そもそもアメリカでは 19 世紀半ばまで堕胎は規制対象ではなかった。植民地時代のアメリカではイギリスの慣習法に従い、妊娠 18 週頃の胎動（quickening）以前の堕胎は合法とされた。しかも胎動は本人の自己申告によるものであり、堕胎薬（abortifacients）も簡単に市場で入手できたため、女性のリプロダクティヴ・ヘルス／ライツは尊重されていた。歴史上、最も初期に行われた中絶規制は 1827 年のイリノイ州法であったが、これは有害な堕胎薬を販売した事業者を取り締まる法律で、女性自らが薬草（メグサハッカ、ヨモギギク、麦角、セネガほか）などを用いて家庭で行う堕胎は規制の対象ではなかった。

19 世紀半ばに中絶反対運動を展開したのが米国医師会（AMA: American Medical Association）である。AMA は同種療法医（homeopaths）や助産婦らが行っていた堕胎ビジネスを批判し、医学の優位性や専門性、権威を主張した。さらに、この時期、中絶に反対するカトリック系移民やアジア人移民が大量流入したことも中絶規制の世論を後押しした。医師や知識人が「白人女性の堕胎を放置すれば外国人や非白人の人口がアメリカ生まれの白人人口を上回る」と警告すると、当局は中絶規制に踏み切った。レスリー・リーガン（Leslie Reagan）によると、1860年代から1870年代にかけてイリノイ州をはじめ多くの州で中絶は「殺人」（重罪）となり、母体の命に関わる場合を除き、堕胎や堕胎薬の販売・使用は違法となったが、この後も中絶は減らず、闇の堕胎手術により多くの女性が命の危険に晒されたという（*When Abortion Was a Crime*）。

20世紀初頭、中絶規制に対して異議を申し立てたのがマーガレット・サンガーであった。多産多死という現実を目の当たりにしたカトリック系移民2世のサンガーは中絶の権利を求めて、産児制限運動（避妊）を展開した。サンガーは、特に労働者階級にとって大家族が貧困や苦悩を生む原因であると述べて、避妊や堕胎の効用を説いたが、当時、ほとんどの州でこれらは違法であった。1960年代にはピル（避妊薬）が合法化されたが、中絶に対する世論は依然として厳しかった。

中絶の合法化を求める運動が結実したのは1973年のロー対ウェイド判決（*Roe v. Wade*）であった。判決で最高裁は中絶を女性の権利と認め、中絶禁止の州法は修正第14条に違憲（プライバシー侵害）であるとしたが、その後、この判決は中絶論争を紛糾させた。しかも、裁判で「ジェーン・ロー」という仮名を使っていた原告ノーマ・マコービー（Norma McCorvey）は、1990年代半ばに素性を明かし、中絶反対（プロライフ）の活動家に転じたことで問題はより複雑になった。晩年、マコービーは、この翻意はプロライフ派に買収されためであったと明かし、裁判以来、中絶容認（プロチョイス）の立場は変わっていないと述べた。この証言の信頼性は検証不可能だが、生活苦を抱えていたマコービーは意味もわからないまま中絶論争の象徴にされ、双方に政治利用されたとも考えられる。

アメリカの性と生殖をめぐる議論は現在も続いている。アメリカ社会が保守化する中、2019年までに30州が中絶を規制する州法を復活させた。アラバマ州など、南部を中心とする15州は心音が聞こえる妊娠6週以降の中絶を違法とする「心音法」（heartbeat bills）を成立させた。これは「生命はいつ始まるのか」という、答えのない論争でもある。性暴力被害対策に取り組む市民活動家タラナ・バーク（Tarana Burke）が2006年に始めた性暴力への抗議Me Too（#MeToo）運動もレディ・ガガ（Lady Gaga）やアリッサ・ミラノ（Alyssa Milano）らセレブ女性たちの告発により全世界に広まった。リプロダクティヴ・ヘルス／ライツを取り戻す女性の戦いは現在も続いている。

第14章

冷戦後の新秩序

——多様化する価値観と新しい脅威

史上最年長（当時）の69歳で就任したレーガン大統領は卓越した指導力で1970年代の不況と停滞を打ち破った。力の外交が奏功し、軍拡競争で弱体化したソ連は冷戦終結後、崩壊した。20～21世紀転換期、唯一の超大国となったアメリカを襲ったのは、イスラム原理主義者による史上最悪のテロであった。情報化時代に入り、テロは現実世界だけでなくサイバー空間にも及んでいる。新たな手法で繰り出されるテロは世界に未知の脅威を与え続けている。

○この章で扱う出来事

1973	第1次オイルショック（～1974）
1979	第2次オイルショック（～1980）、スリーマイル島原発事故 アメリカ大使館人質事件（～1981）
1981	レーガノミクス（～1988）
1986	イラン・コントラ事件
1989	ベルリンの壁崩壊、マルタ会談（冷戦終結）
1991	湾岸戦争
2001	アメリカ同時多発テロ（9.11）
2003	イラク戦争（～2011）
2013	プリズム事件

この章のポイント

1. レーガノミクスとはどのような経済政策だったのか
2. 冷戦はどのようにして終結したか
3. テロはアメリカをどのように変えたのか
4. 情報化時代はいつどのようにして始まったのか

1970年代のアメリカは病んでいた。ヴェトナム敗戦にアメリカ市民は自信を失い、ニクソン辞任で政権への信頼は失墜していた。インフレや株価下落も進み、失業率は2桁に達した。1977年、現職フォードを破って第39代大統領に就任したのがジミー・カーター（Jimmy Carter）であった。「どこのジミー？」とささやかれるほど無名だったカーターは人権主義を掲げて国家を率いたが、アメリカに更なる混乱をもたらした。税金や支出を削減したが、経済は改善せず、インフレ率は18%に達し、失業率は6～8%に高止まりした。上昇した金利は消費を冷え込ませた。1970年代は経済停滞とインフレを意味する「スタグフレーション」（stagflation）の時代と呼ばれる。不況の原因の1つが2度の石油危機であった。最初の危機は1973年、エジプト・シリアとイスラエルの間で行われた第4次中東戦争時に訪れた（2度目は1979年のイラン革命時）。戦後、アラブ石油輸出国機構（OPEC）は親イスラエル諸国（英米仏）への石油の禁輸に踏み切った。上昇し続ける原油価格によってインフレは加速した。1976年のカーター演説（“Malaise” Speech）はその深刻さを現在に伝える。石油危機はエネルギー政策の転換を迫った。これを機に燃費の良い日本の小型車に乗り換える人も相次ぎ、あおりを受けた米自動車大手ビッグスリー（アメリカを代表する自動車メーカーであるゼネラルモーターズ、フォード、クライスラーの3社）の業績は悪化し、国内産業は空洞化した。1970年代から1980年代にかけて経済大国となった日本への憎悪は日本車をハンマーでたたき割る「ジャパン・バッシング」（Japan Bashing）のパフォーマンスとともに全米に拡散した（日米貿易摩擦）。

1979年にはさらに2つの事件がアメリカを襲った。3月のスリーマイル島原発事故と11月のイラン・アメリカ大使館人質事件である。原発事故は炉心から大量の放射能を拡散させ、周辺住民を恐怖に陥れた。イランでは親ソの指導者ホメイニが革命を起こし、アメリカ人外交官とその家族52人を人質にして亡命した元皇帝の引き渡しをアメリカに要求してきた。救出作戦に失敗したカーターは窮地に陥った。1980年、自信を喪失した市民は強いアメリカを復活してくれる新しいリーダーを求めていた。

1. レーガノミクス

1980年の大統領選挙はアメリカ政治史において1つの転換点となった。第40代大統領となるロナルド・レーガン（Ronald Reagan）がニューディールから続いてきたアメリカの政策を大きく転換させたからである。これを「レーガン革命」（Reagan Revolution）と呼ぶ歴史家もいる。1911年、イリノイ州で生まれ育ったレーガンは、地元のユリーカ・カレッジ（Eureka College）を卒業した後、アイオワでラジオのスポーツ番組のキャスターになった。その後、ロサンゼルスに向かい、ワーナーブラザーズのスクリーンテストに合格して、1930年代にはB級映画俳優として活躍した。当時はニューディールを支持した民主党員であったが、1950年代、民主党の政策に疑問を持ち、1962年、共和党に鞍替えした。1964年、共和党大統領候補バリー・ゴールドウォーターの応援演説で注目を集めた後、知人に勧められてカリフォルニア州知事に立候補して当選した。知事を2期務めた後、大統領を目指した。1968年、1976年には共和党の大統領候補の指名で敗れたが、1980年に指名を勝ち取り、ホワイトハウス入りを果たした。

政治的には無名だった老境のレーガンが勝利した理由は「カーター以外なら誰でもよい」というABC（Anyone But Carter）選挙のおかげだけではない。選挙中、彼が示した国政プランは明快だった。レーガンは、「アメリカを再び偉大にしよう」（Let's make America great again.）というスローガンを掲げ、コストカットと減税で不況からの脱却を、軍拡で強いアメリカの復活を公約し、笑顔でアメリカの明るい未来を語った。しばしば勝因として挙げられるのは、従来、民主党を支持してきた労働者、南部人、カトリックがカーターに失望し、共和党候補のレーガン支持に回ったことである。上昇し続ける失業率に苦しむ労働者はレーガンの大胆な経済政策に期待した。「積極的差別撤廃措置」(Affirmative Action)や「強制バス通学」(busing)といった人種統合政策に反対する南部人はレーガンの保守的なスタンスに共鳴した。カトリックは避妊に反対し、家族的価値観を重視するレーガンに好感を持った。これらの「レーガン民主党員」(Reagan Democrats)の支持を得たレーガンは現職大統領相手に50.7%の得票率で、489の選挙人(カーターは49)を獲得し、地滑り的勝利を収めた。

「レーガン革命」の効果はすぐに現れた。彼の就任とともにアメリカ社会に蔓延していた悲観主義は楽観主義に変わった。就任間もなく、イランは444日間拘束していたアメリカ人外交官を解放した。「偉大な交渉者」(Great Communicator)と呼ばれたレーガンの笑顔は自信にあふれていた。69歳という年齢を感じさせない、若々しいバイタリティーにあふれた姿は人々を魅了した。暗殺未遂事件さえも彼の支持率を上昇させた。就任2か月後、暗殺者から胸に銃弾を撃ち込まれ、病院に運ばれたレーガンは出迎えた医者に「君たち全員が共和党員であることを願うよ」と軽口をたたき、民主党員だった医者は「今日、我々は共和党員です」と返したというエピソードは有名になった。その後も、スタッフの管理不足や政策の無理解、果ては政治スキャンダルでバッシングされても、レーガンは高い支持率を保ち続けた。メディアはどのような攻撃や逆境にも負けない強靭なレーガンを「テフロン大統領」(Teflon President)と呼んだ。

就任後、喫緊の課題であった不況対策としてレーガンが打ち出したのが「レーガノミクス」(Reaganomics)と呼ばれる経済政策であった。レーガノミクスは、財政支出の削減、減税、規制緩和、通貨供給量の管理の4つの柱からなる。「小さな政府」を信奉するレーガンは、政府が大きくなりすぎていると批判し、経済成長を阻害する不当に高い税金のカットと増大した政府支出の削減を主張した。レーガンは3年間で30%の減税を提案したが、その大部分が上流階級を対象としていた。それは、資本家や富裕層を優遇する政策を行えば、設備投資や消費、株式投資が増加して経済が活性化し、結果的に税収が増加し、新たな雇用が生まれるという経済理論に基づいていた。これは、上層部に投じた富が下方に「滴り落ちる」という意味で「トリクル・ダウン」(trickle-down economics もしくは supply-side economics）と呼ばれる経済理論である（同時期、鄧小平が推し進めた先富論と類似)。減税によって歳入が増加するという不合理な主張に経済学者や同じ共和党議員から疑問の声が寄せられたが、レーガンは雄弁さと高い支持率で実現させた。楽観的なレーガンの 30％減税案は、現実的な議会によって 25％に削減された後、可決された。

レーガンは政府支出を削減する一方で、軍事費を増大させた。議会は減税に続き、軍事費の拡大を承認したが、その結果、連邦政府予算は膨大な額に達した。財政健全化のため、レーガンは引き換えに多額の予算を計上する連邦プログラムの削減や廃止を提案したが、議会は社会保障制度や医療制度の予算削減には応じなかった。このため、連邦政府予算は青天井に増加し、2 期目が終わる頃には政府の財政赤字は 2.85 兆ドルに達していた。世界最大の債権国だったアメリカは、この時代、世界最大の債務国になった。

レーガノミクスの評価は分かれるが、長期的にはアメリカ経済を復活に導いたといえる。当初、連邦準備制度理事会（FRB：Federal Reserve Board）は、減税はインフレを加速し、金利を上昇させると信じた。FRB の予想通り、高金利となったドルは市場価値を高めたが、アメリカ製品の価格を押し上げ、輸出を減少させ、輸入を増大させた。1981 年の夏には大恐慌以来最大の失業率を記録し、民主党は「レーガン不況」と揶揄した。1982 年も不況は続いたが、翌年、経済は落ち着きを取り戻し、アメリカ経済は回復基調になる。レーガノミクスは、結果的に 96 か月続くことになる長い好景気を実現し、最終的に 2,000 万もの新しい雇用を創出した。カーター政権下で 2 桁を記録したインフレ率は 1981 年には 8.9％に、1984 年には 4％にまで下落した。経済的繁栄は若者の変化にも現れた。1960 年代～ 1970 年代、既存の制度や価値観を否定した反体制主義の若者「ヒッピー」(Hippie）は町から消え、「ヤッピー」(Yuppie: Young, Urban, Professionals）が表通りを闊歩した。ヤッピーとは、大都市やその郊外に住み、裕福な生活を送るエリートの若者を指す。彼らは物質主義を信奉し、外見（イメージ）を重視し、快適さや経済的豊かさを追求した。景気が回復した翌年の大統領選挙でレーガンは、「アメリカに朝がやってきた」(“It's morning in America”）と自身の功績を高らかに宣言して、難なく再選を勝ち取った。1984年大統領選挙でレーガンが獲得した525（民主党候補のモンデールは13）という大統領選挙人の獲得数記録は現在も破られていない。

74歳で迎えた2期目は1期目ほど順調ではなかった。1985年、ナチスの墓もあったドイツ軍人の墓参はレーガンの名声を貶めた。1986年11月には、1980年代最大の政治スキャンダル「イラン・コントラ事件」（Iran-Contra Affair）が発覚し、政権批判が高まった。この事件は、国家安全保障会議（NSC）のオリヴァー・ノース（Oliver North）と国家安全保障問題担当補佐官ジョン・ポインデクスター（John Marlane Poindexter）が、レバノンの親イラン系組織によるアメリカ人の人質解放のための秘密工作として、米国の武器禁輸国であったイランに武器輸出を行い、その資金の一部をニカラグアの反政府右派ゲリラ・コントラ（Contra）援助に流用していた事件である。アメリカ政権の中枢が「テロ支援国家」のイランやゲリラ組織に対して密輸や秘密工作を行っていたという事実は世界各国を驚かせ、アメリカの威信を傷つけた。ノースとポインデクスターが起訴され有罪となると、焦点は大統領の直接的な関与の有無へと移った。当初、レーガン大統領とブッシュ副大統領は全く知らなかったと主張したが、事件の最終報告書で少なくとも両者はイランへの武器提供を承認していたことが明らかになると、大統領支持率は1週間で67％から46％へと急落した。それでも「テフロン大統領」のレーガンは、最後に人気を回復して、アメリカを「輝く丘の上の町」と呼んで、ホワイトハウスを後にした。

レーガンの政策に対しては、貧富の格差を増大させ、社会を右傾化させ、資本主義の強欲さを助長し、1960年代や1970年代の公民権運動やフェミニズム、環境保護運動といった政治社会的成果を無効にしたという根強い批判もある。政権末期には富裕層はますます豊かになる一方で、街にはホームレスがあふれ、深刻な経済格差が表面化した。しかしながら、レーガンは弱体化したアメリカ経済を軌道に乗せ、自信を喪失していたアメリカ人にプライドを取り戻させた。快活で楽観的なレーガンは、混迷の時代に祖父的な安心感を人々に与え、現れるべきときに現れ、国家を正しい場所に導いたように見える。レーガンが率いた1980年代のアメリカは、同時代を生きた人々によって、愛国主義、繁栄や平和というイメージに彩られ、ノスタルジックに記憶されている。

2. 冷戦の終結

1980 年代のレーガン外交の特徴は「力による平和」であった。そして、この外交方針が最終的に冷戦終結に導いたという見方がある。レーガンはソ連を「悪の帝国」(Evil Empire) と呼び、劣勢の軍事力を増強し、共産主義拡大を積極的に阻止しなければならないと主張した。レーガンは、就任早々の記者会見で、ソ連の指導者は未だに「世界革命と社会共産主義の世界政府 (樹立)」という野望に取りつかれていると挑発した。後に、レーガンはこのとき、アメリカはソ連がテロリストを武装させ、資金を拠出し、民主主義国家を転覆させるのを黙ってみているつもりはないという強力なメッセージを送りたかったと述べている。

地球上のどの地域 (第 3 世界) においてもアメリカは自由主義を守るために軍事介入を厭わないという、この外交政策は「レーガン・ドクトリン」(Reagan Doctrine) と呼ばれている。これは、軍事介入の失敗というヴェトナム症候群の克服でもあった。軍事予算を増大させたレーガンは核兵器を増産するとともに、グレナダ、エルサルバドル、ニカラグア、アンゴラ、カンボジアの反共勢力を直接的、間接的に支援した。これらの作戦によって、アフガニスタンからソ連軍を撤退させ、ニカラグアに民主的政府を設立させ、アンゴラから 4 万のキューバ軍を撤退させて国連監視下での選挙を実現した。1983 年に彼は、ソ連からアメリカ本土に発射された核爆弾を宇宙基地から、レーダーやミサイルを搭載した人工衛星によって撃墜するという「戦略防衛構想」(SDI: Strategic Defense Initiative) を発表して世界を驚かせた。科学者は SDI の実現性に疑問を投げかけたが、当時の映画にちなんで「スターウォーズ計画」と呼ばれたこの戦略は、ヴェトナム戦争で失墜していたアメリカの軍事的先進性を世界に印象づけた。アメリカの軍備増強がソ連の軍事費の増大と経済の弱体化を招き、ソ連指導部の強硬派の力を削ぎ、リベラル派書記長を登場させ、結果的にソ連を崩壊させた。

レーガンが就任した 1980 年代初頭、広がり続ける共産主義の脅威に対して、自由主義諸国には将来的に自らの陣営は敗北するという悲観論が広がっていた。1979 年のソ連のアフガニスタン侵攻で「デタント」(緊張緩和) は一変し、冷戦は再燃していた。当時、共産主義はソ連、中欧、東欧、中国、キューバ、ヴェトナム、北朝鮮に加え、アフガニスタンやニカラグア、サハラ砂漠以南のアフリカにまで広がっていた。しかし、レーガンは、情報機関の報告書と自身の長年の研究に基づき、ソ連の共産主義はやがて亀裂を生じて崩壊すると確信していた。1982年には、母校ユリーカ・カレッジでの講演で、ソ連は硬直した中央集権的支配が革新性や効率性、個人的業績への意欲を無効としているため、国家はやがて自己崩壊するだろうと発言している。また、その後、レーガンはイギリス議会でも、ソ連は「大きな革命的危機」にあり、やがて地球規模の自由のキャンペーンが広がり、「マルクス・レーニン主義は歴史の灰に埋もれるだろう」と予言している。

時を経て、レーガンの予言は現実のものとなった。「核をもって核を制す」という恐怖のバランスを保つため、軍拡を続けた米ソの軍事費は国家予算を圧迫し、両国にとって大きな負担となっていた。特に、産業構造の転換が遅れ、経済停滞していたソ連では軍事費の過剰支出によって西側との経済格差が拡大していた。歳入の6割を占める重要な輸出品であった原油は中東の原油増産によって価格が下落していた。1985年までにソ連の経済成長率はゼロになっていた。国家予算の4分の1を軍事費につぎ込んでいたソ連では慢性的に食料品や日用品が不足し、市民生活は支障をきたしていた。1985年3月にソ連共産党書記長に就任したミハイル・ゴルバチョフ（Mikhail Gorbachev）は状況を打開しようと、「ペレストロイカ」（ロシア語で「改革」の意味）と「グラスノスチ」（同「情報公開」）という方針を打ち出した。彼は核軍縮交渉をするため、アメリカに接触していた。

レーガンは積年のソ連への不信から、当初、ゴルバチョフの意図を疑っていたが、1985年から1988年にかけてジュネーヴ、レイキャビク、ワシントンD.C.、そしてモスクワで行われた4回の首脳会談を経て、ソ連の若いリーダーに全幅の信頼を寄せるようになっていた。この3年間に、2人の間で40通以上もの親書が交わされたことが明らかになっている。2人は手紙で議論し合い、反駁（はんばく）し合い、提案し合い、妥協策を探り合った。当初、敵対的であった手紙は徐々に友情に満ちたトーンに変わっていったという。親交を深める中でレーガンは、ゴルバチョフも自分と同じように国民のために最良を尽くし、核戦争から人類

中距離核戦力全廃条約に署名するレーガン大統領とゴルバチョフ書記長（1987年）
出典：アメリカ国立公文書記録管理局

を守ろうとする一国のリーダーであると実感する。ゴルバチョフは情報公開や経済自由化を含む改革、ソ連史の見直しを行い、対米関係改善に取り組み、1987年、中距離核戦力全廃条約（INF Treaty: Intermediate-range Nuclear Forces, 1988～2019）を結んだ。2人はその後も戦略兵器削減条約（START: Strategic Arms Reduction Treaty）の交渉を続けることを約束した。1988年、ソ連は、今後は東ヨーロッパへの政治的干渉をしないと公式に発表し、翌年、アフガニスタンから撤退した。米ソ協調は東西に分断されたベルリンにも影響を及ぼした。1989年11月、東ドイツ政府は、西ドイツとの自由な行き来を承認すると述べ、冷戦の象徴であったベルリンの壁は壊された。翌年、東西ドイツが統一し、ドイツは再び1つの国家となった。ベルリンの壁の崩壊の翌月、12月3日、アメリカの前副大統領で第41代大統領のジョージ･H･W･ブッシュ（George H. W. Bush）とソ連のゴルバチョフは「マルタ会談」（Malta Summit）を行い、冷戦終結を宣言した。1945年のヤルタ会議から44年が経っていた。

冷戦終結は、1980年代の改革派の若い書記長の登場という歴史的偶然がなければ可能ではなかったという意見がある。事実、このとき、高齢の書記長の相次ぐ死亡により、ソ連という大国が若い指導者の手に委ねられた。1982年にはブレジネフ書記長が、1984年にはアンドロポフ書記長が、1985年にはチェルネンコ書記長が相次いでこの世を去り、54歳のゴルバチョフが第1書記長

図 14-1　ソ連崩壊によって成立した国々（1991 年）

に就任した。レーガンは従来の強硬なソ連指導者にはなかった柔軟性を若いゴルバチョフに見出した。一方で、強権を否定する指導者の出現によって、ソ連内の共和国で独立の機運も高まった。バルト海沿岸のエストニア、ラトヴィア、リトアニア、ウクライナ、コーカサス、中央アジアは独立を要求した。ゴルバチョフはより高度な自治を認める連邦条約（Union Treaty）の締結を各共和国に提示して国家の維持を図ったが、1991 年 8 月、国家弱体化への不満を持つ保守派によるクーデターが起き、彼は家族や側近とともに自宅で軟禁された。最終的には革命分子への共感は集まらず、クーデターは失敗に終わったが、解放されたゴルバチョフに忠誠を誓う者はいなかった。ロシア共和国の指導者のエリツィンがソ連からの脱退を決定した 1991 年 12 月 25 日、ソビエト連邦は崩壊した。冷戦終結からわずか 2 年後のことであった。

イギリスの首相マーガレット・サッチャーは、「ロナルド・レーガンは 1 発も弾を撃つことなく冷戦を終わらせた」と称賛したが、この半世紀を振り返ると冷戦に勝者はいないことは明白である。冷戦のために、アメリカも世界も大きな代償を払った。アメリカの冷戦期の軍事費は8兆ドルと推定される。武器でなく貧困対策に費やせば多くの人々の生活を向上させることができた金額である。さらに、米兵の戦死者も約10万人を数えている。反共の中での赤狩りは、追放や処刑、反目や冤罪、陰謀を生み、反戦運動や徴兵反対運動は死傷者も出した。米ソの代理戦争であった朝鮮戦争やヴェトナム戦争で1,000万人以上もの民間人が犠牲となった。そして何より、冷戦の主役であった核兵器は現在も人類最終戦争の可能性をちらつかせながら世界中の人々を威嚇し続けている。

3. テロとの戦い

2001年9月11日、アメリカ東部標準時（ET: Eastern Time）午前8時46分、世界に衝撃的な映像が配信された。ボストン発ロサンゼルス行きのアメリカン航空11便がニューヨークの「世界貿易センター」（World Trade Center）の110階建てツインタワー北棟に激突し、炎上した。もうもうと黒煙を上げる高層ビルのライブ映像に見入る視聴者はその後、さらに異常な光景を目にした。9時3分、別の旅客機、ボストン発ロサンゼルス行きユナイテッド航空175便がすぐ隣の南棟に突入して炎上したのである。後に「アメリカ同時多発テロ」もしくは9.11（Nine Eleven）と呼ばれる事件であった。その後、日々、5万人が働いていた南北ツインタワーはともに崩壊し、上空からマンハッタンに鉄骨、ガラス、灰、そして遺体が降り注いだ。

事態はさらに悪化した。9時38分、3機目の旅客機アメリカン航空77便がアーリントンの国防総省（Pentagon）に突入し、ホワイトハウスを目指していた4機目のユナイテッド航空93便はペンシルヴェニア州南部に墜落した（勇敢な乗客が阻止したためといわれる）。この事件では、ハイジャックされた旅客機は自爆テロミサイルとなった。世界貿易センタービルでは2,600人以上が、ペンタゴンでは125人が、旅客機では乗客・乗員256人が犠牲になった。この史上最悪のテロリズム（以下、「テロ」）の犠牲者は3,000人を超える。第1報を受けて第43代大統領ジョージ・W・ブッシュは「今朝、厚顔無恥の卑怯者によって自由が、自由そのものが攻撃された。だが、自由は守られるだろう」と呼び

アメリカ同時多発テロ事件（9.11）（2001年）
出典：Robert J. Fisch（CC BY-SA 2.0）

かけ、「偉大な我が国の決心が試されている。しかし疑いはない。我々はこの試練を乗り越えることを世界に示すだろう」と宣言した。テロとの戦いであった。事件後、連邦捜査局（FBI: Federal Bureau of Investigation）長官は、9.11実行犯のアラブ人19人を捕らえ、首謀者はアフガニスタンを拠点とするイスラム過激派「アルカイダ」（al Qaeda）創設者オサマ・ビン・ラディン（Osama bin Laden）であると発表した。FBIの逮捕者は2か月で1,182人を数えた。2011年、国際指名手配されていたビン・ラディンはアメリカ海軍の特殊部隊によって殺害された。

国連安全保障理事会（UN Security Council）は、テロ（リズム）を「ある集団を脅迫する目的で、もしくは、政府や国際的組織に何らかの行動を強制させたり、回避させたりする目的で、民間人あるいは非戦闘員に対して死や重大な身体的危害を与える意図を持って行われる行為」と定義している。テロは冷戦末期以来、アメリカにとって新たな脅威となっていた。この世界貿易センタービルがテロの標的になったのは9.11が初めてではなかった。この事件の8年前にもアメリカの繁栄の象徴であるこの高層ビルはアラブ系テロリストの標的になった。1993年2月26日12時18分（ET）、世界貿易センタービルのツインタワーのうちの1つの地下駐車場2階で爆発事件が起きた。犯人は爆発によって1つのタワーをもう1つのタワーに倒して数千人の殺害を目論んだが、爆発による破壊エネルギーはビル構造計画の想定内であり、タワーを倒壊させることはできなかった。それでも、閉鎖空間で起こった爆発は脆弱な部分を破壊して、死者6人、負傷者1,000人以上を出す惨事となった。FBIは数日内に数名のイスラム原理主義過激派を逮捕した。首謀者であるクウェート出身のラムジー・ユーセフ（Ramzi Ahmed Yousef）は数時間後にパキスタンに出国したが、1995年2月7日、パキスタンで逮捕されてアメリカに移送されて収監された（9.11後、ユーセフとビン・ラディンとの関係が疑われたが、1993年爆破事件へのビン・ラディンの関与は確定していない）。この8年後アメリカの繁栄の象徴・世界貿易センタービルは、再びテロの標的となった。

これらのテロの背景にはアラブ人の底知れない反米感情がうかがわれるが、実はその起源はそれほど古くない。アメリカは第1次世界大戦までは、英仏の影響下にある中東情勢に不干渉であった。イギリスの石油会社（British Petroleum）が独占していた中東の石油にも、イギリスに配慮して興味を示さなかった。この時期、中東諸国はむしろ親米であった。アメリカへの好感は、民族自決を提示したウィルソン大統領の14か条と、アメリカが主導した「キング・クレイン委員会」（King-Crane Commission）調査で強まった。第1次世界大戦パリ講和会議期間中の1919年6月10日〜7月21日、ウィルソンの指示によって、オベリン大学学長のヘンリー・キング（Henry C. King）とシカゴの実業家チャールズ・クレイン（Charles R. Crane）をリーダーとする調査団が、シリアとパレスチナにおいて当該地域の戦後体制についての意見聴取を行った。その報告書によると、大多数がフランスからのシリア独立を求め、寄せられた1,875の請願のうち、72％がパレスチナにおけるユダヤ人国家の建設に敵対的であった。キング・クレイン委員会はアラブ人の親米感情を強め、大国アメリカに、英仏による帝国主義支配からの解放者の役割を期待した。

しかし、第1次世界大戦後、中東に対するアメリカの外交政策は、戦争で弱体化した英仏の中東からの撤退とともに変化した。一方でイラン、トルコ、そして中東全域でのソ連の影響は拡大していた。1930年代、アメリカの石油会社が海外資源に興味を持つようになると、アメリカは中東の石油をめぐってイギリスと対立するようになる。アメリカは、軍事支援と引き換えに、アメリカの石油会社への石油供与を望むイスラム教ワッハーブ派のサウジアラビアとの関係強化を選んだ。サウジアラビアの石油が初めてアメリカに輸入されたのは1937年のことであった。

第2次世界大戦後、アメリカは世界各地におけるソ連共産主義の拡大を警戒

ブッシュ大統領と父親のH・W・ブッシュ大統領
出典：White House photo by Eric Draper

するようになり、中東も冷戦戦略の一部となった。特に石油資源の豊富なイランやその他の産油諸国におけるソ連の影響力の排除を望んだ。アメリカは、「トルーマン・ドクトリン」の下、共産主義排除のため、ソ連との直接的軍事衝突以外にはどのような手段にも訴えるという意思を示した。しかし、アラブにとって、アメリカの中東介入は、撤退した英仏の空白を引き継ぐことを意味し、彼らにとっては同じ帝国主義的支配でしかなかった。アメリカの中東政策には、一貫性のない次の3つの方向性があると指摘されている。第一に、反共産主義者であればだれでも支援する（イデオロギー主義）、第二に、共産主義者、社会主義者だけでなく、急進的な愛国主義者も危険分子とみなす（穏健主義）、第三に、アメリカの国益を守るため、政治的・軍事的に有効な実用的手段を用いる（国益優先主義）の3つである。首尾一貫性のないこのアプローチの下、アメリカはサウジアラビアに軍事基地を建設し、イランの保守派に経済軍事援助を行った。アイゼンハワー政権下の1953年、CIAはイギリスの情報機関と協力して、民主的選挙によって選ばれたムハンマド・モサデク首相を失脚させ、独裁者であった前国王を復権させた。この直後、石油産業の国営化を主張したモサデク排除に成功したアメリカは、イランと自国の石油会社との石油取引契約を仲立ちした。その後、イランでは20年以上、パーレビ国王による専制主義政治が続き、アラブ全土に反米のイスラム過激派が広がった。1979年、イラン革命時に起きたアメリカ大使館人質事件は、アメリカへの報復であった。

20世紀後半の中東情勢に最も大きな影響を与えたのがアメリカによるイスラエルの建国とイスラエルへの経済軍事支援であった。パレスチナ問題を委託したイギリスに代わり、アメリカはシオニズム（エルサレムでの祖国建設を目指したユダヤ人の運動）実現のためイスラエル建国に助力した。アラブ側にとってアメリカの行為は、民族自決の原則の明らかな侵害であり、この件でアメリカへの不信は決定的なものとなった。ヨルダン川西岸とガザ地区へのユダヤ人の移住は協定違反であったにもかかわらず、アメリカはこの事実を容認し、1948 年、世界で初めてイスラエルを国家として承認した。以後、アラブ諸国が敵視するイスラエルの安全保障をアメリカは後ろ盾として支えていくことになる。

ソ連の脅威がなくなった冷戦後もアメリカの中東介入は続いた。1990 年 8 月 2 日、イラクの指導者サダム・フセインによるクウェート侵攻を契機として起こった「湾岸戦争」（Gulf War, 1991）にアメリカは大軍を派遣した（国連多国籍軍 70 万人のうち、アメリカ兵は 54 万人）。この近代戦争はテレビ中継され、アメリカの軍事力を世界に見せつけた。6 週間後、フセインはクウェートから撤退したが、そのまま権力者の地位に留まった。その後、数年の間に、イラクへの経済制裁も形骸化し、イラクは国連の査察も拒むようになった。2001 年には、アフガニスタンが保護しているという 9.11 の犯人ビン・ラディンの引き渡しを求めたが、拒否されたため、アメリカと同盟国はアフガニスタンに軍事進攻し、タリバン政権を失脚させて米軍を駐留させた（アフガニスタン戦争、2001 ～ 2021 年：米軍撤退後、タリバンが全土を掌握して政権に復帰した）。さらに、2003 年に、アメリカは、「大量破壊兵器」（核兵器の他、化学・生物兵器を指す）を隠し持ち、9.11 実行犯であるアルカイダのテロリストを支援しているという疑いを抱き、フセインに 48 時間以内の国外退去を命じたが、フセインがこれを無視したため、アメリカはイギリスとともに軍事行動に出た。英米軍がイラク全土を制圧した 5 月 1 日、ブッシュは作戦停止命令を出したが、アメリカ軍の駐留は続いた。12 月 3 日、フセインはアメリカ軍によって捕らえられ、裁判を経て 2006 年に処刑された。その後も、アメリカ軍はクルド人蜂起やテロが続くイラクに治安維持部隊として駐留した。情勢が安定した 2007 年、撤退を始め、2011 年には撤退を完了している。アラブ諸国は、イスラエルの核兵器を不問としながら、他のアラブ諸国の兵器を理由に軍事介入を重ねるアメリカのダブルスタンダードに憎しみを抱き、反米感情を募らせた。

その後も、石油や宗教（民族）対立、イスラエル問題をめぐるアメリカとアラブの対立は続いている。9.11 後、アメリカではアラブ系への差別が激化している。一方で、アラブの反米感情も高まり、アメリカは新たなテロの脅威にさらされている。

4. 情報化時代

2011年10月5日、アメリカの情報化時代（Information Age）をけん引したパイオニアの1人、スティーヴ・ジョブズが鬼籍に入った。ジョブズは、1970年代にパーソナル・コンピュータを普及させたアップル社（前アップルコンピュータ）の設立者であった。シリア人の父とアメリカ人の母を持つ彼は出生後、養子に出され、養父母ジョブズ夫妻に育てられた。幼少期、養父から機械いじりの楽しさを教わったジョブズは、黎明期のコンピュータに興味を持った。その後、技術者のスティーブ・ウォズニアックと共同で小型パーソナルコンピュータ（Apple I）を開発した。後継機（Apple II）は大ヒット商品となり、パーソナル・コンピュータ時代を切り開いた。1977年に起業したアップルコンピュータは、1981年に株価記録を更新し、1983年、史上最速でトップ500社入りを果たした。

その後、同僚と対立して会社を去るが、1997年、売り上げが落ち込み、倒産寸前の会社に復帰した。すぐに、ジョブズはライバルのマイクロソフト社と協定を結んで周囲を驚かせたが、この時の彼の2つの選択が後の会社の繁栄を確実なものとした。それは、アップルコンピュータ独自OSを保持したこと、ソフトウェアだけの会社にしなかったことである。これらの条件があって初めて、アップルは独自の技術革新ができると考えたからである。ジョブズは、音楽ビジネス（iTunes）や携帯端末（iPod、iPhone、iPad）を開発して、傾いた会社を再生させた。性能とデザインに妥協しないジョブズが市場に送り出す製品はオリジナリティで他を圧倒していた。時代の寵児は才能と努力によって億万長者となり、ユーザーの生活や人生、文化を変えてこの世を後にした。ジョブズのアメリカンドリームは、多くの才能をコンピュータ業界に引き入れ、技術革新を加速させた。

情報化時代は、1970年代のパーソナル・コンピュータの普及だけでは可能ではなかった。もう1つの必要な技術が、同じ頃に始まったアメリカ軍による冷戦のための軍用ネットワーク「インターネット」(The Internet) である。インターネットは、アメリカ国防総省の研究組織である「国防高等研究計画局」(DARPA: Defense Advanced Research Projects Agency) が、政府系の研究所と大容量のデータファイルを送受信するために1960年代後半に構築したネットワーク「アーパネット」(ARPANET: Advanced Research Projects Agency Network) を起源とする。ネットワークは、巨大かつ高価なコンピュータを保有できる研究所や大企業を対象としていた。当時、パーソナル・コンピュータの「出現」は想定しなかったが、DARPAの技術者の1人は、「オンライン・コミュニケーションは、活版印刷術やブラウン管よりもコミュニケーションの性質や価値に根源的な変化をもたらすだろう」と予言した。

アップル社の創業者スティーヴ・ジョブズ
(Matthew Yohe (CC BY-SA 3.0))

インターネットの商用利用が始まった1980年代、「情報通信技術」(ICT: Information and Communication Technology) は日常生活を変化させた。特に重要な機能が1988年に認可された電子メール (MCI Mail) 機能、そして1993年にイリノイ大学によって開発されたコンピュータ・プログラムのブラウザー (Mosaic) である。これらの技術革新は、民間でのインターネット活用を加速させ、1980年代末、年率100%の伸びを記録し、1990年代後半までに世界中で1,000万人のインターネットユーザーを生んだ。その後も普及は進み、インターネットユーザーは2021年までに世界人口の過半数の約47億人に達した。

ICTの普及は、社会のあらゆる分野の規範を変えながら、これまで想像できなかった問題を生み出している。オンラインで得られる教材やサービスは、日々、教育現場で活用されているが、同時にインターネットは生徒たちの剽窃 (copy and paste) や課題の外部委託という問題を生んだ。遠隔地の見知らぬ人をつなぐインターネット上のオンラインゲームは高額課金やゲーム中毒、プレイヤー同士のトラブルやハラスメントといった問題も生じさせた。個人による情報発信ができるSNS（Social Networking Service）では、アップロードされた写真データの「ジオタグ」（Geotags）から撮影場所や自宅などの個人情報が特定され、事件につながるという問題も起こっている。さらに、ICTは行方不明者・指名手配犯の発見や募金・寄付のツールとして社会に貢献する一方で、労働者の自宅と職場の区別をなくし、著作権物のフリーダウンロードを可能にし、情報格差（digital divide）を生み、オンラインいじめや人権侵害、犯罪の温床となっている。

また、ICTは国民を国家間の情報戦争に巻き込む可能性もある。2013年6月6日、世界を震撼させたのが「プリズム」（PRISM）事件であった。プリズムとは、9.11後に成立した「米国保護法」（Protect America Act, 2007）により生まれたアメリカ政府・国家安全保障局（NSA）による極秘通信監視システムである。NSAの契約職員だった29歳（当時）のエドワード・スノーデン（Edward Snowden）は、市民としての義務から機密事項であるプリズムの存在をリークした。彼はメディアに対して、41枚のスライドとともに、アメリカ政府がマイクロソフト、ヤフー、グーグル、フェイスブック（社名をメタに変更）、アップルなど、合計9つのインターネットサービス会社から、利用者のメタデータ（メール、SMS、ファイル、画像など）の提供を受けていたと明かした。アメリカは自国民をも諜報対象にするのかと人々は怒り、政府と加担した企業を糾弾した。慌てたグーグルは、「複数の個人の特定の命令」に応じたに過ぎないと発表し、ヤフーは政府に提出したデータは「ごく一部」のユーザーのものであると弁明した。オバマ政権はこのシステムによって数十件のテロを未然に防いだと述べ、主なターゲットは外国人の「テロリスト容疑者」であったが、その関係者であればアメリカ人の情報も入手した可能性はあると付け加えた。スノーデンは、「このようなことを行う社会に暮らしたくない」とアメリカ政府を批判し、ロシアに亡命した。政府による監視対象の詳細については明らかになっていないが、この事件によってアメリカ政府が安全保障を理由に個人のプライバシーを侵害し、市民を監視・検閲していた事実が明らかとなった。

しかし、アメリカ政府が恐れるように、ICTが犯罪、スパイ活動、テロに利用されうることは事実である。2006年のレバノンにおけるイスラエル・ヒズボラ紛争や2008年のロシアのジョージア侵略では、ともに実際の軍事行動以前にサイバー攻撃がなされ、戦火が止まった後も続いていたことが判明している。このように、正規軍による通常兵器を用いた攻撃だけでなく、サイバー攻撃やテロ、非正規軍による戦闘も用いる戦争は「ハイブリッド戦争」（hybrid warfare）と呼ばれる。この新しい脅威に対して、アメリカ政府は空軍と海軍に、サイバー空間の諜報・監視・偵察、サイバー攻撃や不正アクセスなどの情報収集任務を担当する専門部隊を設置した。あらゆる設備や機能がネットワークに接続されつつある現代、サイバー戦争やサイバーテロ、AI兵器が現実世界に与える被害の深刻さは計り知れない。

ディスカッションテーマ

1. トリクル・ダウン経済学の実効性
2. 9.11とアメリカの中東政策
3. サイバー空間をめぐる争い

LGBTQIA+

2011年、国連人権理事会は、LGBT（Lesbian, Gay, Bisexual, Transgender の頭字語で性的マイノリティを指す）の人々に対する深刻な人権侵害があると宣言し、加盟国に問題解決に取り組むよう求めた。国連人権高等弁務官事務所によると、現代でも70か国以上が同意に基づく同性愛を犯罪と定め、処罰対象としている（2017年）。20世紀末から21世紀初頭にかけて差別規制などの取り組みはなされているが、LGBTをめぐる社会状況は未だ厳しい。LGBTというアクロニム（頭字語）は現在ではより多様な性の在り方を表すLGBTQIA+（それぞれ lesbian, gay, bisexual, transgender, questioning/queer, intersex, asexual の略で＋はその他の多様な性、例えば pansexual, androgynous, polyamorous などを含蓄する）とも表記されている。性は男女二項対立ではないという意味の「ノンバイナリー」（nonbinary）という語も共感とともに広がっている。

LGBTQIA+運動の起源は1960年代末のアメリカ・ニューヨークにある。1960年代、アメリカではほとんどの州で「ソドミー法」（sodomy laws：同性間の性行動を違法と定めた法律）と呼ばれる法律を制定していた。同性愛者への酒類の提供を違法とする州もあり、ゲイバーは日常的に警察の手入れに遭っていた。逮捕されたのは女装したゲイや男装したレズビアン、IDを持っていない人物で新聞に名前が掲載されることで職を失う者もいた（社会的死）。

1969年6月28日土曜日の午前1時すぎ、8名の警官が同性愛者の取り締まりのために、ニューヨークのグリニッジ・ヴィレッジにある「ストーンウォール・イン」（Stonewall Inn）に現れた。約200名の客は捜査への協力を拒み、両者はにらみ合いになった。パトカーが到着した後、警官が1人のレズビアンを逮捕しようと暴力を振るったことをきっかけに人々は暴徒化した。翌日や翌々日も事件を聞きつけた人々による暴動が起こり、警官隊と衝突した。このとき、最前線で戦ったのがレズビアン女性で、メディアで「ヘアピンの落ちる音が世界に響き渡った」と報じられたことがゲイ解放運動の始まりとされる（drop the hairpin はゲイとしてカミングアウトする俗語）。以後、ニューヨークでゲイ解放運動の組織化が進み、運動は国内だけでなく、ヨーロッパ諸国にも広まった。

オバマ政権下の 2015 年 6 月 26 日、連邦最高裁判所は同性婚を憲法上の権利として認める画期的な判決を出した。訴訟は同性婚を禁止している州のカップルが起こしたもので、2014 年 11 月、オハイオ、ミシガン、ケンタッキー、テネシーの 4 つの州を管轄する連邦高等裁判所が同性婚を認めない判断を示し、最高裁に判断が委ねられていた。判決では、最高裁判事 9 人のうち 5 人が法の下の平等を保障する合衆国憲法修正第 14 条などを根拠に同性婚は認められるべきであるという判断を下した。当時、13 州が同性婚を認めていなかったが、この判決により全米で同性婚が事実上、合法化された。

一方で、判決は保守派の反動を招いた。ワシントン・ポスト紙（2017 年 6 月 29 日付）によると、2013 年から 2017 年までの間にアメリカの州議会では LGBTQIA+ の人々の権利を制限する 348 の法案が提出され、そのうち 23 が法制化されたという（Mason）。特にターゲットにされたのはトランスジェンダーの人権で、性転換手術の保険非適用や名前変更の禁止、出生証明書の性別変更禁止などであった。

それでも、性の多様性を受容する動きは続いている。2020 年、アメリカのクレジットカード会社、マスターカードはトランスジェンダーやノンバイナリーなどの顧客に向けて、カードの記載名を選択できる「トゥルー・ネーム・カード」を発行した。2021 年には、アメリカ政府はパスポートに第 3 の性別表記（X）を追加した。国連が掲げる 17 の持続可能な開発目標（SDGs）の 1 つ、「地球上の誰一人として取り残さない」という宣言の下、すべての加盟国は、多様な背景を持つ人々の人権に対するコミットメントを求められている。しかしながら、人種やジェンダー差別同様、LGBTQIA+ 差別の解決には社会制度改革だけでなく、一人ひとりの意識改革が必要となる。

第15章

アメリカの分断

――民主主義のゆくえ

テロとの戦いを掲げたブッシュ政権の後を継いだのは民主党のオバマであった。初のアフリカ系アメリカ人大統領となったオバマは懸案だった医療制度改革を実現させたが、この制度をめぐり世論は分かれている。オバマ民主党のリベラルな政策が保守化の反発を招き、トランプ右派政権を誕生させた。トランプは福音派の岩盤支持層を力にポピュリズムを実践し、党派対立をあおり、市民を分断させ、民主主義を変容させた。今後の民主主義のゆくえは、アメリカ市民の選択にかかっている。

○この章で扱う出来事

1993　クリントン、大統領に就任
2000　ブッシュ・ゴア最高裁判決
2009　初のアフリカ系アメリカ人大統領オバマ就任
2011　アラブの春、ビン・ラディン殺害
2012　トレイボン・マーティン殺害事件
2013　Black Lives Matter 運動
2014　オバマケア、サンディフック銃乱射事件
2015　キューバとの国交回復、オーバーグフェル対ホッジス裁判
2017　トランプ、大統領に就任
2021　バイデン大統領就任、米軍がアフガニスタンから撤退

この章のポイント
1. オバマ旋風は何を意味するのか
2. オバマ政権は何を成し遂げたのか
3. オバマケアをめぐる対立とはどのようなものか
4. トランプ現象とは何なのか

20世紀末の8年間、民主党大統領ビル・クリントン（Bill Clinton）は中道路線でアメリカを率いた。クリントン政権は、国内では経費削減や富裕層への増税による30年ぶりの財政黒字化、景気回復、失業率の改善などの成果を上げ、外交ではボスニアへの和平部隊派遣、国連査察を拒否したイラクへの報復空爆、カナダ・メキシコとの「北米自由貿易協定」（NAFTA: North American Free Trade Agreement, 1994）締結などを行った。政権の特徴として挙げられるのは女性やマイノリティの積極的な登用である。彼は「アメリカの縮図」といえる政府人事を実現した。アフリカ系アメリカ人やヒスパニック系を政府の役職に就け、重要ポストに女性を充てた。例えば、ジャネット・レノを司法長官に、ドナ・シャレイラを保健福祉長官に、リベラル派のルース・ベイダー・ギンズバーグ（Ruth Bader Ginsburg）を最高裁判事に任命した。さらに、弁護士の妻（ファーストレディ）ヒラリー（Hilary Clinton）を医療保険改革の責任者としたが、反対に遭い挫折した。1994年中間選挙では上下両院で共和党が優勢となったが、好景気が続く1996年大統領選挙で再選を果たした。1998年、性的スキャンダルでの偽証罪と司法妨害罪で告発され、下院で弾劾議決がなされた3人目の大統領となったが、妻ヒラリーの擁護もあり、退任まで支持率は減らなかった。

最も論争の多い2000年大統領選挙で現職副大統領アル・ゴア（Albert Gore）を破って当選したジョージ・W・ブッシュは「テロとの戦い」を掲げ、就任当初こそ高い人気を誇ったが、国内では、大企業減税や財政赤字の増大、成果主義的な教育改革、ハリケーン被害への不作為など失策続きで支持を失った。外交でも「悪の枢軸」（“an axis of evil”）と呼んだイランやイラクと膠着状態に陥った。アフガニスタンで増え続ける米兵死者も政権不信につながった。政権末期におきた未曽有の金融危機（リーマンショック）は彼の行き過ぎた規制緩和が原因と批判された。ブッシュは父が果たせなかった再選という試練を乗り越えたが、30％以下という低い支持率でホワイトハウスを後にした。

1. オバマ旋風

ジョージ・W・ブッシュ共和党政権への失望や停滞した国内・国際情勢は、2008年大統領選挙で民主党の追い風となった。民主党大統領候補の椅子を争ったのはアフリカ系アメリカ人初の大統領を目指すオバマと女性初の大統領を目指すヒラリー・クリントンであり、大統領に当選すればどちらも史上初であったが、指名を勝ち取ったのはオバマだった。党大会ではクリントンがジェンダーを争点に女性の結束を呼びかけたのに対して、オバマは人種問題を封印し、混血である自分を人種融合の象徴とした。この戦略は、共和党に不満を持つ白人有権者の支持獲得につながった。オバマは大統領選挙本選でも人種を攻撃する政敵の挑発に乗ることなく、政策論争に持ち込んだ。黒人大統領の出現に否定的な白人保守層対策としてデラウェア州上院議員でアイルランド系カトリックのジョー・バイデン（Joe Biden）を副大統領に据え、アイデンティティ・ポリティクス（identity politics: 特定の宗教、人種、社会的・文化的背景の集団が排他的な政治的連携を組み、自らの特定の利益を求める活動）を封印し、人種融和を貫いた。得票差1,000万票でヴェトナム戦争の英雄ジョン・マケインに圧勝し、オバマは、史上初の黒人大統領となった（当時、史上最高の6,940万票を獲得、共和党のサラ・ペイリンは史上初の女性副大統領候補）。オバマの非凡な人生経験やスローガン（Hope, Change, Yes, We Can）は選挙に無関心だった若者やマイノリティを引きつけ、大きな政治運動となった。共和党政権時代の空前の経済危機が民主党に有利に働いたことは事実であるが、オバマの人種を超えた、リベラルでユニヴァーサルな主張が白人の根強い人種差別意識を克服させたと考えられる。

初のアフリカ系アメリカ人大統領となったオバマは、厳密にいえば、奴隷の子孫でないため、約250年におよぶアメリカの人種差別史の象徴的存在ではない。しかし、オバマの応援歌（"Rosa Sat - song for Barack Obama," Amy Dixon-

Kolar）にもあるように、少なくとも人々はローザ・パークス、キング牧師に続く、公民権運動のリーダーシップをオバマに見出し、黒人大統領にアメリカ人種問題の解決を期待した。実際、人種問題は自由、平等を建国理念とする民主主義国家アメリカが抱え続ける自己矛盾である。アメリカ社会は建国以来、この問題の解決に向けて歩みを続けてきた。「非白人＝奴隷」という人種史を持つアメリカでは 20 世紀においても結婚、進学、就職などで黒人への人種差別は存在した。奴隷制時代、南部諸州は、アフリカ系の血が一滴でも入っていれば黒人（奴隷制では奴隷）と定めた「ワンドロップ・ルール」（one drop rule）を採用した（州によってその割合は異なり、32 分の 1 以下は白人と規定する州もあった）。子の身分は母親の身分に従うため、母親が奴隷であれば肌の色に関係なく奴隷となった。奴隷制廃止後も人種差別はアメリカの日常に息づいてきた。結婚に関する人種差別法は公民権運動時代の 1960 年代まで南部諸州に存在した。当時、17 州で人種間結婚は州法で禁止されていた。差別撤廃の契機となったのが 1967 年ラヴィング対ヴァージニア州（*Loving v. Virginia*）判決であった。このとき、最高裁は、人種間結婚を禁止する州法は憲法修正第 14 条に違反すると述べて州に改正を命じた。

20 世紀後半、進学・就職における差別解消を目指したのがアファーマティヴ・アクション（AC: Affirmative Action, 1965）という政策であった。AC はジョンソン政権時代に成立したマイノリティ差別是正のための人種割当制度で、連邦予算を受け取る全組織を対象とした。以後、企業や学校でも人種、障害、性別、エスニシティ、年齢などによる差別を禁止し、多様性の実現を雇用機会均等委員会（EEOC: Equal Employment Opportunity Commission）が監視している。AC の導入以来、特に大学入学選考基準（人種割当）を争点とする逆差別訴訟が相次いでいる。AC の合憲性は未だ覆っていないが、人種に基づく極端な優遇は見直され、制度はより複雑化している。1990 年代には差別や偏見のない表現や言葉遣いを求める「政治的公正」（PC: Political Correctness）運動が起こり、アメリカ社会にはリベラリズムが広がり始めた。2008 年のオバマ旋風とアメリカ人の熱狂の背景には、約 250 年間の奴隷制とその後の約 150 年の人種差別の歴史的トラウマからの解放への高揚感があったことは否めない。

第 44 代大統領バラク・オバマは、1961 年、ケニア出身のバラク・オバマ（Sr.）

とカンザス出身のS・アン・ダンハムの子どもとしてホノルルで生まれた（奴隷制で身分は母系継承であったことから彼の母親が白人女性という点は重要）。ハワイ大学の学生だった両親は2歳の時に別居し、翌年、離婚した。その後、母親がインドネシア人男性と再婚したため、一家は数年間、インドネシアのジャカルタで暮らした。彼は現地の学校でイスラムの教育も受けた。10歳の時、オバマは母親の両親と暮らすため、ハワイに移住した。離婚してハワイに戻った母は、生活のため、一時期、政府の食料切符（food stamp）に頼ったこともあったという。高校卒業後、ロサンゼルスの大学に入学するが、2年後、ニューヨークのコロンビア大学に編入して、1983年に卒業した（政治学専攻）。マンハッタンの学術出版社で執筆者・編集者として2、3年働いた後、シカゴのサウスサイドでコミュニティ・オーガナイザーとなる。この頃、交通事故で死去した父親（オバマSr.）の親戚を尋ねてケニアを訪問した。1988年、ハーヴァード大学法科大学院に入学、1991年に優等で卒業した。その後、弁護士としてシカゴの法律事務所に勤める傍ら、民主党員となり、政治的キャリアを築いた。1996年にはイリノイ州議会上院議員に、2004年には連邦議会上院議員に当選した。

彼が全国的に注目されるようになったのは、2004年7月の民主党全国大会での大統領候補（ジョン・ケリー）応援のための基調演説だった。自らの人生の物語をアメリカの国家ナラティヴに組み込み、政治・文化・地理的差異を超越したこの雄弁な演説は、一躍、彼を時の人にした。演説から4年後、オバマは同じ舞台に大統領候補として立った。2008年11月、シカゴのグラント公園での勝利宣言で「これから先の道のりは長く、上り坂は急です。……しかし、今ほど希望にあふれている時はありません」と、ケネディを彷彿させるコメントを残した。

2. オバマ政権の評価

オバマは大統領選挙では弁舌の巧みさで人心を鼓舞したが、彼を在任中に目覚ましい成果を上げなかった凡庸な大統領と評価する者もいる。その理由として挙げられるのが、前政権からの経済・外交課題や中間選挙の敗北による議会運営の失敗であった。就任早々、上下両院での過半数の議席により大規模な経済対策法案を成立させたが、その後もリーマンショックを起源とする不況は続き、失業率も7%から10%へと上昇した。さらに、オバマは共和党の反対を抑えて、「医療保険制度改革法」（ACA: Affordable Care Act、通称「オバマケア」）を成立させたが、リバタリアン（libertarian：国家や政府の干渉に強い警戒感を示し、個人の権利を擁護する自由論者）の保守派はこの法案に抗議して、「茶会運動」（Tea Party Movement）を展開した。茶会運動は、連邦政府の財政出動（「大きな政府」政策）や民間セクターへの官権介入に反対する保守派の市民運動で、同じ草の根市民運動であった「ボストン茶会事件」（1773年）を由来とする。茶会運動の支持を得た共和党は2010年の中間選挙で、下院の過半数を獲得するとともに、民主党が優勢を保った上院でも議席を増やした。以後、ねじれとなった議会は膠着状態となり、オバマ政権の予算成立や政策実現を阻んだ。2012年大統領選挙では、元マサチューセッツ州知事ミッド・ロムニーを抑えて再選を果たしたが、下院での共和党優勢は変わらず、2期目も厳しい政権運営を迫られた。

議会の強硬な反対に遭って成立しなかった法案の1つが、オバマが特にこだわった銃規制であった。彼を立法化へと動機づけたのは、2014年12月14日に起こった、コネティカット州ニュータウンのサンディフック小学校（Sandy Hook Elementary School）で起こった銃乱射事件であった。児童を含む計26人が犠牲となったこの事件は全米に衝撃を与えた。追悼集会に出席したオバマは大統領として銃規制に取り組む決意を表明した。オバマは、銃購入者の身元調査を義務づけたり、殺傷能力の高い銃を規制したりする銃規制関連法案を議会に提出したが、全米ライフル協会（NRA: National Rifle Association）の強力なロビー活動によりすべて廃案となった。自衛のための銃保持が憲法（「合衆国憲法修正第2条」武器保持の権利）で認められているアメリカでは、銃所有は人権であると主張する保守派からの根強い反対がある。進まない銃規制にオバマは2016年、銃売買時の身元調査を導入する大統領令（executive order：大統領の独断で発出される法律と同等の効力を持つ命令や権限）を発令し、規制への支持と理解を訴えた。

さらに、前政権から引き継いだ外交課題はオバマ政権の足枷となった。彼は

2001年のアメリカ同時多発テロ（9.11）以来、派遣していた米軍をイラクから撤退させたが、その後、イラクは内戦状態に陥り、イスラム原理主義テロ組織「イスラム国」（IS: Islamic State）の勢力拡大を招いた。また、2014年までにアフガニスタンから駐留米軍を撤退させると公約したが、逆に追加派兵を行い、戦争を泥沼化させた。長期化し、増え続ける犠牲者に、人々はアフガニスタンを第2のヴェトナムとみなすようになっていた（2021年9月に撤退）。2011年5月、米軍特殊部隊がパキスタンに潜伏していたビン・ラディンを殺害すると、オバマは国民に「正義は下された」と任務の完了を報告した。ビン・ラディンはアメリカ軍が10年間、探し続けた9.11の首謀者で過激派テロ組織アルカイダ指導者であった。チュニジアで起こった民主化運動「アラブの春」（Arab Spring もしくは Jasmin Revolution）が波及した独裁国家リビアで市民が蜂起した際、オバマは、国連安全保障理事会による決議を経て同盟国とともに「一般市民の保護」という大義を掲げて米軍を派遣し、独裁者のカダフィー大佐を殺害した。2014年、アメリカはイラクへの派兵はしないとしながらも、イギリス、フランス、サウジアラビアなど、20か国による多国籍軍を編制してイラクとシリアで拡大を続けるISを空爆した。中東諸国に軍事介入を行う一方で、オバマはロシアのクリミア半島への侵攻を黙認し、結果的にロシアの領土的野心に承認を与えた。オバマ政権の場当たり的な「弱腰」外交は、特に中東の治安悪化や政治的混乱を招き、アメリカの国際的地位を低下させたと批判されている。

他にもオバマ批判はある。前政権からの遺産とはいえ、スノーデンによるNSA機密漏洩事件（プリズム事件）では国内外の厳しい世論にさらされた。2014年8月、オバマはタリバンと交渉し、グアンタナモ米軍基地収容所（detention camp at Guantanamo Bay）に収容されていたタリバン指導者5人と米兵捕虜ボウ・ベルグダール（Bowe Bergdahl）との人質交換に応じた。当初、人道的な行為と賞賛されたが、ベルグダールの脱営（兵士が営舎から脱走すること）が明らかになると世論は紛糾した。オバマは、下院・共和党の反対によって成立しない法案に業を煮やし、銃規制や移民法など、8年間で276の大統領令を発出したが、この行為は共和党からは議会軽視と非難された。

さらに、オバマはアイデンティティ・ポリティクスを封印したため、彼の政権下で人種問題はむしろ悪化した。2012年、フロリダ州で、当時高校生だったトレイボン・マーティン（Trayvon Martin）が白人自警団の男性に射殺される事件が起きたが、犯人は自衛のために発砲したと証言して裁判で無罪となった。この事件をきっかけに各地で抗議デモが起こり、インターネットでは“Black Lives Matter”（BLM、「黒人の命は大事」）というメッセージを掲げた反人種差別運動が広がった。2014年には、白人警官によるエリック・ガーナー（Eric Garner）窒息死事件が起こった。警官は両手を挙げるガーナーに背後から近づき、首に手をまわして引き倒し、ニューヨーク市警察では禁じられている「チョークホールド」（chokehold）によって地面に首を押さえつけて彼を窒息死させた。一連の様子は通行人によって撮影され、SNSで拡散されたが、ニューヨークの大陪審によって警官が無罪になると全米各地で抗議デモが起きた。同様の事件は後を絶たない。2020年にはジョージ・フロイド（George Floyd）事件が発生したが、この事件では高まる批判を受け、犯人の元警官には有罪判決が下された。この事件後、黒人を不当に扱う制度や法律、政策の是正を目指すBLM運動が再び全米に広がった。BLM活動家は特に警官の暴力、共同体での過剰な自警活動、刑務所での虐待などの規制を求める活動を行っている。黒人大統領の任期中に残虐な人種憎悪事件が起きたことは、オバマがアイデンティティ・ポリティクスを封印したことと無関係ではない。不作為という批判を受けて、オバマはボルチモアやサウスカロライナでの憎悪犯罪に黒人大統領としてより強い反人種差別メッセージを発した。

一方、オバマは従来の政権では不可能であった政策を実現させたことも事実である。就任直後、彼は過度な拷問を廃止する大統領令を発令し、キューバのグアンタナモ米軍基地収容所の閉鎖を命じた（その後、存続が決定）。さらに、ロシアとの関係改善を打ち出し、チェコの首都プラハで核廃絶に向けた演説を、エジプトのカイロでアラブ諸国との共存共栄を提案する演説を行った。特に、プラハ演説での「核兵器のない世界の平和と安全を追求する決意」（“commitment to seek the peace and security of a world without nuclear weapons”）の表明は国際的に高く評価され、ノーベル平和賞受賞につながった。また、1961年以来、断絶していたキューバと和解し、国交を回復した。そして、6カ国（P5+1：安保理常任理事国の英米仏中ソとドイツ）とイランとの核合意、地球温暖化を防ぐ国際的枠組み「パリ協定」参加もオバマ民主党政権だからこそ達成できた成果とい

広島平和記念公園を訪れたオバマ大統領
出典：ホワイトハウス

える。政権末期に成立した、同性婚を認める「オーバーグフェル対ホッジス裁判」(*Obergefell v. Hodges*, 2015) は、オバマ政権のランドマーク的判決となった。

オバマのノーベル賞受賞に対しては一部から批判が寄せられた。実績のないまま、演説だけで受賞したという揶揄や、平和賞どころか、彼は戦争を仕掛けただけでなく、前任者の戦争や国家安全政策をエスカレートさせたという非難もある。その後、オバマが行った人道的な移民政策（不法移民の国外退去を猶予する大統領令）、任期終了前のヴェトナム・ハノイ訪問や原爆投下地の広島訪問はその弁済とも解釈できる。

3. オバマケア

オバマ政権下で達成された最も歴史的な改革は政権公約でもあった通称「オバマケア」(Obamacare) である。正式名称は「患者保護並びに医療費負担適正化法」(PPACA: Patient Protection and Affordable Care Act) といい、「医療保険制度改革法」(ACA: Affordable Care Act) と略される。ACA は合衆国市民はほぼ全員何らかの健康保険に加入しなくてはならず、違反者には罰金（税金）が科せられるという法律であり、先進国でありながら国民皆保険制度 (Universal Health Care) がなかったアメリカでは画期的な医療制度であるといえる（罰金は後に違憲判決を受けて撤回された）。

ACA が導入されるまでアメリカではセーフティーネットとしての最低限の公的医療保険制度があるのみで、基本は自由診療であった。医療資源にアクセスするために市民は民間の健康保険に加入する必要があったが、そこにも市場原理が働いていた。保険会社は申込者の年収や職業、ジェンダー、年齢、既往病（preexisting conditions）などを審査し、リスクの高い人を締め出していた。保険会社は既往歴のある人に契約を拒んだため、医療保険未加入者は症状があっても診察せず、悪化して救急搬送されても高額な治療費を払えず、医療を受けることができなかった。さらに、保険会社は掛け金によって保険対象の診療を細かく設定し、対象外の治療には高額な治療費を要求するか、単に診察を拒否する仕組みであった。過酷な競争原理にさらされていた病院も保険会社と癒着して患者を選別する一方で、訴訟リスクが高く、採算がとれない救急や産婦人科をリストラしたり、治療費が見込めない低所得者の診察を拒否したりする傾向にあった。

これまで、アメリカの医療制度は迷走してきた。トルーマン、ニクソン、クリントンらが医療制度改革に取り組んだが、保守派からの抵抗に遭い、達成できなかった。ノーベル賞を受賞した経済学者ポール・クルーグマン（Paul Krugman）は、アメリカの医療保険制度の導入を阻んできたのは人種差別であると主張する。1945 年、トルーマン大統領による保険制度（Universal Healthcare）は世論の 75％の賛同を得ていたにもかかわらず、南部州の反対に遭い、廃案になった。南部人は病院（診察室や入院病棟）が人種統合されることを恐れて反対したという。クルーグマンは、欠陥のある医療制度が医療格差を生んだとし、国民皆保険制度の導入を訴えた。

1948 年に設立された「世界保健機関」（WHO: World Health Organization）は「すべての人が適切な予防、治療、リハビリなどの保健医療サービスを支払い可能な費用で受けられる状態」であるユニヴァーサル・ヘルス・カバレッジ（UHC: Universal Health Coverage）を基本的人権と宣言している。政府は 65 歳以上の高齢者や障害者のための「メディケア」（Medicare）、低所得者のための「メディケイド」（Medicaid）、低所得家庭の 19 歳以下を対象とする「児童医療保険プログラム」（CHIP: Children's Health Insurance Program）といったセーフティーネットとしての公的医療制度を導入したが、皆保険制度の導入は見送られた。このため、1960 年代以降、アメリカでは高額な保険料を払えない医療保険未加入者は増加し続け、2000 年には 6 人に 1 人（約 16.1％にあたる 4,400 万人）が「無保険」（uninsured）者になった。

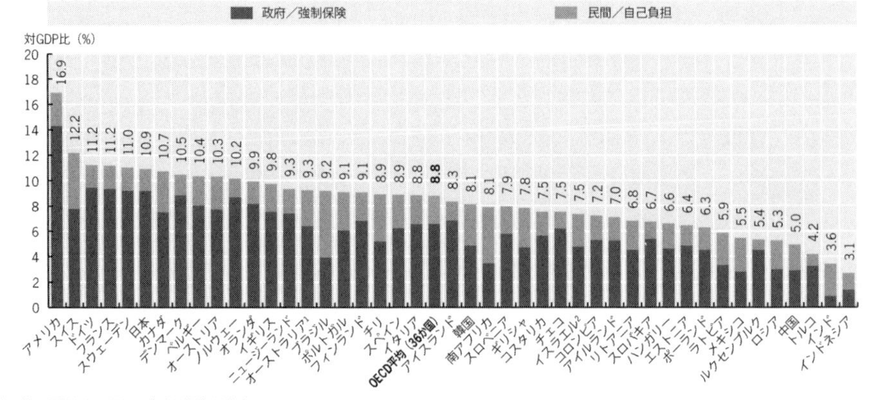

注：特に明記しない限り、支出は投資を除く。
1. オーストラリアの支出推計には、福祉（社会）サービスにおける居宅介護施設のすべての支出が除かれている。
2. 投資を含む。
出典：OECD Health Statistics 2019, WHO Global Health Expenditure Database.

図 15-1　OECD 諸国の国民医療費の対 GDP 比（2019 年）
出典：『図表でみる世界の保健医療　OECD インディケータ』明石書店、2020 年、149 頁

実際、アメリカの医療は自己矛盾を抱えている。アメリカの医療は世界最高水準で、どの国よりも多くの資金を医療につぎ込んでいる一方で、アメリカ人の平均余命は OECD 加盟 36 か国中 28 位と低迷している（2019 年）。GDP に占める医療費の割合でも、アメリカは主要先進国の中で突出している。他の先進国の医療費は多くても GDP 比 10% 前後であるのに対し、アメリカの医療費は約 17% にも及ぶ（2019 年）。マネジドケア（managed care）などの医療制度改革がなされ、保険対象を抑制してきたにもかかわらず、アメリカの医療費は群を抜いて高いが、コストパフォーマンスは低い。アメリカで医療制度改革がしばしば議論になるのにはこのような背景がある。

2014 年 1 月に導入された ACA は欧州や日本のような公的な国民皆保険制度ではないが、「医療に関してはすべての者が基本的な保証を享受すべき」という考えに基づいた、全市民を対象とする医療保険制度である。ACA は医療を特権から権利に変えた。また、ACA はアメリカ人の医療に対する意識も変えた。導入 4 年後には 10 人に 6 人が全市民への医療保険提供は政府の責任であると答えている（2019 年）。ACA の骨子は市民に対する保険加入の義務化と未加入者への罰金課税（後に撤回）、企業に対する従業員への保険提供の義務化、保険会社に対する加入拒否の禁止、保険給付の上限撤廃、人種・ジェンダー・

収入・健康状態による保険料格差の禁止、処方薬への保険適用、予防医療の保険適用、障害者・高齢者の医療費負担の削減などである。ACA は既往歴のある人にも医療を提供し、日常の医療費を減少させた。これまで保険会社は婦人科系疾患の可能性がある女性の保険料を男性の 1.5 倍とし、妊娠を「既往病」として妊婦の保険加入を拒否していたが、ACA では両方とも是正された。月々の保険料の支払いができない低所得者には政府から補助金も支給されている。

ACA 導入によって、医療保険未加入者約 4,650 万人のうち、1,500 万人以上が保険に加入した（無保険者の 61％が高額な保険料が未加入の理由と回答していた）。ACA では、保険料や補償内容に応じてブロンズ（自己負担 40％）、シルバー（同 30％）、ゴールド（同 20％）、プラチナ（同 10％）の 4 つのプランが導入され、既往症や BMI（ボディマス指数）などを理由にした保険加入制限も禁止されたため、2019 年には未加入者は約 2,890 万人にまで減少した。ACA では低所得者を対象にした公的医療制度「メディケイド」の拡充を州政府の裁量に任せるとしたが、メディケイドを拡充した州（2020 年：37 州）で医療保険未加入者の比率が著しく減少した。メディケイドでは保険料の 90％が連邦予算から返済されるため、例えば、コネティカット州では保険加入者は 20 万人増えたが、1 人当たりの医療費は 6％削減できたという。また、予防医療が保険対象となったため、早期がんの発見率も 6％上昇し、拡大された医療サービスのために導入 5 年で 1 万 9,000 人以上の命が救われたと試算した。一方、メディケイドを拡充しなかったテキサス州では 5 人に 1 人が医療保険未加入のままである（2018 年）。

ACA によって特に低所得者の医療保険未加入者は減ったが、中上流階級の人々の間では保険料の高騰や増税に対する不満は大きい。ACA は企業に従業員への保険提供を義務化したが、負担増となる企業の「脱法」も横行している。ACA では（前年度）正社員が 50 人を超える企業は保険を提供しなければならない一方で、週 30 時間以内もしくは月 130 時間以内の非正社員は対象から除外されるため、「ACA 対策」（雇用調整）を実施する企業も現れた。フィラデルフィア連銀が公表した企業調査によると、ACA の導入後、18％の企業が社員数を削減し、18％が保険提供の義務がないパートを増やしたという。中小企業団体の全米独立企業連盟は、財政負担が増えれば保険を提供できなくなる企業も出る可能性があると述べている。

現在も富裕者層を中心にACAに対する反対は根強い。経済学者のクルーグマンは、ACAのメリットとして医療保険・医療アクセスの平等化、個人の医療費削減、医療レベルの均一化、平均余命の伸長、医療格差の是正を、デメリットとして、医療の質の低下、治療法の減少、医療待機時間の増加、難病治療や選択的治療法の削減、国家の医療予算の増大を挙げる。反対理由には差別意識もある。上昇する保険料や税金に不満を持つ中上流階級は、自ら負担した保険料や税金が低所得者の医療に充てられていると批判する。背景には、低所得者の多くが非白人であるという事実がある。また、ACA反対者が必ず口にする理由が「社会主義的医療」(socialized medicine)への嫌悪である。この言葉でアメリカ人が想像するのは、例えばイギリスのNHS(National Health Service)といった、政府が単一保険提供者(single-payer)となる公的医療制度ではなく、すべての病院や薬局が政府の所有となり、医師や看護師が公務員となる医療体制(米国退役軍人局医療制度に類似した医療サービス)である。このように、ACA反対の背景には、アメリカ人の管理医療への嫌悪や人種差別意識だけでなく個人主義や自助精神も存在する。

導入直後、ACAに反対する共和党支持者とACAをオバマ政権最大の成果と主張する民主党リベラル派との対立が深まり、これが第2期オバマ政権の中間選挙の最大の争点となった。民主党の大敗に終わったこの選挙が共和党への追い風となり、2016年の政権交代につながったという見方もある。民主党も認めるように、ACAの最大の欠点は医療予算の増大にある。2015年にオバマ政権は翌年、約40州で保険料が平均25%上がると試算した。保険給付の急増で保険料が高騰したため、中小企業も悲鳴を上げた。公的補助の財政負担も大きい。2016年会計年度(2015年10月～16年9月)の財政収支の赤字は前年度比33.8%増の5,874億1,200万ドルにまで膨らみ、5年ぶりの赤字拡大を招いた。伝統的に「小さな政府」を目指す共和党は猛反発し、ドナルド・トランプ(Donald J. Trump)は選挙中、「オバマケアは大失敗だった」とACA廃止を訴え、支持を広げた。トランプは就任直後、ACA撤廃・代替法導入の大統領令(Executive Order 13765)に署名したが、ACA撤廃には至らなかった。

ACAは難産の末に生まれたが、現在も批判が続き、存亡の危機にさらされている。議会によって何度も修正されたACAの制度的な欠陥や急増する財政支出を問題視する声もある。議論が多かった未加入者へのペナルティー（罰金）は連邦議会の税制改革で廃止となり、2019年1月より連邦政府による罰金は科されなくなったが、強制加入を原則とする一部の州（カリフォルニア州、マサチューセッツ州、コロンビア特別区など）では未加入者からのペナルティーを徴収している。2021年の政権交代により当面の間、ACA廃止の可能性は低くなったものの、修正ACAの合憲性を争う保守派の活動などにより、一部の州では制度の存続が脅かされている。

4. トランプ現象

泡沫候補といわれ続けたトランプが共和党候補の座を勝ち取り、2016年11月の大統領選挙本選で勝利したとき、アメリカのみならず世界が衝撃を受けた。事前予想は軒並みヒラリー・クリントンの勝利を予想し、勝率を71.1%と弾き出した統計学者もいた。しかし、全米で起こったのはトランプを支持する右派ポピュリズムの発露であった。この「トランプ現象」（Trump Phenomenon もしくは Trumpism）は、メディアや調査会社、そしてデータ・サイエンティストを「敗北」させた。トランプの勝因として、オバマ政権の行き過ぎたリベラリズム（左派）が市民を保守化させ、トランプ（右派）を当選させたという意見や民主党候補指名を争った左派のバーナード（バーニー）・サンダース（Bernard "Bernie" Sanders）への支持で民主党票が分散したという意見があるが、万人が納得する明確な答えはない。ただ確実に言えるのはアメリカ特有の大統領選挙人制度がクリントンに不利に働いたという事実である。実際、クリントンは一般得票（popular vote）でトランプを290万票上回ったが、ミシガン（選挙人16）、ウィスコンシン（同10）、ペンシルヴェニア（同20）、フロリダ（同20）などの接戦州（swing states）の選挙人を獲得できず、敗北を喫した（トランプ304に対してクリントンは227）。一般投票で最大得票を得た候補が敗北したのは過去58回の大統領選挙中4回のみで、トランプは一般得票数で敗れながら大統領に就任した5人目の大統領となった（本章コラム参照）。この選挙は「史上初の女性の大統領候補」、「公職経験のない初めての大統領」という点でも大統領選挙史に記録されている。

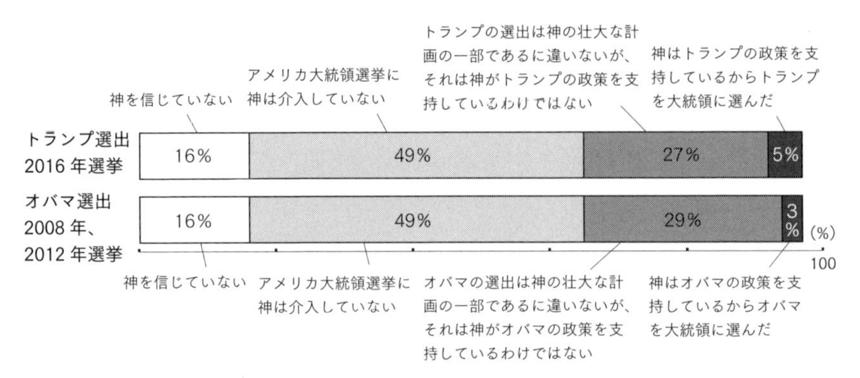

注：回答しなかった人々は含まない。

図 15-2　オバマ政権・トランプ政権誕生に対する神の関与について

出典：ピューリサーチセンター（アメリカ人成人を対象とした調査：2020年2月4－15日実施）

いずれにしても、トランプの当選は、オバマ当選と同等の衝撃をアメリカ市民に与えた。ピューリサーチセンターの調査（2020）によると27%のアメリカ人がトランプ選出は「神の御業」と答えたが、同時に「それは神が彼の政策を支持したことを意味しない」と答えている。49%は「神の介在を否定」し、16%は「神の存在を信じていない」と答えた。興味深いことにこれは、オバマ選出時のデータとほぼ同じ割合であった（Smith）。

第45代大統領に就任したトランプは、当時、国際政治では無名だったが、アメリカでは知らない者がいないほどの著名人であった。1946年、トランプは、ニューヨークの裕福な不動産業者フレデリック・トランプとスコットランド系移民メアリ・アン・マクラウドの5人の子どもの4人目として生まれた。地元の小学校から私立全寮制のニューヨーク・ミリタリー・アカデミーに入学し、フォーダム大学で学んだ後、ペンシルヴェニア大学に転入した。卒業後、父親の会社の経営を任されたトランプは、マンハッタンの不動産を次々に買収し、古いビルを近代的な高層建築に建て替える手法で不動産ビジネスを拡大した。1980年、グランド・ハイアットＮＹを建設し、デベロッパーとしての手腕を発揮すると、エンターテインメント業界に進出し、2004年からNBCテレビ番組「アプレンティス」（NBC Reality Series: The Apprentice）の司会を務めた。1977年、チェコ人モデルと結婚して３児（Donald, Jr., Ivanka, & Erick）を授かった後、

1992年に離婚し、翌年女優と再婚して娘（Tiffany）が生まれた。その後、この結婚も1999年に破綻し、2005年にスロベニア人モデル・メラニアと結婚して2006年、息子（Barron William）を授かった。

演説するトランプ前大統領（Gage Skidmore（CC BY-SA 2.0））

トランプは、不動産業、美人コンテストの主催、カジノ・レストラン・大学経営、タレント活動を経て、中年を過ぎてから政治を志すようになった。1988年、共和党から出馬を模索して失敗した後、2000年には第3政党「改革党」から出馬を検討したが、取りやめた。民主党に鞍替えして、ニューヨーク州知事選に挑戦して落選した後、民主党を離脱し、共和党員として正式に登録した。その後、共和党を離れたが、復帰して2015年に大統領への立候補を表明し、17名の候補者の1人となる。人格や高潔さが求められる大統領職にふさわしくないと考えたメディアは彼を泡沫候補として扱い、2年近くに及ぶ大統領選には耐えられないと、早期の脱落を予想した。共和党幹部からもイメージが傷つくとしてトランプを候補者とすることに反対の声が上がった。しかし、トランプは大方の予想を裏切り、オハイオ州クリーヴランドで開催された共和党全国大会で指名を勝ち取った。この時、共和党全国委員会は、トランプが予備選挙で獲得した史上最高の得票数（1,400万票）に本選への手ごたえを見出していたという。メディアでは例外なくクリントン勝利を予想していたが、「アメリカを再び偉大に」、「アメリカ・ファースト」のスローガンで、全米で満遍なく票を獲得したトランプが、元大統領夫人・前国務長官・ニューヨーク州上院議員クリントンを破った。

トランプ支持層としてデータが示すのが白人労働者である。大統領選挙の投票率（55%）は過去20年で2番目に低かったが、白人投票率が微増し、黒人投票率は7ポイント減少したことから、トランプ大統領を誕生させたのは白人であったことがわかる。さらに、州ごとの勝敗から、その原動力となったのは「さびついた地域」を意味する「ラストベルト」（rust belt）と呼ばれるアメリカ中西部や大西洋岸地域であることが判明している。この地域は、1960年代～1970年代の脱工業化に伴って人口流出が続き、経済停滞により有望な職が失われ、貧困が進んだ地域である。ラストベルトに当たるインディアナ、イリノイ、ミシガン、ミズーリ、ニューヨーク（州北・州西部）、オハイオ、ペンシルヴェニア、ウエストヴァージニア、ウィスコンシンの9州のうち、クリントンが勝利したのは大都市を抱えるニューヨークとイリノイの2州にすぎない。トランプは、選挙戦で「ラストベルト」をアメリカ凋落の象徴として掲げ、再びかつての繁栄と強いアメリカを取り戻そうと訴えた。経済成長から取り残され、現状に怒りを抱くラストベルトの住民や「ホワイト・トラッシュ」（white trash）と呼ばれる白人低所得者は、これまで政治を仕切ってきたリベラル系知識人と対極に位置するトランプの政策に期待したと考えられる（共和党員の80％がトランプを支持した）。

就任以来、トランプが取り組んだのが、オバマ政権の成果をゼロにすることであった。最大の目標が、「非常に高価な失敗作」と彼が呼ぶACA（オバマケア）の廃止である。ACA廃止を公約にしたトランプは最初の大統領令で廃止を命令し、よりよい給付と低い手数料を約束したが、下院共和党が提案した制度（AHCA: American Health Care Act）も上院共和党が設計した制度（BCRA: Better Care Reconciliation Act）も議会予算局（CBO: Congressional Budget Office）の試算によると、医療予算は削減されるが、今後、未加入者が増大することが判明した。ACA存続を求める市民からの抗議によって議会でのACA廃止・撤廃に失敗したトランプ共和党は、ACA「改悪」によって制度を葬り去る作戦に切り換えた。その1つが未加入者への罰則課税（individual mandate）の撤廃である（2019年より施行）。CBOは、このままの制度であれば、ACAは10年後には1,300万人の医療保険未加入者を生み、2027年までに保険料を10％上昇させると試算した。共和党はオバマケアを「粉砕させる」（“explode”）ため、ACAの利便性や有用性を狙い撃ちにしたさまざまな変更を成立させた。トランプが実施した反オバマ政策には、他にもイラン核合意からの離脱（2018）、自由貿易を目指す経済的枠組み「環太平洋パートナーシップ協定」(TPP: Trans-Pacific Partnership) からの脱退 (2019)、気候変動の国際的枠組みである「パリ合意」(Paris Agreement) からの離脱 (2019) などがある。これらの政策は、アメリカの伝統的な孤立主義外交への回帰とみなすことができる。

トランプ政権の大事件として記憶されるのが弾劾裁判である。これは、大統領選挙中の2016年10月に起きた民主党へのサイバー攻撃が、トランプ陣営とロシアとの共謀によるものだったという、いわゆる「ロシア疑惑」がきっかけであった。大統領選1か月前、アメリカ国土安全保障相は、民主党全国委員会のコンピュータがサイバー攻撃を受けたと発表した。トランプ政権の発足後、捜査に乗り出したジェームズ・コミーFBI長官は、トランプに「彼はいいやつだ。この件は放っておいてほしい」といわれ、捜査対象のマイケル・フリン大統領補佐官への捜査中止を「示唆」されたが、これに従わずトランプの「捜査妨害」を暴露したため、トランプはコミーを解任した。代わって、司法省より捜査の全権を委任されたロバート・モラー特別検察官は、トランプの元顧問弁護士マイケル・コーエンの協力を得て、陣営の元選挙対策本部長ポール・マナフォートと元選挙陣営顧問ロジャー・ストーンを訴追した。捜査が進む中で、マナフォートは一転、トランプに不利な証言をし始めた。トランプは離反したマナフォートを見限る一方、フリンの起訴を撤回させたり、偽証罪で有罪宣告を受けた「盟友」ストーンの刑の執行を大統領権限で免除したりした。トランプの「司法妨害」や「権力濫用」を問題視した議会民主党は、2019年9月、トランプの弾劾手続きに入る。時を同じくして、アメリカ政府捜査局(GAO: U.S. Government Accountability Office) から、トランプに関する別の疑惑が発表された。トランプ政権がウクライナ支援の凍結をちらつかせて、ウクライナのゼレンスキー大統領に、政敵のバイデン元副大統領に対する捜査の圧力をかけたという、「ウクライナ疑惑」である。ウクライナ政府にバイデンの捜査について公表するように求めたトランプが、それを阻止しようとした駐ウクライナ大使のマリー・ヨヴァノヴィッチを解任したことも明らかとなった。訴追されたウクライナ系アメリカ人実業家レフ・パルナスは、元大使の監視・盗聴について証言し、トランプと副大統領ペンスの関与を認めた。2019年12月18日、民主党が多数を占める下院が、「権力濫用」と「議会妨害」の罪でトランプへの弾劾決議案を可決したとき、彼は1868年のアンドリュー・ジョンソン、1974年のリチャード・ニクソン、1998年のビル・クリントンに続く、米国史上4番目の弾劾訴追された大統領となった。しかし、共和党が支配する上院での弾劾裁判は、ともに有罪・罷免に必要な3分の2に届かず、トランプの勝利宣言につながった。2020年8月に発表された上院情報特別委員会による最終報告書は、2016年大統領選挙でトランプ陣営はロシアと共謀して民主党へのサイバー攻撃やクリントンに打撃を与える情報漏洩などの政治的な工作を行ったと断定している。

しかし、司法軽視や権力濫用、議会妨害、弾劾裁判もトランプの岩盤支持層（白人男性、農村部の住民、福音主義キリスト教徒、保守的なカトリック教徒）を崩すことはできず、支持率は4割を堅持した。その鍵はトランプの政治家らしからぬそのコミュニケーションスタイルにあった。最初の特徴として、物事を単純化し、敵意や共感をあおる二分法（dichotomy）のレトリック（修辞法）が挙げられる。これは、異分子を敵とみなすことを人間共同体に内在する政治性向とする、ドイツ政治学者カール・シュミット（Carl Schmitt）の政治理論を彷彿させる。20世紀の歴史が示す通り、一見、政治的同一性を持つ民主主義社会においても友と敵、善と悪といった二項対立のレトリックは感情を高揚させ、増幅・拡散させてきた。人種暴動や銃撃事件といった事象においてもトランプは、敵＝「他者」（The Other）を作り、分断をあおり、憎悪を増幅させた。「仮想敵」を攻撃して共感を求める彼のスタイルは、無味乾燥な官僚主義の対極に位置するようにみえた。第二にトランプは「ポピュリズム」（populism）的発信を武器とした。日々、ソーシャル・メディア・ネットワーク（SNS）、特にTwitter（ツイッター）を通して大衆に語り掛けるスタイルも、これまでの大統領とは一線を画すスタイルであった。トランプ現象に象徴される、現代民主国家におけるポピュリズム台頭の起源を、孤立と格差に求める研究者もいる。実際、かつての市民的・宗教的つながりを失った人々がトランプの演説に熱狂する光景には、孤立へのフラストレーションと連帯志向が透けて見える。さらに、ラストベルトに象徴されるように、貧困はポピュリズムに油を注ぐ要素となりうる。最後の特徴として挙げられるのは、ポストトゥルース（post-truth）といわれる、既存メディア攻撃による情報戦略である。これはメディアに代表される「エスタブリッシュメント」(既得権益層)への反知性主義(Anti-Intellectualism)と通底する。実は反知性主義は新しい考え方ではない。イギリスの知的伝統である反知性主義は18世紀末以降、実用主義（pragmatism）や経験主義（empiricism）と結びつき、西洋諸国における権力の監視に貢献してきた。1960年代に社会学や社会心理学からアメリカ史を分析したコロンビア大学教授リチャード・ホフスタッター（Richard Hofstadter）は著書『アメリカの反知性主義』（*Anti-Intellectualism in American Life,* 1963）の中で、アメリカの民主主義的、平等主義的な感情は反知性主義を生む傾向があると論じた。ピュリッツァー賞を受賞したこの著書は約半世紀後のトランプ現象を予言した著書ともいわれている。自分に不都合な報道をすべて「捏造（ねつぞう）」（fake）と切り捨てるトランプは人々の理性や知性を麻痺させ、彼らを懐疑的にし、実際には伝えられていない「真実」（alternative truth）があるという幻想を生んだ。トランプはエリート社会の中心にいながら情報操作により市民の反エリート感情をかき立てた。

2020年11月、大統領選挙でトランプが敗北し、熱病のようなトランピズムは一旦、終焉した。トランプの超保守主義にストップをかけたのは民主党大統領候補のジョー・バイデンと副大統領候補のカマラ・ハリス（Kamala Harris）であった。行き過ぎた右傾化を憂慮した中道左派がアメリカに軌道修正させたこの選挙は、これまでアメリカ史で何度となく繰り返されてきた右派・左派の健全な揺り戻しとみることができる。しかし、選挙でトランプに投じられた7,600万票という保守派の得票（バイデンは8,000万票）は、現代アメリカ社会の分断の深さを物語るとともに、世界が見つめるアメリカ民主主義は常に変容・後退の危険性をはらんでいることを示している。

ディスカッションテーマ

1. 権利としての銃所有（憲法修正第２条）
2. アメリカの医療制度の問題点
3. トランプ現象の行方

大統領選挙人制度

アメリカ大統領選挙の最大の特徴は大統領選挙人制度である。上院議員と下院議員の合計と等しい538人（各州2名と人口比で各州に割り当てられた435人、D.C. 3人）の大統領選挙人（elector）が選出され、270名以上獲得した候補が大統領に選出される仕組みである。

この大統領選挙人制度はアメリカ政治の本質を表しているといっても過言ではない。メイン州とネブラスカ州は結果に応じて選挙人を分配するが、その他の州は勝者総取り（"winner-take-all"）を原則とし、それぞれの州の決定を尊重する選挙制度となっているからである。これは、接戦となったとき、たとえ弱小州であっても1つの州の決定（大統領選挙人）が連邦国家の政体を決める可能性を意味する。この意味で、選挙人制度は、連邦政府の権力集中を招く連邦制と各州独自の判断を尊重する共和制とのせめぎあいであるアメリカ政体の象徴であるといえる。

選挙人制度のため、特に接戦となった場合、大統領選挙の勝者は最後までわからない。多くの州は共和党支持の「赤い州」（red states）と民主党支持の「青い州」（blue states）に分けられるが、共和党・民主党の支持が拮抗して選挙ごとに支持が分かれる州がいくつか存在する。これらは「接戦州」（swing states）と呼ばれ、これらの州の選択に選挙結果が左右されることになる。接戦州とはアメリカの縮図といわれるオハイオ州のほか、フロリダ州、ペンシルヴェニア州、アリゾナ州などの約11州とされる。それ以外の州の勝者はほぼ毎回、同じ政党であるため、得票数はほぼ予想可能であるといわれる。

これまで一般投票（popular votes）で最多得票を得た候補が敗北した選

挙は過去59回（1789～2020）のうち5回を数える。1824年のアンドリュー・ジャクソン（ジョン・クインシー・アダムズに敗北）、1876年のサミュエル・ティルデン（ラザフォード・ヘイズに敗北）、1888年のグローヴァー・クリーヴランド（ベンジャミン・ハリソンに敗北）、2000年のアル・ゴア（ジョージ・W・ブッシュに敗北）、2016年のヒラリー・クリントン（ドナルド・トランプに敗北）である。ギャラップ社の調査によると、一般得票が最も多い候補者が大統領になれないことに「異論がある」、「不可解に感じる」と答えたアメリカ人は1948年には53％であったが、連邦最高裁判決（*Bush v. Gore*）で決着した2000年大統領選挙のブッシュ・ゴアの泥沼論争後には61％に上昇し、2013年には63％に達した。

第4代大統領ジェームズ・マディソン
出典：アメリカ議会図書館

しかし、2019年の調査では、再び選挙人制度の改革を望む憲法改正派（55％）と現状維持派（43％）の差は縮まりつつある。国民の半数以上が大統領選挙人制度の改革（もしくは廃止）を希望するが、廃止は困難、もしくは不可能と判断していると推察できる。というのは、これまでこの制度の改革を求める700以上の法案が提出されたが、成立には議会の3分の2以上の賛成と4分の3以上の州の批准が必要であるため、法案は議会で審議すらされていない。多数の専制を恐れた「合衆国憲法の父」ジェームズ・マディソンは、権力間の抑制と均衡を政治システムに組み込み、憲法改正に高いハードルを課したため、大統領選挙人制度の改革は実現しそうにない。今後も、共和党と民主党のせめぎあい、連邦主義と共和主義の相克の中で、アメリカの歴史は作られていく。

エピローグ

グローバリゼーション再考

――二極化する世界

グローバル時代、トランプの自国第一主義同様、パンデミック（Covid-19）も国境を越えて急速に広がり、20世紀型社会の変革を迫った。米中二極化が進む中、孤立主義か国際協調主義かという超大国アメリカの選択は今後の世界情勢そのものを左右する。

グローバリゼーション（globalization）の歴史は古い。グローバリゼーションは「国を超えて地球規模で交流や通商が拡大すること」（広辞苑）と定義され、その起源は紀元前1～5世紀の「絹の道」（silk roads）や7～15世紀の香辛料貿易（spice trade）に求めることができる。南北アメリカ大陸が「発見」された大航海時代には、ヨーロッパ諸国が資源や領土、市場を求めてしのぎを削った。しかし、近代以前のグローバリゼーションは規模や範囲という点で必ずしも「世界的」とはいえなかった。

グローバリゼーションが本格的に始まるのは、第1波グローバリゼーションといわれる19世紀から20世紀初頭にかけてであった。18世紀末に産業革命が起こり、「太陽の沈まぬ国」大英帝国を築いたイギリスは地理的にも技術的にも国際貿易をけん引した。この時代、大型汽船や鉄道は国境を越えた物流を可能にし、鉄、織物、工業製品を世界中に届けた。19世紀には年率3%で貿易が拡大し、世界全体のGDPに占める国際貿易の割合は100年間で6%から14%に増加した。2度の世界大戦はこの流れを一時的に止めたが、戦間期には金融市場が各国を接続した。アメリカを起源とする不況を世界的な恐慌にしたのもこのシステムであった。

第2波、第3波グローバリゼーションをけん引したのが、第2次世界大戦後に経済大国となったアメリカであった。第2波グローバリゼーションでは、第2次産業革命といわれる自動車や航空機といった先進ハイテク技術を武器に、アメリカが世界貿易の覇権を握った。5%まで落ち込んだ国際貿易の対世界GDPの割合は1989年には14%まで伸長した。グローバリゼーションは冷戦終結とともに、社会共産主義国家を含む「世界的な」現象となり、1990年代には自由貿易が進む第3波グローバリゼーションが加速した。世界で急速に進んだグローバリゼーションは世紀転換期に、特にビジネスの分野で本格的な流れとなる。この時期、安い労働力求めて、各国の企業は海外に生産拠点を移した。中でも、第3波グローバリゼーションで躍進を遂げたのが中国であった。2000年11月、中国は「世界貿易機関」（WTO: World Trade Organization）への加入を承認された。中国はこのとき経済大国になるための足がかりを築いた。WTOとは「関税および貿易に関する一般協定」（GATT: General Agreement on Tariffs and Trade）に代わり、1995年に設立された世界貿易の自由化と秩序維持を担う国際機関である。WTO事務総長は中国の加入を「中国、WTO、世界にとって21世紀で最も重要なイベントの1つ」と述べて、誰もが劇的な変化に大きな期待を寄せた。その変化とは中国の関税引き下げや知的所有権の保護、中国（共産党）の民主化、各国の対中貿易の拡大であった。しかし、その後、期待した変化は起こらなかった。中国の安い製品が大量に流入したアメリカでは価格競争に敗れた企業が打撃を受け、産業が空洞化し、対中赤字は増大した。アメリカでは違法模造品が氾濫し、技術流出は止まらず、中国では人権抑圧や覇権主義が続いた。前章で述べたように、生産国としてのアメリカの凋落は決定的となり、「さびついた工業地帯」（ラストベルト）の人々の不満が国粋主義を生んだ。「北米自由貿易協定」（NAFTA）と中国のWTO加入で「アメリカの仕事の3分の1が失われた」と批判したのがトランプであった。一方、世界の貿易枠組みに編入された中国は「世界の工場」となり、社会主義経済を維持したまま、2010年、GDPで世界2位へと躍進し、購買力平価（PPT: purchase power parity）も増加し続けている（2018年）。

20世紀末から21世紀転換期には、第3次産業革命の技術であるインターネットの普及により、世界の人々が直接、接続されるようになった。21世紀初頭には、輸出入を含む貿易額は世界全体のGDPの約50%を占めた。「ガーファ」（GAFA: Google、Apple、Facebook、Amazonの4社で、Big Tech、Tech Giants、Big Fourともいわれる）と呼ばれたアメリカのIT企業はグローバリゼーションによって巨大市場を得てアメリカ経済を潤わせた。近年では、GAFAに代わる「マウント・サース」（MT SaaS: Microsoft、Twillio、Shopify、Amazon、Adobe、Salesforce）と呼ばれるアメリカのクラウド系企業が、今後のITグローバリゼーションをけん引すると考えられている。

第3波グローバリゼーションの中心メディアであるインターネットの普及は我々に多大なメリットをもたらしたが、同時に深刻なデメリットももたらした。ネット犯罪、いじめ、健康問題、スパム、情報漏洩、アディクションなど枚挙にいとまがない。かつてマーシャル・マクルーハン（Marshall McLuhan）が「地球村」（global village）と呼んだように、電子技術（メディア）によって互いに接続された現代社会では、地球上のあらゆるものが可視化され、あらゆる情報が世界中の人々によって瞬時に共有される。マクルーハンが警告するように、「地球村」には愛や調和、平和よりも断絶、分裂、不和の危険が常に存在する。

2019年に「世界経済フォーラム」（World Economic Forum）が年次総会で提唱したのが「グローバリゼーション4.0」（Globalization 4.0）という新しい概念である。これは、第4次産業革命といわれるロボット工学、人工知能（AI: Artificial Intelligence）、ナノテクノロジー、量子コンピュータ、生物工学、モノのインターネット（IoT）、3Dプリンター、自動運転などの技術革新とともに進行している第4波グローバリゼーションで、生態学的懸案や国際秩序の多極化、経済格差といった問題を伴う現象として提示された。同時に、ポピュリズムの台頭や民主主義の崩壊を懸念するフォーラムは、グローバリゼーションとともに、「国益よりネオリベラル的な世界秩序を優先するイデオロギー」である「グローバリズム」（globalism）を各国に求めた。

「グローバリゼーション4.0」で指摘されたさまざまな課題の中に、気候変動による地球環境への影響がある。世界各地で深刻化する公害や地球の「緑の肺」とわれるアマゾンの森林伐採などの自然破壊は生物多様性を消失させ、地球温暖化の原因となり、世界各地に異常気象を引き起こしている。2006年、アル・ゴア元副大統領はドキュメンタリー映画『不都合な真実』(*An Inconvenient Truth: a Global Warning*, 2006)を作成し、深刻化する環境問題に警鐘を鳴らしたが、各国の経済優先の政策が見直されることはなかった。

環境問題に取り組むアルゴア元副大統領（JD Lasica (CC BY 2.0))

グローバリゼーションは現代、新たな問題を提起している。古くて新しい感染症の問題である。悪性の病気を引き起こす病原体（ウィルスや細菌）の多くはその棲み処となる動物（家畜）を介して人間に感染する。病原体を媒介する動物は犬、猫のほか、アヒル、ニワトリ、ネズミ、牛、爬虫類にも及ぶ。これら動物由来の病原体は国境を超える人の移動によって運ばれる。中世ヨーロッパでは、船に棲みついた黒ネズミにたかるノミが媒介した腺ペスト感染症が猛威を振るった。この病気の罹患者はリンパ節が腫れて暗色になって死亡することから、「黒死病」(Black Death)と呼ばれた。黒死病は1347年から1351年の間にヨーロッパ・中東地域の約7,500万人を死亡させたといわれている。20世紀初頭には、「スペイン風邪」(Spanish Flu/influenza)と呼ばれたインフルエンザが世界的に大流行した。第1次世界大戦中の人の移動に伴い、ウィルスは海を越えた。スペイン風邪は1918年、わずか1か月の間に北半球のほぼ全域に広がり、史上最大規模の死者を出した。数か月のうちに3,000万人が死亡したが、感染者はその50倍と推定されている。アメリカでの死者は54万人に達した。20世紀末、インフルエンザは、ワクチンのある季節的な感染症となったが、それでも新型ウィルス株の出現によって時折、パンデミックが起こっている。1997年には新型鳥インフルエンザ(H5N1)が、2002年から2003年には重症急性呼吸器症候群（SARS）が、2009年から2010年には新型豚インフルエンザ（H1N1）が、2012年には中東呼吸器症候群

（MERS）が流行し、世界各地で感染爆発が起こった。2019年末から2020年にかけて、新型コロナウィルスによる感染症（Covid-19）が発生し、世界的なパンデミックとなった。感染拡大を収束させるため、各国は相次いで国境を閉じ、物流や人流は止まった。パンデミックはグローバリゼーションの負の側面を白日の下にさらしたが、同時に、世界は制御できない程度にまでグローバリゼーションが進行していることが明らかとなった。

現在、グローバリゼーションをけん引するのは米中の二大超大国である。これを米中による「新冷戦」と呼ぶ者もいる。かつての米ソのように、両国は、政治、経済、軍事など、さまざまな分野でしのぎを削りながら、21世紀型の世界秩序を模索している。しかし、両国とも国内外に問題を抱え、グローバリゼーション4.0が提示する課題に真剣に向き合っているとはいえない。

しかしながら、超大国となった「丘の上の町」は現在も理想を掲げ、世界の模範国家となるための歩みを続けている。「多からできた1つ」（e pluribus unam）を国是とする移民（人造）国家アメリカはその多様性ゆえに差別や分断、格差といった問題を抱えてきた。現代も残る人種・ジェンダー差別や格差は、その建国理念が未だ達成されていないことの証左でもある。それでも、マイノリティはビジネス、スポーツ、芸術、文芸などの分野で卓越した才能を見せることで人種・ジェンダーの壁を一つひとつ壊していった。アメリカもまた卓越した才能には敬意を払い、正当な評価を与えてきた。一方で、アメリカの経済格差は21世紀に入って拡大しつつある。ピューリサーチセンターによると、過去40年間で富裕層と貧困層の経済格差は広がった。1980年には、トップ10％の収入は最下位10％の9.1倍であったが、2018年には12.6倍にまで拡大した（90/10 ratio）。アメリカの格差はG7諸国の中で最も大きい（2017年のアメリカのジニ係数は0.434）。

国内外ともに問題は尽きないが、少なくともアメリカには、歴史が示すように、保守と革新の相克によって育まれてきた健全な民主主義が存在する。アメリカの歴史をひも解けば、極端な保守化の後には必ずリベラリズムが復権し、共和党・民主党双方は互いに軌道修正しながら、民主主義を前進させてきたことがわかる。ホワイトハウス（アメリカ政権）は国内では議会で論客と戦いながら先進的な政策を打ち出し、国外では、専制主義や覇権主義と戦いながら、国際舞台で存在感を取り戻しつつある。

理想郷の建設から足かけ500年後の現代も、世界の人々の目は「丘の上の超大国」に注がれている。そして、この超大国の歩みを見守る人々は、力を誇示する世界の警察ではなく、民主主義を擁護する世界のリーダーとしての役割をこの国に期待している。

参考文献

1. オンライン資料　＊（　）は主催団体。

American Center Japan／アメリカンセンター Japan（米国大使館広報・文化交流部）
Biography.com（A&E Television Networks, LLC.）
Centers for Disease Control and Prevention（U.S. Department of Health & Human Services）
Constitutional Accountability Center（think tank）
Encyclopedia Britannica（Encyclopedia Britannica, Inc.）
Encyclopedia.com
Financial Times（Financial Times Ltd.）
Gallup（Gallup, Inc.）
Global News（Corus Entertainment, Inc.）
History.com（A&E Television Networks, LLC.）
Internet Archive（Internet Archive）
Khan Academy
Library of Congress（US Government）
National Review　（National Review, Inc.）
New York Times（New York Times Company）
OECD iLibrary（Organization for Economic Co-operation and Development）
Office of the Historian（Foreign Service Institute, US Department of State）
Oyez（Cornell's Legal Information Institute）
PBS（Public Broadcasting Service）
Smithsonian（Smithsonian Institution）
TeachMideast（Middle East Policy Council）
US Census Bureau（U.S. Department of Commerce）

USA Today Network (Gannett Company)
US National Archives (National Archives and Records Administration)
Washington Post (Washington Post Company, LLC.)
YouTube (Google, LLC.)
外務省、厚生労働省、防衛研究所などのHP

2. 日本語文献

明石紀雄.『ルイス＝クラーク探検：アメリカ西部開拓の原初的物語』世界思想社、2004年.

明石紀雄監修.『新時代アメリカ社会を知るための60章』明石書店、2013年.

明石紀雄・飯野正子.『エスニック・アメリカ：多文化社会における共生の模索』第3版. 有斐閣、2011年.

阿川尚之.『憲法で読むアメリカ史』(上下巻) PHP研究所、2004年.

浅井信雄.『アメリカ50州を読む地図』新潮社、1994年.

有賀貞・大下尚一編.『新版 概説アメリカ史：ニューワールドの夢と現実』有斐閣、2013年.

有賀夏紀.『アメリカ・フェミニズムの社会史』勁草書房、1988年.

有賀夏紀・紀平英作・油井大三郎編.『アメリカ史研究入門』山川出版社、2009年.

有賀夏紀・小檜山ルイ編.『アメリカ・ジェンダー史研究入門』青木書店、2010年.

有賀夏紀・油井大三郎編.『アメリカの歴史：テーマで読む多文化社会の夢と現実』有斐閣、2002年.

ウェーバー、マックス.(大塚久雄訳)『プロテスタンティズムの倫理と資本主義の精神』岩波書店、1989年.

エヴァンズ、サラ・M. (小檜山ルイほか訳)『アメリカの女性の歴史【第2版】』明石書店、2005年.

亀井俊介編.『アメリカ文化史入門：植民地時代から現代まで』昭和堂、2006年.

カーバー、リンダ・K、ジェーン・シェロン・ドゥハート編. (有賀夏紀ほか編訳)『ウィメンズ・アメリカ 資料編』ドメス出版、2000年.

カーバー、リンダ.K. (有賀夏紀ほか編訳)『ウィメンズ・アメリカ 論文編』ドメス出版、2002年.

カバ、ベス・ミルステイン、ジーン・ボーディン. (宮城正枝・石田美栄訳)『われらアメリカの女たち：ドキュメント・アメリカ女性史』花伝社、1992年.
紀平英作編.『アメリカ史』山川出版社、1999年.
斎藤眞・古矢旬.『[第二版] アメリカ政治外交史』東京大学出版会、2017年.
猿谷要.『アメリカ黒人解放史』二玄社、2009年.
猿谷要編.『アメリカ史重要人物101』新書館、1997年.
猿谷要編.『アメリカ大統領物語』新書館、2002年.
猿谷要.『検証アメリカ500年の物語』平凡社、2004年.
猿谷要.『物語アメリカの歴史：超大国の行方』中央公論新社、1991年.
シュレジンジャー、A・M.（猿谷要監修・飯野正子訳）『アメリカ史のサイクル』（I II）パーソナルメディア、1988年.
ジン、ハワード.（富田虎男・平野孝・油井大三郎訳）『民衆のアメリカ史：1492年から現代まで』（上下巻）.明石書店、2005年.
鈴木健.『大統領選を読む！』朝日出版社、2004年.
デュボイス、エレン・キャロル、リン・デュメニル.（石井紀子ほか訳）『女性の目からみたアメリカ史』明石書店、2009年.
トーマスマ、ケネス.（西江雅之監修・加原奈穂子訳）『アメリカの空へ：大探検を助けた少女、サカジャウェア』出窓社、2000年.
中村甚五郎.『アメリカ史「読む」年表事典』（全4巻）原書房、2010-2014年.
ナッシュ、ロデリック.（足立康訳）『人物アメリカ史』上下巻.講談社、2007年.
ハンチントン、サミュエル.（鈴木主税訳）『分断されるアメリカ』集英社、2004年.
フランクリン、ジョン・ホープ.（井出義光ほか訳）『アメリカ黒人の歴史：奴隷から自由へ』研究社、1978年.
フリーダン、ベティ.（三浦冨美子訳）『新しい女性の創造』大和書房、2004年.
マン、チャールズ・C.（布施由紀子訳）『1493：世界を変えた大陸間の「交換」』紀伊國屋書店、2016年.
森孝一.『宗教から読む「アメリカ」』講談社、1996年.
山本紀夫.『コロンブスの不平等交換：作物・奴隷・疫病の世界史』KADOKAWA、2017年.
渡辺和子編.『アメリカ研究とジェンダー』世界思想社、1997年.
和田光弘編.『大学で学ぶアメリカ史』ミネルヴァ書房、2014年.

3. 英語文献（書籍・雑誌・記事）

The Associated Press. "'Columbus Can't Represent Us': Some Massachusetts Italian Americans Call For Statue Of Italian Explorer To Be Removed." *WBUR*. June 17, 2020. https://www.wbur.org/news/2020/06/17/italian-americans-say-goodbye-columbus.

Beauvoir, Simone de. *The Second Sex*. 1952. Trans. and ed. H. M. Parshley. New York: Vintage, 1989.

Beding, Silvio A., ed. *The Christopher Columbus Encyclopedia*. Basingstoke, UK: Springer, 2016.

Berck, Cyndi Spindell. *Pocahontas and Sacagawea: Interwoven Legacies in American History*. Alexandria, VA: Commonwealth Books of Virginia Llc, 2015.

Blassingame, John. *The Slave Community: Plantation Life in the Antebellum South*. New York: Cambridge, MA: Harvard University Press, 1972.

Brinkley, Alan. *The Unfinished Nation: A Concise History of the American People*, Vol. 1 & 2. 7th ed. New York: McGraw-Hill, 2014.

Bushman, Claudia L. *America Discovers Columbus: How An Italian Explorer Became An American Hero*. Hanover: University Press of New England, 1992.

Chicago Architecture Center. "World's Columbian Exposition of 1893." http://www.architecture.org/learn/resources/architecture-dictionary/entry/worlds-columbian-exposition-of-1893/.

"Christopher Columbus." In *New World Encyclopedia*. February 2017. https://www.newworldencyclopedia.org/entry/Christopher_Columbus.

Cleary, Vern. "The Spice Trade." *Modern World History*. http://webs.bcp.org/sites/vcleary/ModernWorldHistoryTextbook/Imperialism/section_4/spicetrade.html.

Columbus, Christopher. *The Journal of Christopher Columbus (During His First Voyage, 1492–93) and Documents Relating to the Voyages of John Cabot and Gaspar Corte Real*. Ed. Clements R. Markham. 1893. New York: Cambridge University Press, 2010.

Crosby. Jr., Alfred W. *The Columbian Exchange: Biological and Cultural Consequences of 1492*. Westport, CT: Praeger, 1972.

DeSilver, Drew. "Working on Columbus Day? It Depends on Where You Live." *Pew Research Center*（blog）, October 2019. https://www.pewresearch.org/fact-tank/2019/10/10/working-on-columbus-day-it-depends-on-where-you-live/.

Diaz, Johnny. "Christopher Columbus Statues in Boston, Minnesota and Virginia Are Damaged." *New York Times*. June 10, 2020.

DuBois, Ellen Carol, and Lynn Dumenil. *Through Women's Eyes: An American History with Documents*. Boston: Bedford/St. Martin's, 2005.

Elkins, Stanley M. *Slavery: A Problem in American Institutional and Intellectual Life*. Chicago: University of Chicago Press, 1959.

Elliott, J. H. *Empires of the Atlantic World: Britain and Spain in America 1492–1830*. New Haven: Yale University Press, 2007.

Equiano, Olaudah. *The Interesting Narrative of the Life of Olaudah Equiano*. 1789. New York: Bedford/St Martins, 1995.

Evans, Sarah M. *Born for Liberty*. New York: Free Press, 1989.

Flint, Valerie Irene Jane. *The Imaginative Landscape of Christopher Columbus*. Reprint. Princeton, NJ: Princeton University Press, 2017.

Foner, Eric. *Voices of Freedom: A Documentary History*. New York: Norton, 2016.

Foner, Eric, and Lisa McGirr, eds. *American History Now*. Philadelphia: Temple University Press, 2011.

Franklin, John Hope, and Alfred A. Moss, Jr. *From Slavery to Freedom: A History of African Americans*. 8th ed. New York: McGraw Hill, 200.

Friedan, Betty. *The Feminine Mystique*. 1963. New York: Norton, 2013.

Gutman, Herbert. *The Black Family in Slavery and Freedom*. New York: Pantheon, 1976.

Hauser, Christine. "Christopher Columbus Statues Removed from 2 Chicago Parks." *New York Times*. July 24, 2020.

Highfield, J.R.L. "Isabella I (Queen of Spain)." In *Encyclopedia Britannica*, April 2020. https://www.britannica.com/biography/Isabella-I-queen-of-Spain.

Hofstadter, Richard. *The Age of Reform: From Bryan to F.D.R.* New Yrok: Alfred A. Knopf, 1955.

Huntington, Samuel, P., *Who Are We?: The Challenges to America's National Identity*, New York: Simons & Schuster, 2005.

Kava, Beth Millstein, and Jeanne Bodin. *We, the American Women: A Documentary History*. Rev. ed. Bloomington, ID: iUniverse, 2001.

Kerber, Linda K., and Jane De Hart-Mathews. *Women's America: Refocusing the Past*. 9th ed. New York: Oxford University Press, 2019.

Kupperman, Karen Ordahl. *Pocahontas and the English Boys: Caught between Cultures in Early Virginia.* New York: New York University Press, 2019.

Las Casas, Bartolome de. *History of the Indies.* Trans. and ed. Andree Collard. 1540. New York: Harper & Row, 1971.

Las Casas, Bartolome de. *A Short Account of the Destruction of the Indies.* 1542. Ed. Nigel Griffin. London: Penguin, 2004.

Livermore, Harold V. "Bartolomeu Dias." *Encyclopædia Britannica,* May 25, 2019. https://www.britannica.com/biography/Bartolomeu-Dias.

Mann, Charles C. 1493: *Uncovering the New World Columbus Created.* New York: Knopf, 2011.

Marshall, John. *The Life of George Washington.* 1838. https://www.gutenberg.org/files/28859/28859-h/28859-h.htm.

Medeiros, Joshua T. "Indigenous Peoples' Day or Columbus Day: Lessons in Leadership and Risk-Taking." *National Recreation and Park Association* (NRPA), December 2019. https://www.nrpa.org/parks-recreation-magazine/2020/january/indigenous-peoples-day-or-columbus-day-lessons-in-leadership-and-risk-taking/.

Morrison, Samuel Eliot. *Admiral of the Ocean Sea: A Life of Christopher Columbus.* 1942. Boston: Little Brown and Co., 1970.

Myint, B. "Was Christopher Columbus a Hero or Villain?" *Biography.* https://www.biography.com/news/christopher-columbus-day-facts.

Nash, Gary B. *Red, White, and Black.* 6th ed. Boston: Pearson, 2009.

Pearson, Elisabeth. "The History Briefing on Indigenous Peoples Day: Why Fewer Places Celebrate Columbus Day." *History News Network.* October 2019.

Peiss, Kathy. *Hope in a Jar: The Making of America's Beauty Culture.* Philadelphia: University of Pennsylvania, 2011.

Pew Research Center. "Most Americans Say There Is Too Much Economic Inequality in the U.S., But Fewer Than Half Call It a Top Priority." January 9, 2020. https://www.pewresearch.org/social-trends/2020/01/09/trends-in-income-and-wealth-inequality/.

Polo, Marco. *The Travels of Marco Polo the Venetian.* London: J. M. Dent Sons, Ltd., 1299. https://archive.org/stream/marcopolo00polouoft/marcopolo00polouoft_djvu.txt.

Pope, Terrence, Kendra M. Becenti, and Stephanie A. Fryberg. "Sanitizing History: National Identification, Negative Stereotypes, and Support for Eliminating Columbus Day and Adopting Indigenous Peoples Day." *Cultural Diversity & Ethnic Minority Psychology*, 2020. http://dx.doi.org/10.1037/cdp0000345.

Polo, Marco. *The Travels of Marco Polo the Venetian*. London: J. M. Dent Sons, Ltd., 1299. https://archive.org/stream/marcopolo00polouoft/marcopolo00polouoft_djvu.txt.

Puglionesi, Alicia. "How a Romanticized Take on Pocahontas Become a Touchstone of American Culture: Early American plays portrayed her as a mythical 'Indian princess,' while granting symbolic permission for displacement of native peoples." April 4, 2019. https://www.history.com/news/how-early-american-stage-dramas-turned-pocahontas-into-fake-news.

Rabasa, José. *Inventing America: Spanish Historiography and the Formation of Eurocentrism*. Norman, OK: Univ of Oklahoma Press, 1994.

Reagan, Leslie. *When Abontion was a Crime: Woman, Medicine, and Law in the United States, 1867-1973*. Berkeley, CA: University of California Press, 1998.

Robertson, Wyndham. *Pocahontas, alias Matoaka, and her descendants through her marriage at Jamestown, Virginia, in April, 1614, with John Rolfe, gentleman*. Richmond: J. W. Randolph & English, 1887. https://archive.org/details/pocahontasalias00brocgoog/page/n3.

Rollings, Virginia H. "Pocahontas is a Popular Grandmother to Claim," *Daily Press*, April 1, 2006. https://www.dailypress.com/news/dp-xpm-20060401-2006-04-01-0604010024-story.html.

Said, Edward W. *Orientalism*. 1978. New York: Vintage, 1994.

Schlereth, Thomas J. "Columbia, Columbus, and Columbianism." *The Journal of American History* 79, no. 3 (December 1992) : 937–68.

Smith, Gregory, A. "About a third in U.S. see God's hand in presidential elections, but fewer say God picks winners based on policies." *Pew Research Center*. March 12, 2020. https://www.pewresearch.org/fact-tank/2020/03/12/about-a-third-in-u-s-see-gods-hand-in-presidential-elections-but-fewer-say-god-picks-winners-based-on-policies/.

"Spice Trade," May 30, 2018. *Encyclopædia Britannica*. https://www.britannica.com/topic/spice-trade.

Stampp, Kenneth. *Peculiar Institution: Slavery in the Aute-Bellum South*. 1956. New York: Vintage, 1989.

Stokes, Bruce. "70 years after Hiroshima, opinions have shifted on use of atomic bomb." *Pew Research Center.* August 4, 2015. https://www.pewresearch.org/fact-tank/2015/08/04/70-years-after-hiroshima-opinions-have-shifted-on-use-of-atomic-bomb/.

Stowe, Harriet Beecher. *Uncle Tom's Cabin*. 1852. Ed. Elizabeth Ammons. New York: Norton, 1994.

Thomasma, Kenneth, *Truth About Sacajawea.* Jackson, WY: Grandview, 1998.

Tilton, Robert S. *Pocahontas: The Evolution of an American Narrative.* New York: Cambridge UP, 1994.

Tocqueville, Alexis de. *Democracy in America and Two Essays on America.* Trans. Gerald Bevan. Ed. Isaac Kramnick. New York: Penguin, 2003.

Wadsworth, James E. *Columbus and His First Voyage: A History in Documents.* London: Bloomsbury Publishing, 2016.

Wells, Ida B. *Crusade for Justice: The Autobiography of Ida B Wells*. Ed. Alfreda M Duster. 1970. Chicago: University of Chicago, 2020.

White, Deborah Gray. *Ar'n't I a Woman: Female Slaves in the Plantation South.* New York: Norton, 1985.

White, Richard. *The Middle Ground: Indians, Empires, and Republics in the Great Lakes Region, 1650-1815*. 1991. New York: Cambridge University Press, 2011.

Zinn, Howard. *A People's History of the United States*. Reissue ed. New York: Harper, 2015.

巻末資料

1. アメリカ歴代大統領

代	在位期間	氏名	党
1	1789–1797	ジョージ・ワシントン（George Washington）	—
2	1797–1801	ジョン・アダムズ（John Adams）	連邦
3	1801–1809	トマス・ジェファソン（Thomas Jefferson）	民主共和
4	1809–1817	ジェームズ・マディソン（James Madison）	民主共和
5	1817–1825	ジェームズ・モンロー（James Monroe）	民主共和
6	1825–1829	ジョン・Q・アダムズ（John Q. Adams）	民主共和
7	1829–1837	アンドリュー・ジャクソン（Andrew Jackson）	民主
8	1837–1841	マーティン・V・ビューレン（Martin Van Buren）	民主
9	1841	ウィリアム・H・ハリソン（William H. Harrison）	ホイッグ
10	1841–1845	ジョン・タイラー（John Tyler）	ホイッグ
11	1845–1849	ジェームズ・K・ポーク（James Knox Polk）	民主
12	1849–1850	ザカリー・テイラー（Zachary Taylor）	ホイッグ
13	1850–1853	ミラード・フィルモア（Millard Fillmore）	ホイッグ
14	1853–1857	フランクリン・ピアース（Franklin Pierce）	民主
15	1857–1861	ジェームズ・ブキャナン（James Buchanan）	民主
16	1861–1865	エイブラハム・リンカン（Abraham Lincoln）	共和
17	1865–1869	アンドリュー・ジョンソン（Andrew Johnson）	民主
18	1869–1877	ユリシーズ・S・グラント（Ulysses S. Grant）	共和
19	1877–1881	ラザフォード・B・ヘイズ（Rutherford B. Hayes）	共和
20	1881	ジェームズ・ガーフィールド（James Garfield）	共和
21	1881–1885	チェスター・A・アーサー（Chester Alan Arthur）	共和
22	1885–1889	S・グローヴァー・クリーヴランド（S. Grover Cleveland）	民主
23	1889–1893	ベンジャミン・ハリソン（Benjamin Harrison）	共和
24	1893–1897	S・グローヴァー・クリーヴランド（S. Grover Cleveland）*	民主
25	1897–1901	ウィリアム・マッキンリー（William McKinley）	共和
26	1901–1909	セオドア・ローズヴェルト（Theodore Roosevelt）	共和
27	1909–1913	ウィリアム・H・タフト（William Howard Taft）	共和
28	1913–1921	T・ウッドロー・ウィルソン（T. Woodrow Wilson）	民主
29	1921–1923	ウォレン・G・ハーディング（Warren G. Harding）	共和
30	1923–1929	ジョン・C・クーリッジ（John C. Coolidge, Jr.）	共和
31	1929–1933	ハーバート・C・フーヴァー（Herbert C. Hoover）	共和

32	1933–1945	フランクリン・D・ローズヴェルト（Franklin D. Roosevelt）	民主
33	1945–1953	ハリー・S・トルーマン（Harry S. Truman）	民主
34	1953–1961	ドワイト・D・アイゼンハワー（Dwight D. Eisenhower）	共和
35	1961–1963	ジョン・F・ケネディ（John Fitzgerald Kennedy）	民主
36	1963–1969	リンドン・B・ジョンソン（Lyndon B. Johnson）	民主
37	1969–1974	リチャード・M・ニクソン（Richard M. Nixon）	共和
38	1974–1977	ジェラルド・R・フォード（Gerald R. Ford, Jr.）	共和
39	1977–1981	ジェームズ・E・カーター（James Earl Carter）	民主
40	1981–1989	ロナルド・W・レーガン（Ronald Wilson Reagan）	共和
41	1989–1993	ジョージ・H・W・ブッシュ（George H. W. Bush）	共和
42	1993–2001	ウィリアム・J・クリントン（William J. Clinton）	民主
43	2001-2009	ジョージ・W・ブッシュ（George Walker Bush）	共和
44	2009-2017	バラク・H・オバマ（Barack Hussein Obama II）	民主
45	2017-2021	ドナルド・J・トランプ（Donald John Trump）	共和
46	2021–	ジョセフ・R・バイデン（Joseph R. Biden, Jr）	民主

*クリーヴランドは大統領選に敗れて引退した後、政界に復帰して当選を果たした。

2. 文化圏・タイムゾーン

アメリカ史における文化圏は通常、北部（東部ともいう）・南部（・中西部）・西部の3（もしくは4）区分に分けられる。アメリカ史における「南部」は単に地理的な意味だけでなく、南北戦争時に連邦を脱退して南部連合を形成した11州（ヴァージニア、ノースカロライナ、サウスカロライナ、テネシー、ジョージア、アラバマ、フロリダ、ミシシッピ、アーカンソー、ルイジアナ、テキサス）、あるいは南北戦争以前の奴隷州（上記11州に加え、南北戦争時、連邦側に属した境界州のデラウェア、メリーランド、ケンタッキー、ミズーリ、1861年成立のウエストヴァージニア）を指す。アメリカ本土のタイムゾーンは6区分で東から東部標準時（EST/ET）、中部標準時（CST/CT）、山岳標準時（MST/MT）、太平洋標準時（PST/PT）、アラスカ標準時（AKST/AKT）、ハワイ標準時（HST/HT）で、ハワイ標準時以外はサマータイムあり（＋1時間）。

時間	省略	時間帯名	都市
UTC–5	EST, ET	東部標準時	ニューヨーク
UTC–6	CST, CT	中部標準時	シカゴ
UTC–7	MST, MT	山岳標準時	フェニックス
UTC–8	PST, PT	太平洋標準時	ロサンゼルス

UTC–9	AKST, AKT	アラスカ標準時	アンカレッジ
UTC–10	HST, HT	ハワイ標準時	ホノルル

UTC ＝協定世界時（Universal Time Coordinated）

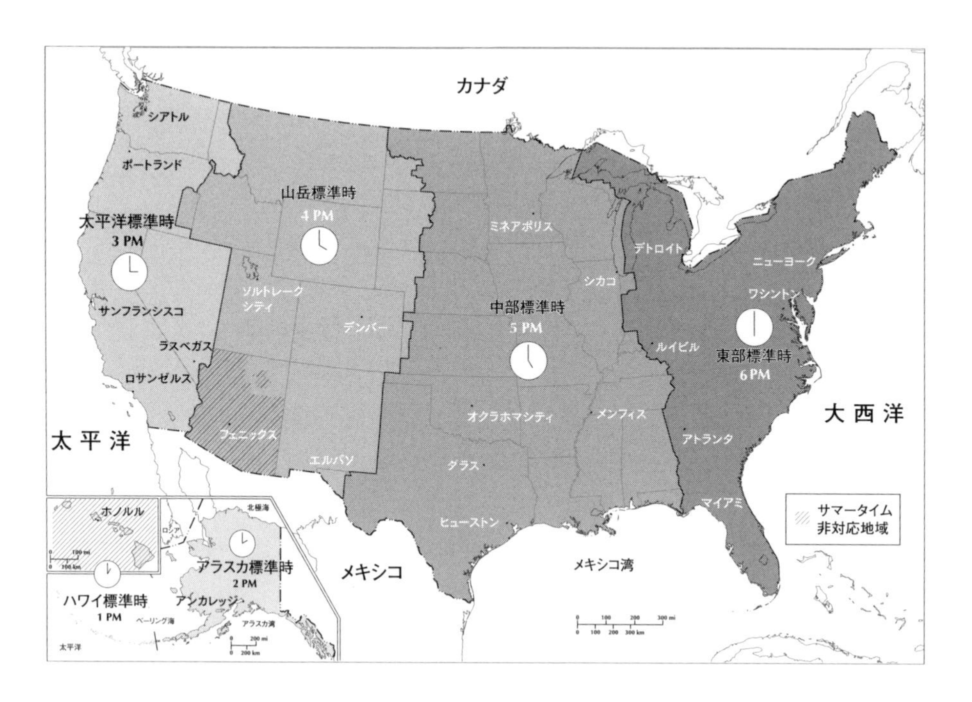

3. アメリカ 50 州略語

アラバマ（Alabama）AL	モンタナ（Montana）MT
アラスカ（Alaska）AK	ネブラスカ（Nebraska）NE
アリゾナ（Arizona）AZ	ネヴァダ（Nevada）NV
アーカンソー（Arkansas）AR	ニューハンプシャー（New Hampshire）NH
カリフォルニア（California）CA	ニュージャージー（New Jersey）NJ
コロラド（Colorado）CO	ニューメキシコ（New Mexico）NM
コネティカット（Connecticut）CT	ニューヨーク（New York）NY
デラウェア（Delaware）DE	ノースカロライナ（North Carolina）NC
フロリダ（Florida）FL	ノースダコタ（North Dakota）ND
ジョージア（Georgia）GA	オハイオ（Ohio）OH

ハワイ（Hawaii）HI	オクラホマ（Oklahoma）OK
アイダホ（Idaho）ID	オレゴン（Oregon）OR
イリノイ（Illinois）IL	ペンシルヴェニア（Pennsylvania）PA
インディアナ（Indiana）IN	ロードアイランド（Rhode Island）RI
アイオワ（Iowa）IA	サウスカロライナ（South Carolina）SC
カンザス（Kansas）KS	サウスダコタ（South Dakota）SD
ケンタッキー（Kentucky）KY	テネシー（Tennessee）TN
ルイジアナ（Louisiana）LA	テキサス（Texas）TX
メイン（Maine）ME	ユタ（Utah）UT
メリーランド（Maryland）MD	バーモント（Vermont）VT
マサチューセッツ（Massachusetts）MA	ヴァージニア（Virginia）VA
ミシガン（Michigan）MI	ワシントン（Washington）WA
ミネソタ（Minnesota）MN	ウエストヴァージニア（West Virginia）WV
ミシシッピ（Mississippi）MS	ウィスコンシン（Wisconsin）WI
ミズーリ（Missouri）MO	ワイオミング（Wyoming）WY

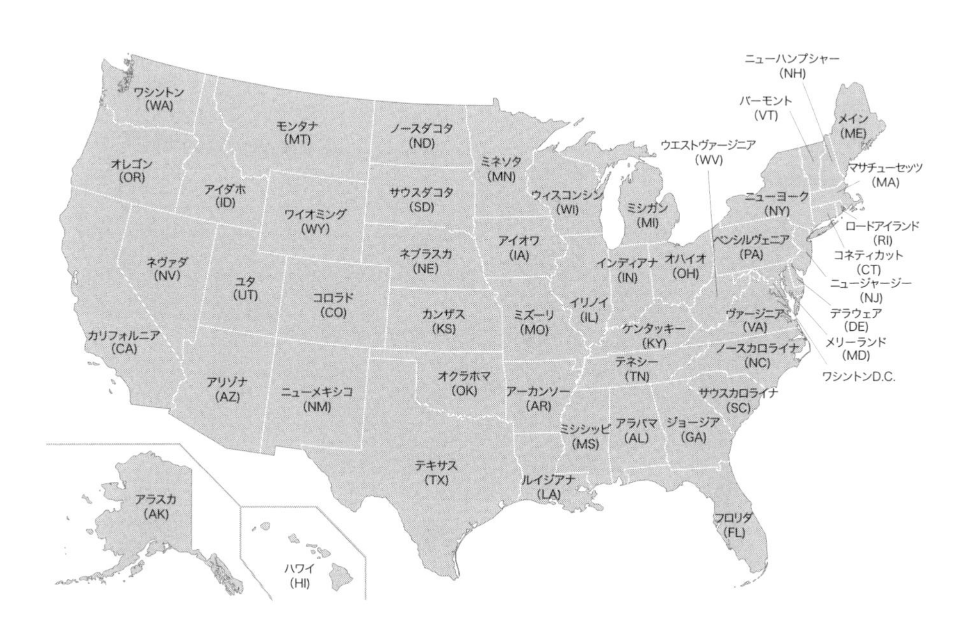

4. アメリカ独立宣言

独立宣言（原文は英文）

1776年7月4日第2回大陸会議により採択
13のアメリカ連合諸邦による全会一致の宣言

人類の歴史においてある国民が自らと他の国民とを結び付けてきた政治的なきずなを断ち切り、世界の諸国家の間で自然の法と自然神の法によって与えられる独立平等の地位を占めることが必要となったとき、全世界の人々の意見を真摯に尊重するならばその国の人々は自分たちが分離せざるを得なくなった理由について公に明言すべきであろう。

我々は以下の事実を自明のことと信じる。すなわち、すべての人間は生まれながらにして平等であり、その創造主によって生命、自由、および幸福の追求を含む不可侵の権利を与えられているということ。こうした権利を確保するために人々の間に政府が樹立され、政府は統治される者の合意に基づいて正当な権力を得る。そして、いかなる形態の政府であれ、政府がこれらの目的に反するようになったときには、人民には政府を改造または廃止し、新たな政府を樹立し、人民の安全と幸福をもたらす可能性が最も高いと思われる原理をその基盤とし、人民の安全と幸福をもたらす可能性が最も高いと思われる形の権力を組織する権利を有するということである。もちろん、長年にわたり樹立されている政府を軽々しい一時的な理由で改造すべきではないことは思慮分別が示す通りである。従って、あらゆる経験が示すように、人類は慣れ親しんでいる形態を廃止することによって自らの状況を正すよりも弊害が耐えられるものである限りは耐えようとする傾向がある。しかし、権力の乱用と権利の侵害が常に同じ目標に向けて長期にわたって続き、人民を絶対的な専制の下に置こうとする意図が明らかであるときにはそのような政府を捨て去り、自らの将来の安全のために新たな保障の組織を作ることが、人民の権利であり義務である。これらの植民地が耐え忍んできた苦難はまさにそうした事態であり、そして今、まさにそのような必要性によって、彼らはこれまでの政府を変えることを迫られているのである。現在の英国王の治世の歴史は度重なる不正と権利侵害の歴史であり、そのすべてがこれらの諸邦に対する絶対専制の確立を直接の目的としている。このことを例証するために以下の事実をあえて公正に判断する世界の人々に向けて提示することとする。

国王は、公共の利益にとって最も有益かつ必要である法律の承認を拒否してきた。

国王は、国王自らの承認が得られるまで執行を保留するとうたわれていない法律の場合は緊急かつ切迫した重要性を持つ法律であったとしても、植民地の総督に対し、そのような法律を通過させることを禁止した。また、保留条項のある法律に関してはまったく注意を払わず、放置した。

国王は、人民の英国議会における代表権を放棄しなければ広大な地域の人民のためとなるその他の法律を通過させることを拒否すると威嚇した。こうした権利は人民にとって計り知れないほど貴重なものであり、それを恐れるのは専制君主のみである。

国王は、立法府を疲弊させ、国王の政策に忍従させることを唯一の目的として、定例の会場とは違う不便な場所、また議会の公文書の保管所から離れた場所で議会を召集した。

国王は、植民地の代議院が国王による人民の権利侵害に対し果敢に断固として反対したという理由で各代議院を何度も解散させた。

国王は、そのような解散を行った後、新たに各代議院を選出することを長期にわたって拒否してきた。それにより、消滅させることのできない立法権の行使は人民全体に戻されるところとなり、その間、諸邦は外からの侵略および国内の動乱のあらゆる危険にさらされた。

国王は、諸邦への人口増加を防止しようと努めた。その目的のために外国人帰化法を妨げ、この地への移住を奨励するその他の法律の通過を拒み、新たな土地取得の条件を厳しくした。

国王は、司法権を確立する法律を承認することを拒むことによって、司法の執行を妨げてきた。

国王は、判事の任期およびその給与の額と支払方法を国王の一存で左右できるようにした。

国王は、おびただしい数の官職を新たに設け、この植民地の住民を困らせ、その財産を消耗させるために多数の役人を派遣してきた。

国王は、我々の立法府の同意を得ることなく、平時においてもこの地に常備軍を駐留させている。

国王は、軍隊を文民統制から独立させ、かつそれよりも優位に立たせるような措置をとってきた。

国王は、他者と共謀し、我々の政体とは相容れない、また我々の法律によって認められていない司法権に我々を従わせようとしてきた。そして、見せかけの立法行為による以下のような法律を承認してきた——。

- 我々の間に大規模な軍隊を宿営させる法律。
- その軍隊が諸邦の住民に対して殺人を犯すようなことがあった場合でも見せかけばかりの裁判によって彼らを処罰から免れさせる法律。
- 我々の世界各地との貿易を遮断する法律。
- 我々の同意なしに我々に課税をする法律。
- 多くの裁判において、陪審による裁判の恩恵を奪う法律。
- 我々を偽りの罪で裁くために海を越えて移送する法律。
- 隣接した王領植民地で英国法の自由な制度を廃止し、そこに専制的な政府を樹立し、しかもその境界を拡張することによって、その政府を我々の植民地に同様の専制統治を導入するための先例とし、また格好の手段とする法律。
- 植民地の設立特許状を剥奪し、我々の最も貴重な法律を廃止し、我々の政府の形態を根本的に変える法律。
- 植民地の立法機関を一時停止させ、いかなる事項においても我々に代わって英国議会が立法を行う権限を与えられていると宣言する法律。

国王は、我々を国王による保護の対象外であると宣言し、我々に対し戦争を仕掛けることによって、植民地での統治権を放棄した。

国王は、我々の領海で略奪行為を行い、沿岸地域を蹂躙し、町を焼き払い、人民の命を奪った。

国王は、最も野蛮な時代にもほとんど例を見ない、およそ文明国家の長として全くふさわしくない残忍さと背信行為の数々ですでに始められている死と荒廃と専制の事業を完遂するために、現に外国人傭兵の大軍を輸送している。

国王は、公海で捕虜となった我々の同胞に祖国に対して武器を取らせ、友人・兄弟に対する処刑人になるよう、あるいは自らの手で自ら命を落とすよう、強要してきた。

国王は、我々の間に内乱を引き起こそうと扇動し、また、年齢・性別・身分を問わない無差別の破壊を戦いの規則とすることで知られる、情け容赦のない野蛮なインディアンを辺境地帯の住人に対してけしかけようとした。

こうした弾圧のあらゆる段階で我々は最も謙虚な言辞で是正を嘆願してきた。我々の度重なる嘆願に対しては度重なる権利侵害で応えたに過ぎない。このように、専制君主の定義となり得る行為を特徴とする人格を持つ君主は自由な人民の統治者として不適任である。

また我々は英国の同胞たちに対しても注意を怠ってきたわけではない。我々は、彼らの議会が我々に対してまで不当な権限を押し広げようとする企てについて、折に触れて彼らに注意を促してきた。また、我々がこの地へ移住し入植した状況を彼らに改めて思い起こさせてきた。彼らの生来の遵法精神と寛大さに訴えるとともに、相互の結びつきと親交が必ずや断ち切られることとなるこうした国王の権利の侵害を認めないよう、我々の血縁的なきずなをとおして訴えてきた。しかし彼ら英国の同胞も正義の声と血縁の訴えに耳を貸そうとしてはいない。従って我々は分離を宣言する必要性を認めざるを得ず、彼らに対して他のすべての人々と同様、戦時においては敵、平和時においては友とみなさざるを得ない。

従って我々アメリカ連合諸邦の代表は大陸会議に参集し、我々の意図が公正であることを世界の最高の審判者に対して訴え、これらの植民地の善良な人民の名において、そしてその権威において、以下のことを厳粛に公表し宣言する。すなわち—これらの連合した植民地は自由な独立した国家であり、そうあるべき当然の権利を有する。これらの植民地は英国王に対するあらゆる忠誠の義務から完全に解放され、これらの植民地と英国との政治的な関係はすべて解消され、また解消されるべきである。そして自由で独立した国家として、戦争を始め、講和を締結し、同盟を結び、通商を確立し、その他独立国家が当然の権利として実施できるすべての行為を実施する完全な権限を有する—と。そして、我々は、この宣言を支持するために、神の摂理による保護を強く信じ、我々の生命、財産、および神聖な名誉をかけて相互に誓う。

連合会議の命令により、連合会議を代表して署名。
議長、ジョン・ハンコック
認証。
書記、チャールズ・トムソン（13邦の署名人は省略）

出典：アメリカンセンター Japan

5. アメリカ史年表（政治史を中心に）

1492	コロンブス、「新大陸」を発見
1607	ヴァージニア・ジェームズタウンに植民
1620	メイフラワー号、プリマスに上陸
1636	ハーヴァード大学設立
1765	印紙税実施（～ 1766）
1767	タウンゼント諸法
1773	ボストン茶会事件
1775	レキシントン・コンコードの戦い
1776	アメリカ独立宣言
1777	サラトガの戦い
1783	パリ講和会議
1788	合衆国憲法発効
1789	ワシントン、初代大統領に就任
1791	合衆国銀行設立（～ 1811）
1793	ホイットニー、綿繰り機を発明
1800	首都をフィラデルフィアからワシントンに移転
1803	フランスよりルイジアナを買収、ルイス＝クラーク隊による西部探検
1812	1812 年戦争（～ 1815）
1816	合衆国銀行再建（～ 1836）
1819	フロリダをスペインから買収
1820	ミズーリ協定
1823	モンロー・ドクトリン
1825	エリー運河開通
1827	アメリカ最初の鉄道開通
1845	テキサス併合
1846	米墨戦争（～ 1848)、イギリスよりオレゴン地方を取得
1848	メキシコよりカリフォルニアとニューメキシコを割譲
1852	ストウ『アンクル・トムの小屋』出版
1854	カンザス・ネブラスカ法成立、共和党結成
1860	リンカン、大統領に当選、サウスカロライナ州が連邦離脱
1861	南部 11 州が南部連合を結成、南北戦争（～ 1865）
1863	奴隷解放宣言、国立銀行制度発足、ゲティスバーグの戦い
1865	南北戦争終結、リンカン大統領暗殺、憲法修正第 13 条（奴隷制廃止）
1867	南部再建法可決、アラスカ購入
1868	憲法修正第 14 条（市民権の平等な保障・保護）発効
1869	大陸横断鉄道開通
1877	南部再建の終了
1886	労働総同盟（AFL）の結成
1887	州際通商法成立

1890　シャーマン反トラスト法
1892　人民党結成
1894　プルマン・ストライキ
1896　プレッシー対ファーガソン最高裁判決「分離すれども平等」
1898　米西戦争、グアム、プエルトリコ獲得、フィリピン支配権獲得
1900　金本位制度採用、ハワイ併合
1901　マッキンリー大統領暗殺
1903　パナマ独立と運河地帯の永久租借条約調印
1908　移民に関する日米紳士協定
1913　連邦準備銀行法制定
1914　クレイマン反トラスト法制定、パナマ運河開通
1915　ルシタニア号事件
1917　第1次世界大戦参戦、スパイ活動防止法制定、ロシア革命
1918　ウィルソン「14か条」、パリ講和会議（～1919）
1919　ヴェルサイユ条約、禁酒法（憲法修正第18条）成立
1920　憲法修正第19条（女性参政権）、上院、ヴェルサイユ条約批准拒否
1921　ワシントン会議、ラジオ放送局開設
1924　ジョンソン・リード法（排日移民法）成立
1925　スコープス裁判
1927　リンドバーグ、大西洋無着陸横断飛行
1928　パリ不戦条約、トーキー（映画）制作
1929　大恐慌始まる
1933　ニューディール政策（F・D・ローズヴェルト大統領）、ソ連を承認、憲法修正第21条（禁酒法廃止）
1939　第2次世界大戦勃発
1941　武器貸与法、大西洋憲章、真珠湾攻撃で第2次世界大戦参戦、太平洋戦争
1945　ヤルタ会談、ローズヴェルト死去、国際連合設立、ポツダム宣言、広島・長崎に原爆投下、第2次世界大戦終結
1947　トルーマン・ドクトリン発表
1948　マーシャルプラン（対外援助法）制定、ベルリン封鎖
1949　北大西洋条約機構（NATO）成立、ソ連、原爆実験に成功
1950　NSC68、朝鮮戦争（～1953）
1951　サンフランシスコ平和条約調印
1953　朝鮮戦争休戦条約
1954　ブラウン判決
1955　エメット・ティル事件、バス・ボイコット運動
1957　スプートニクショック、リトルロック事件
1959　フルシチョフ訪米
1961　フリーダム・ライド
1962　キューバ危機
1963　ワシントン大行進、ケネディ大統領暗殺
1964　トンキン湾事件でヴェトナム戦争突入、公民権法、フリーダム・サマー、キング牧師がノーベル平和賞受賞
1965　血の日曜日事件、投票権法成立

1967　人種間結婚禁止法の違憲判決（ラヴィング判決）
1968　キング牧師暗殺、ロバート・ケネディ暗殺
1969　アポロ11号月面着陸、ストーンウォール事件
1972　ニクソン訪中、男女平等憲法修正案（ERA）成立（1982年廃案）、ウォーターゲート事件（～1974）
1973　ロー対ウェイド判決、ヴェトナム和平条約調印
1974　ニクソン大統領、ウォーターゲート事件で辞任
1990　イラクによるクウェート侵攻、湾岸戦争（～1991）
2000　ブッシュ・ゴア大統領選をめぐる最高裁判決
2001　アメリカ同時多発テロ、アフガニスタン爆撃
2006　ゴア『不都合な真実』
2009　初のアフリカ系アメリカ人大統領オバマ就任、ノーベル賞受賞
2011　アラブの春、ビン・ラディン殺害
2014　オバマケア成立、サンディフック銃乱射事件
2015　キューバとの国交回復、同性婚合法化
2016　オバマ、広島訪問
2017　トランプ、大統領に就任
2019　トランプ弾劾決議（上院で否決）、新型コロナウィルス感染症（パンデミック）
2021　バイデン、大統領に就任

人名索引

【ワ行】

事項索引

【ナ行】

【ハ行】

【マ行】

【ヤ行】

【ラ行】

【ワ行】

宮津多美子（みやつ・たみこ）
筑波大学大学院人文社会科学研究科博士後期課程修了。博士（文学）。専門はアメリカ文学・文化。人種・ジェンダーを研究テーマとする。順天堂大学准教授、関西外国語大学教授を経て、現在、跡見学園女子大学教授。主著は *Bodies That Work: African American Women's Corporeal Activism in Progressive America*（New York: Peter Lang, 2020）。共著に『アメリカ文学にみる女性改革者たち』、『アメリカ文学にみる女性と仕事：ハウスキーパーからワーキングガールまで』（ともに彩流社）、映画スクリプト翻訳（監修）に『ノッティングヒルの恋人』、『ヒューゴの不思議な発明』（ともにフォーイン・スクリーンプレイ事業部）がある。その他、論文多数。

人種・ジェンダーからみるアメリカ史
——丘の上の超大国の500年

2022年3月30日　初版第1刷発行

著　者　宮津多美子
発行者　大江道雅
発行所　株式会社 明石書店
〒101-0021　東京都千代田区外神田 6-9-5
電　話　03（5818）1171
F A X　03（5818）1174
振　替　00100-7-24505
https://www.akashi.co.jp

装丁　安達玲奈
装画　清水万結
印刷　株式会社文化カラー印刷
製本　協栄製本株式会社

（定価はカバーに表示してあります）　ISBN978-4-7503-5388-3